适老活动策划与组织

主 编 王 娟

西南交通大学出版社
·成 都·

图书在版编目（CIP）数据

适老活动策划与组织 / 王娟主编. -- 成都：西南交通大学出版社, 2024. 12. -- ISBN 978-7-5774-0340-3

Ⅰ．C936

中国国家版本馆CIP数据核字第2025XZ4638号

Shilao Huodong Cehua yu Zuzhi
适老活动策划与组织

主　编 / 王　娟

策划编辑 / 吴　迪　韩　林
责任编辑 / 周媛媛
责任校对 / 左凌涛
封面设计 / 墨创文化

西南交通大学出版社出版发行
（四川省成都市金牛区二环路北一段111号西南交通大学创新大厦21楼　610031）
营销部电话：028-87600564　　028-87600533
网址：https://www.xnjdcbs.com
印刷：成都蜀雅印务有限公司

成品尺寸　185 mm×260 mm
印张　13.5　　字数　334千
版次　2024年12月第1版　　印次　2024年12月第1次

书号　ISBN 978-7-5774-0340-3
定价　49.00元

课件咨询电话：028-81435775
图书如有印装质量问题　本社负责退换
版权所有　盗版必究　举报电话：028-87600562

编委会名单

主　编：王　娟

编　委：蔡婷婷　蔡雯倩　顾正品　李　瑾
　　　　夏冠莉　杨慧敏　陈泽忠

顾　问：孙颖心

前言
PREFACE

  伴随我国积极老龄观、健康老龄化理念的不断倡导，以及养老院、老年公寓、社区服务中心等机构对营造高质量宜居环境的日益重视，加之社会对老年群体"身体—心理—社会"健康需求的深入理解，老年人的生活质量、精神健康与社会参与日益成为新时代养老服务高质量发展的聚焦点。基于专业价值理念和操作伦理、以一定理论框架为支撑的适老活动成为不可或缺的介入手段。在此背景下，本书应运而生，旨在为从事或即将从事老年服务的社会工作者、照护人员、活动策划者，以及关心老年福祉的各界人士提供一份全面而实用的指南。

  本书首次尝试将社会工作的专业方法和技巧应用到适老活动的策划与组织过程中，根据实务实施由易到难的顺序，采用"团康活动—工作坊活动—小组活动"循序渐进的项目化教学安排，选取"身体健康干预活动—心理健康干预活动—社会适应健康干预活动"全面覆盖的任务式教学场景，系统介绍适老活动策划与组织的理论概念、步骤技巧和关键要素，深入探讨了如何根据老年人的生理、心理和社会特点，设计既符合他们兴趣又促进其身心健康的活动。

  在编写过程中，我们注重理论与实践的结合，不仅提供了丰富的理论知识，而且穿插了大量的实际案例和成功经验，以便读者能够更好地理解和应用所学知识。此外，我们还特别邀请了多位在老年服务领域具有丰富经验的专家和从业者参与本书的撰写和审阅，以确保内容的准确性和权威性。

  最后，我们衷心希望本书能够成为广大读者在适老活动策划与组织领域中的得力助手，为推动老年服务事业的发展贡献一份力量。

编　者

2024 年 11 月

目　录
CONTENTS

项目 1　适老活动的基础认知 ⋯⋯⋯⋯⋯⋯⋯⋯⋯⋯⋯⋯⋯⋯⋯⋯⋯⋯⋯⋯⋯⋯ 001

　　任务 1.1　适老活动的概念 ⋯⋯⋯⋯⋯⋯⋯⋯⋯⋯⋯⋯⋯⋯⋯⋯⋯⋯⋯⋯⋯⋯ 001

　　任务 1.2　适老活动的理论 ⋯⋯⋯⋯⋯⋯⋯⋯⋯⋯⋯⋯⋯⋯⋯⋯⋯⋯⋯⋯⋯⋯ 004

　　任务 1.3　适老活动的类型 ⋯⋯⋯⋯⋯⋯⋯⋯⋯⋯⋯⋯⋯⋯⋯⋯⋯⋯⋯⋯⋯⋯ 012

　　任务 1.4　适老活动的应用 ⋯⋯⋯⋯⋯⋯⋯⋯⋯⋯⋯⋯⋯⋯⋯⋯⋯⋯⋯⋯⋯⋯ 019

项目 2　适老活动的策划与组织步骤 ⋯⋯⋯⋯⋯⋯⋯⋯⋯⋯⋯⋯⋯⋯⋯⋯⋯⋯ 032

　　任务 2.1　APPLE 五部曲之预估阶段 ⋯⋯⋯⋯⋯⋯⋯⋯⋯⋯⋯⋯⋯⋯⋯⋯⋯ 032

　　任务 2.2　APPLE 五部曲之计划阶段 ⋯⋯⋯⋯⋯⋯⋯⋯⋯⋯⋯⋯⋯⋯⋯⋯⋯ 041

　　任务 2.3　APPLE 五部曲之筹备阶段 ⋯⋯⋯⋯⋯⋯⋯⋯⋯⋯⋯⋯⋯⋯⋯⋯⋯ 046

　　任务 2.4　APPLE 五部曲之带领阶段 ⋯⋯⋯⋯⋯⋯⋯⋯⋯⋯⋯⋯⋯⋯⋯⋯⋯ 052

　　任务 2.5　APPLE 五部曲之评估阶段 ⋯⋯⋯⋯⋯⋯⋯⋯⋯⋯⋯⋯⋯⋯⋯⋯⋯ 067

项目 3　团康活动的策划与组织 ⋯⋯⋯⋯⋯⋯⋯⋯⋯⋯⋯⋯⋯⋯⋯⋯⋯⋯⋯⋯ 072

　　任务 3.1　团康活动的概念 ⋯⋯⋯⋯⋯⋯⋯⋯⋯⋯⋯⋯⋯⋯⋯⋯⋯⋯⋯⋯⋯⋯ 072

　　任务 3.2　团康活动的方法 ⋯⋯⋯⋯⋯⋯⋯⋯⋯⋯⋯⋯⋯⋯⋯⋯⋯⋯⋯⋯⋯⋯ 075

　　任务 3.3　一次性团康活动的开展 ⋯⋯⋯⋯⋯⋯⋯⋯⋯⋯⋯⋯⋯⋯⋯⋯⋯⋯⋯ 076

　　任务 3.4　长期性团康活动的开展 ⋯⋯⋯⋯⋯⋯⋯⋯⋯⋯⋯⋯⋯⋯⋯⋯⋯⋯⋯ 086

项目 4　工作坊活动的策划与组织 ⋯⋯⋯⋯⋯⋯⋯⋯⋯⋯⋯⋯⋯⋯⋯⋯⋯⋯⋯ 100

　　任务 4.1　工作坊的概念 ⋯⋯⋯⋯⋯⋯⋯⋯⋯⋯⋯⋯⋯⋯⋯⋯⋯⋯⋯⋯⋯⋯⋯ 100

　　任务 4.2　工作坊的方法 ⋯⋯⋯⋯⋯⋯⋯⋯⋯⋯⋯⋯⋯⋯⋯⋯⋯⋯⋯⋯⋯⋯⋯ 103

　　任务 4.3　失能老年人工作坊的开展 ⋯⋯⋯⋯⋯⋯⋯⋯⋯⋯⋯⋯⋯⋯⋯⋯⋯⋯ 105

　　任务 4.4　失智老年人工作坊的开展 ⋯⋯⋯⋯⋯⋯⋯⋯⋯⋯⋯⋯⋯⋯⋯⋯⋯⋯ 117

　　任务 4.5　老年志愿者培育工作坊的开展 ⋯⋯⋯⋯⋯⋯⋯⋯⋯⋯⋯⋯⋯⋯⋯⋯ 131

项目 5　小组活动的策划与组织 ·············· 142
任务 5.1　老年小组活动的概念 ············ 142
任务 5.2　小组活动的方法 ················ 149
任务 5.3　音乐类小组活动的开展 ·········· 157
任务 5.4　园艺类小组活动的开展 ·········· 167
任务 5.5　缅怀类小组活动的开展 ·········· 178

项目 6　适老活动的宣传与传播 ················ 190
任务 6.1　宣传与传播 ···················· 190
任务 6.2　如何拍摄场景照片 ·············· 192
任务 6.3　如何撰写新闻稿 ················ 196
任务 6.4　如何拍摄短视频 ················ 200
任务 6.5　如何开展网络直播 ·············· 203

参考文献 ································· 206

项目 1　适老活动的基础认知

随着社会的快速发展和人口老龄化的加剧,老年人已经成为社会中不可忽视的重要群体。如何让老年人在晚年享受丰富多彩的生活,切实提高他们的生活质量,已经成为摆在我们面前的一个重大课题。在这样的背景下,适老活动的开展对于促进老年人身心健康、增强社交能力、提升生活品质、促进个人成长以及增进社会和谐等方面都具有重要意义。因此,我们应该积极倡导和组织适老活动,让更多的老年人从中受益,同时也为构建一个更加包容、友善的社会贡献力量。

在开始深入了解适老活动之前,我们首先需要建立对适老活动的基础认知,包括概念理解、理论基础、活动类型、应用领域。这些基础认知是我们理解、设计和实施适老活动的基石。

任务 1.1　适老活动的概念

1.1.1　适老活动兴起的背景

适老活动的兴起背后有着多重因素的推动。在全球范围内人口老龄化的加剧使得老年人口比例逐年上升,如何提升老年人的生活质量成为社会的重大议题。与此同时,老年人对生活的需求也逐渐多样化,他们不仅仅需要基本的生活照顾,更渴望在精神文化和健康娱乐方面获得满足。为应对这些需求,社会资源的重新配置显得尤为重要,各级政府、企业和社会组织纷纷投入适老服务,推出丰富的活动以增强老年人的社会参与感和幸福感。此外,现代科技的发展,如智能设备和互联网的普及,为老年人参与线上线下活动提供了便捷的途径,进一步丰富了他们的生活内容。综合来看,适老活动的兴起不仅仅是应对老龄化社会挑战的必要举措,更是社会对老年人群体日益重视的体现。

1.1.2　适老活动的概念

适老活动是指专门为老年人设计和提供的各种活动和服务,旨在满足老年人群体的身体、心理、社会及文化需求,提升其生活质量和幸福感。这些活动通常考虑到老年人的身体状况、兴趣爱好以及社交需求,具有针对性和适应性。适老活动的形式多种多样,可以包括健康锻炼、文化娱乐、社会交往、教育学习以及心理支持等方面,既有线下的集体活动,又有依托现代科技的线上活动。

适老活动的核心在于"适老化"，即根据老年人的特点和需求来调整和设计活动，使其更容易接受和参与。这种概念强调活动应当考虑以下方面：

（1）安全可及：考虑老年人的身体状况，降低风险；
（2）有趣有益：能够激发老年人的兴趣和参与热情；
（3）适度挑战：在能力范围内提供适当的挑战，促进发展；
（4）社交互动：促进老年人之间以及与其他年龄群体的交流。

1.1.3 适老活动的作用

随着全球人口老龄化的加剧，适老活动作为专门为老年人设计的服务和活动，正逐渐成为各国应对老龄化挑战的重要手段。适老活动的作用不仅体现在老年人身上，而且对机构和社区具有深远的影响。

1. 适老活动对老年人的作用

1）提升身体健康

适老活动通过定期的健康锻炼、康复理疗等形式，帮助老年人保持身体健康，延缓衰老进程。例如，适合老年人的体操、太极拳、慢跑等低强度运动，不仅能增强老年人的心肺功能、肌肉力量，而且能改善他们的平衡感，降低跌倒等意外发生的风险。定期参加适老运动的老年人，其免疫功能、心血管健康等方面都显著优于同龄不运动者。

2）改善心理健康

心理健康是老年人生活质量的重要组成部分。随着年龄的增长，老年人容易因为身体机能的衰退、退休后的失落感、社交圈的缩小等原因，产生孤独、抑郁等负面情绪。适老活动通过提供丰富多样的娱乐、文化活动，能够有效缓解老年人的心理压力。例如，艺术疗法、音乐治疗、园艺活动等都能为老年人提供情感抒发的渠道，帮助他们保持积极乐观的心态。

3）增强社会参与感

社会参与感对老年人的心理健康和生活满意度具有重要影响。适老活动通过组织集体活动、志愿服务、社交聚会等形式，帮助老年人重新融入社会，扩大社交圈子，增强社会归属感。老年人在参与这些活动的过程中，可以与他人分享生活经验，建立新的友谊，从而减少孤独感，提升生活幸福感。

4）延缓认知衰退

适老活动还可以通过提供智力游戏、学习新技能等方式，刺激老年人的大脑活动，延缓认知能力的衰退。例如，一些社区为老年人开设了书法、绘画、手工艺、计算机操作等课程，帮助他们保持大脑的活跃度，从而有效预防老年痴呆等认知障碍疾病的发生。

5）提高自尊与生活满意度

适老活动通过帮助老年人保持健康、参与社会活动、学习新技能等方式，能够显著提高老年人的自尊心和生活满意度。老年人通过适老活动重新找到自己的价值，增强了自信心，感受到生活的充实与意义。特别是当老年人在这些活动中获得成就感时，他们的心理状态会变得更加积极，生活质量也会显著提升。

2. 适老活动对机构的作用

1）提升服务质量

适老活动不仅是为老年人提供服务的形式，而且是提升机构服务质量的重要手段。通过设计和实施适老活动，机构能够更好地了解老年人的需求和偏好，从而优化服务流程，提升客户满意度。例如，养老院通过开展定期的健康检查、组织娱乐活动、提供心理辅导等适老活动，可以为住户提供更加全面和个性化的服务，提高养老院的服务质量和口碑。

2）促进专业化发展

开展适老活动的机构需要具备专业的知识和技能，这对机构的发展提出了更高的要求。为了满足老年人的多样化需求，机构需要培养和引进具有专业背景的护理人员、康复师、心理咨询师等专业人才。同时，机构还需要不断更新和提升其适老服务的内容和形式，促进专业化和现代化发展。这不仅能够提升机构的核心竞争力，而且能够使其在市场中树立良好的品牌形象。

3）增强机构的社会责任感

适老活动的开展体现了机构对老年人群体的关怀和社会责任感。通过为老年人提供高质量的适老活动，机构不仅能够获得社会的认可和支持，而且能够提升其社会影响力。特别是在当前社会老龄化加剧的背景下，积极开展适老活动的机构更容易获得政府政策的支持和公众的信任，从而在社会中发挥更大的作用。

4）推动服务创新和多样化发展

适老活动的多样化和个性化需求，促使机构不断进行创新和探索。例如，机构可以结合现代科技，开发线上线下结合的适老活动，如远程医疗、虚拟现实体验、智能设备应用等，为老年人提供更便捷和多样化的服务。这种创新不仅能够满足老年人的需求，而且能够为机构带来新的发展机遇和市场竞争优势。

5）提高工作者的职业成就感

适老活动不仅对老年人有益，而且能够提升机构工作者的职业成就感和工作满意度。通过参与设计和实施适老活动，工作者能够看到自己的工作对老年人生活质量改善的影响，从而获得职业成就感。此外，机构通过定期的培训和交流活动，提升工作者的专业技能和服务水平，也有助于工作者在工作中获得更多的认可和发展机会。

3. 适老活动对社区的作用

1）增强社区凝聚力

适老活动通过组织社区内的老年人参与集体活动，能够显著增强社区的凝聚力和归属感。

这些活动不仅为老年人提供了社交平台，而且为不同年龄层次的居民提供了相互了解和互动的机会，促进了社区内的代际交流和合作。例如，社区举办的文化节、体育比赛、志愿服务等活动，能够吸引社区内各类居民的参与，增强社区的团结和和谐。

2）提升社区的宜居性

一个有活力和支持老年人参与的社区通常被认为是宜居的。适老活动的开展有助于提升社区的整体宜居性，使社区成为一个对所有年龄段的居民都友好的环境。社区通过提供适合老年人的公共设施、文化活动和健康服务，不仅能够吸引更多老年居民入住，还能提高现有居民的生活满意度，形成良好的社区氛围。

3）促进社区的社会资本积累

适老活动通过增强老年人与社区其他成员之间的互动和合作，有助于社区社会资本的积累。社会资本指的是社会网络、信任和互助关系的总和，它对社区的可持续发展具有重要意义。通过适老活动，社区内的居民能够建立更紧密的联系，增强相互间的信任和支持，从而为社区的共同利益作出贡献。例如，社区内的老年志愿者组织不仅能够为社区提供服务，还能促进社区成员之间的互助和合作。

4）推动社区治理和参与

适老活动的开展能够促进社区居民的积极参与和自治管理。在这些活动中，老年人是参与者，也可以是组织者和管理者。例如，社区的适老委员会或老年协会可以参与社区事务的决策和管理，提升老年人对社区治理的参与感和责任感。这种参与有助于增强社区的自治能力，推动社区的良性发展。

5）减少社区的社会问题

通过适老活动，社区能够有效减少因老年人孤独、健康问题等引发的社会问题。例如，适老活动可以预防和缓解老年人的孤独感、抑郁症等心理问题，降低他们对医疗和护理服务的依赖，减轻社会资源的压力。此外，适老活动还可以减少老年人因健康状况不佳而引发的安全问题，如跌倒、意外伤害等。

任务 1.2 适老活动的理论

适老活动作为一门跨学科的实践领域，本身并不存在独立、专门的理论体系，而是灵活借鉴并整合了社会学、社会工作、老年学、心理学、医学、康复学等多学科领域的理论成果。这种多元理论支撑使适老活动能够全面考虑老年人的生理、心理和社会需求，从而设计出更加科学、有效的活动方案。以下是支持适老活动实践的主要理论框架，这些理论共同为适老工作提供了坚实的学术基础和实践指导。

1.2.1 认知行为理论

认知行为理论对心理动力理论的发展与回应。心理动力理论认为人的行为来自心理过程，人按照心理所思而行动。认知行为理论并不否认行为与心理过程的关联，但这一理论流派认为：我们无法知道人的内心深处究竟发生了些什么，因此我们只能研究和影响外显的行为。

认知行为理论源于亚伦·贝克（Aaron Beck）的临床发现。他在治疗抑郁症患者时注意到，患者常出现缺乏合理性的想法，并指出他们的思维中存在典型的"认知扭曲"。他的实证观察使他开始将抑郁症视为认知障碍而非心境障碍。基于贝克的临床观察和实证研究结果，他提出了一种全新的抑郁症认知理论。在发表了一项评估并证明认知疗法疗效的研究后，他合著出版了《抑郁症的认知疗法》（Beck, Rush & Shaw, et al, 1979）。20世纪70年代以后，认知行为理论作为一种重要的力量进入社会工作领域，并得到了广泛的运用。其运用领域有以下方面。

1. 系统脱敏法

1）定　义

系统脱敏法（Systematic Desensitization），又称为系统减敏法、系统减敏感法或渐进式暴露疗法（Graduated Exposure Therapy），是一种认知行为疗法，由南非心理医生约瑟夫·沃尔普提出。其基本原则是交互抑制，基于反条件作用原理，即放松反应与焦虑反应不能同时存在。通过这种有计划的渐进式暴露，患者能够重新学习面对恐惧情境的新反应模式，最终克服过度恐惧和焦虑。

2）核心概念

系统脱敏法基于以下核心概念：
（1）交互抑制：放松反应与焦虑反应不能同时存在。
（2）反条件作用：通过建立新的条件反射来替代原有的负面条件反射。
（3）渐进式暴露：按照焦虑层次表从轻到重逐步接触引发焦虑的情境。
（4）放松训练：学习在面对恐惧时能够迅速进入放松状态的技能。

2. 厌恶疗法

1）定　义

厌恶疗法是一种行为治疗技术，基于古典条件反射原理，通过将不良行为与厌恶刺激相配对，建立条件反射联结，从而抑制或消除不良行为。该方法主要针对成瘾性行为（如酗酒、吸烟）、性偏好障碍等问题。

2）核心概念

厌恶疗法的核心概念包括：
（1）古典条件反射：通过刺激与反应的联结建立新的条件反射。
（2）厌恶刺激：引发个体生理不适或心理反感的刺激，如恶心药物或不愉快想象。

（3）行为抑制：通过厌恶体验抑制目标不良行为。
（4）反复配对：持续将不良行为与厌恶刺激配对，直至建立稳定联结。

3. 社会学习理论

1）发展背景

社会学习理论（Social Learning Theory），于20世纪60年代由美国心理学家阿尔伯特·班杜拉（Albert Bandura）提出。20世纪上半叶，行为心理学派成为主流。行为主义者认为，所有学习都是通过联想和强化过程直接体验环境的结果。班杜拉提出的社会学习理论却认为，直接强化并不能解释所有类型的学习。他通过著名的"布娃娃实验"（Bobo doll experiment）证明了儿童可以通过观察成人的行为来学习攻击性行为，而不需要直接的强化。这一发现挑战了传统行为主义的观点，为行为主义增加了认知和社会因素的考虑。

2）定　义

社会学习理论认为行为是经由观察其他的人或事而习得的。观察学习，就是人们通过观察他人的行为，获得示范行为的象征性表象，并作出与之相应行为的过程。

3）核心概念

社会学习理论的核心概念有三个：
（1）观察学习机制：人们可以通过观察来学习。
（2）认知中介作用：内部心理状态在学习过程中起到关键的中介作用。
（3）学习与行为的分离性：学习并不必然直接转化为行为改变。

班杜拉后来将其理论发展为社会认知理论，更加强调自我效能感（self-efficacy）在行为改变中的重要作用，即个体对自己成功执行特定行为的信心程度。

4）学习过程

观察学习取决四种相互联系的过程：
（1）注意过程：示范要吸引学习者的注意力。
（2）保持过程：学习者需记住注意到的示范行为并储存所观察到的东西。
（3）运动再生过程（动作再现）：学习者应将储存于记忆中的符号转化为实际行为。
（4）动机过程：当观察到的示范或再现的行为受到奖赏时，会强化学习者的行为。

4. ABC人格理论

1）发展背景

ABC理论是由美国心理学家阿尔伯特·埃里斯（Albert Ellis）于1955年提出的理性情绪行为疗法的核心组成部分。他在担任心理治疗师期间发现，传统的精神分析方法耗时长且效果有限，于是他开始探索更直接、更有效的治疗方法，关注当下的思维模式如何影响情绪和行为。ABC理论深受古希腊斯多葛学派哲学家爱比克泰德（Epictetus）的影响，爱比克泰德认为"人们受到的困扰不是来自事物本身，而是来自他们对事物的看法"，这一观点是ABC理论的哲学基础。

2）定　义

A 代表行为事件（Activating Event），B 代表信念系统（Belief System），C 代表情绪结果（Emotional Consequence）。一般人认为，我们的情绪结果（C）主要由行为事件（A）引发。埃里斯则认为，人的情绪困扰表面上看是由客观的行为事件所造成的，其实不然，人的情绪困扰产生的根本原因在于人类自身对于该行为事件的主观解释和选择，也就是说，是我们自己的非理性信念系统导致了我们的情绪困扰。归根结底，情绪结果（C）本质上是由信念系统（B）真正引发。思想和信念才是行为产生的最终决定因素，通过修正非理性思想信念，能够引导我们产生积极并且负责任的行为。因此，解决情绪困扰的根本出路在于纠正非理性信念系统（B）的偏差。

1.2.2 心理动力理论

1. 精神分析学说

1）发展背景

心理动力理论源于弗洛伊德的精神分析学说。以往对于人类问题的很多研究往往主要聚焦在生理层面，很少关注心理，而弗洛伊德试图回答的是"人类的心灵或精神是如何影响行为的"。

2）定　义

弗洛伊德认为，人类行为由无意识或本能驱力等非理性力量所决定，这些因素贯穿于心理社会发展的各个阶段，特别是本能或力比多的作用更是受到重视。力比多一开始是指性能量，后来拓展到包括所有生命本能在内的力量。

3）核心概念

（1）焦虑：

弗洛伊德认为人有三种焦虑：

① 现实焦虑：觉察到现实危险的产生。

② 神经质焦虑：担心本我失去控制。

③ 道德焦虑：意识到自己的思想行为不符合道德规范。

（2）防卫机制：

为了解除人格内部冲突、降低或避免焦虑，保持人格的完整和统一，自我发展出一系列保护性的心理机制，被弗洛伊德称为自我防卫机制。自我防卫机制包括压抑（Repression）、升华（Sublimation）、替代（移置，Displacement）、拒绝（否认，Denial）、反向形成（Reaction Formation）、投射（Projection）、合理化（Rationalization）、认同（Identification）、幽默（Humor）、退行（Regression）、抵消（Undoing）、补偿（Compensation）。

这些防卫机制在不同程度上存在于每个人的心理生活中，适度使用有助于维持心理平衡，但过度依赖或僵化使用则可能导致心理障碍。精神分析治疗正是通过帮助个体认识并修正这些防卫机制来改善心理健康的。

2. 埃里克森的人格发展阶段理论

1）发展背景

埃里克·埃里克森（Erik Erikson）是精神分析学派的代表人物之一，曾是弗洛伊德的学生。然而，与弗洛伊德不同，埃里克森更加关注社会文化因素对人格发展的影响，并将生命发展视为贯穿整个生命周期的过程。他于20世纪40年代开始构建自己的理论，并在1950年出版的《童年与社会》一书中首次系统地阐述了心理社会发展理论。埃里克森的理论对传统精神分析学说的主要突破在于：扩展了人格发展的时间跨度，从人的出生一直延伸到生命终结；强调了社会环境与文化对人格形成的重要作用；引入了"认同"和"危机"等关键概念。

2）定　义

埃里克森的心理社会发展理论认为人格发展贯穿整个生命历程，并将其划分为八个阶段，每个阶段都有其特定的发展任务和心理社会危机。个体必须成功解决每个阶段的危机才能健康发展，但这些危机并非一次性就能解决，而可能在生命的不同时期重新出现并得到进一步整合。

3）核心概念

（1）心理社会危机：每个发展阶段都面临一对相互对立的心理社会倾向，个体需要在这两种倾向之间找到平衡。

（2）发展任务：指每个阶段需要完成的心理和社会适应任务。

（3）品质获得：指成功解决危机后形成的积极人格特质。

（4）行为范围：指与每个阶段对应的社会关系和活动领域的扩展。

（5）发展连续性：各阶段之间存在密切联系，前一阶段的解决方式将会影响后续阶段的发展。

（6）埃里克森心理发展的八个阶段：

① 婴儿期（0~18个月）：基本的信任感对基本的不信任感。

这一阶段，尤其是生命的前几个月，婴儿的目标是建立起对周围世界的基本信任感。如果婴儿得到较好的抚养并与母亲建立了良好的亲子关系，儿童将对周围世界产生信任感，否则将产生怀疑和不安。信任在人格中形成了"希望"这一品质，具有信任感的儿童敢于希望，富有理想，具有强烈的未来定向，反之则不敢希望，时时担忧自己的需要得不到满足。

② 儿童早期（18个月~3岁）：自主对羞怯与怀疑。

儿童开始表现出自我控制的需要与倾向，渴望自主并试图自己做一些事情。这时，父母要允许儿童自由地探索，给予适当的关怀和保护。如果父母对儿童一味地严厉要求和限制，会使得儿童对自己的能力产生怀疑。这一时期儿童逐步形成"意志"品质。

③ 学前期（3~7岁）：主动感对内疚感。

本阶段的危机在于儿童既要保持对活动的热情，又要控制那些会造成危害或可能被禁止的活动。成年人应该是监督而不是干涉儿童进行的主动性和创造性的活动。过多的干涉可能会造成儿童不敢尝试、缺乏主动性。当儿童的主动感超过内疚感时，他们就有了"目的"的品质。

④ 学龄期（7～12岁）：勤奋感对自卑感。

儿童的成功经验增强了儿童的胜任感，其中的困难和挫折则导致了自卑感。这些成功的体验有助于儿童在以后的社会生活中建立勤奋的特质，表现为乐于工作和较好的适应性。成年人对于儿童在各种活动中表现出来的勤奋给予鼓励是必要的。教师对学生行为的评价对儿童的自我概念具有重要的影响。当儿童的勤奋感大于自卑感时，他们就有了"能力"的品质。

⑤ 青年期（12～18岁）：角色同一对角色混乱。

个体此时开始体会到自我概念问题的困扰，也即开始考虑"我是谁"这一问题，体验着角色统一与角色混乱的冲突。这里的角色同一性是有关自我形象的一种组织，它包括有关自我的能力、信念、性格等一贯经验和概念。如果个体在这个时期把这些方面很好地整合起来，他所想的和所做的与他的角色概念相符合，个体便获得了较好的角色同一性。自我同一性形成了"忠诚"的品质。

⑥ 成年早期（18～25岁）：亲密对孤独。

只有具有牢固自我同一性的青年人，才敢于冒与他人发生亲密关系的风险，因为与他人发生爱的关系，就是将自己的同一性与他人的同一性融合，这里有自我损失或牺牲的风险。但只有这样在恋爱中才能建立亲密的关系，否则将产生孤独感。这一时期会形成"爱"的品质。

⑦ 成年期（25～65岁）：繁殖对停滞。

这里的繁殖不仅指生育方面，而且表现在工作和人际关系等方面。在这一时期，人们不仅要生育孩子，而且要承担社会工作，这是一个人对下一代的关心和创造力最旺盛的时期，人们将获得"关心"和"创造力"的品质。

⑧ 成年晚期（65岁以上）：自我对失望。

当老人们回顾过去时，可能怀着充实的感情与世告别，也可能怀着绝望走向死亡。自我调整是一种接受自我、承认现实的感受，是一种超脱的智慧之感。如果一个人的自我调整大于绝望，将获得"智慧"的品质。

1.2.3 社会支持理论

1. 发展背景

社会支持理论的发展可以追溯到20世纪70年代，当时卡普兰、科布和卡塞尔（Cassel）等学者开始研究社会关系对个体健康的保护作用。约翰·卡普兰（John Caplan）于1974年首次系统提出"支持系统"概念，认为这种系统能帮助个体动员心理资源应对危机。西德尼·科布（Sidney Cobb）在1976年将社会支持定义为"使个体相信自己被关爱、被尊重，并归属于具有相互责任网络的信息"，这一定义强调了社会支持的情感和认知层面。这些早期研究为后来的社会支持理论奠定了基础。随着研究的深入，社会支持理论逐渐从单一维度发展为多维度模型，并广泛应用于卫生保健、心理咨询和社会工作等领域。

2. 定　义

社会支持（Social Support）是指个体通过与他人之间的关系和互动，从社会网络中获取的各种形式的支持性资源。这些资源可以包括情感上的安慰、信息上的帮助、实际问题的解决方案，以及在特定情境中提供的具体物质或行为支持。社会支持不仅仅是一种单纯的帮助行为，更是一种复杂的社会过程，涉及人与人之间的互动、关系维护以及社会网络的构建与运作。

3. 核心概念

社会支持理论的核心概念包括：

（1）社会支持网络：提供支持的社会关系网络，包括家庭、朋友、邻居、同事等正式和非正式关系。

（2）支持类型：社会支持的主要形式一般被分为以下几类。

① 情感支持（Emotional Support）：通过安慰、理解和关心，提供心理和情感上的帮助，减轻个体的情绪压力。它通常表现为倾听、同情或安慰。

② 工具性支持（Instrumental Support）：提供具体的帮助或服务，例如经济援助、日常事务中的协助等，帮助个体解决实际的生活问题。

③ 信息性支持（Informational Support）：为个体提供建议、反馈或知识，帮助其做出正确的决策。

④ 评价性支持（Appraisal Support）：通过对个人行为或决定的肯定或反馈，增强个体的自信心和自我效能感，帮助其在社会中确认自己的角色和价值。

（3）缓冲模型与主效应模型。

① 缓冲模型：认为社会支持主要在个体面临压力或困境时发挥保护作用，缓冲压力对健康的负面影响。

② 主效应模型：认为无论是否有压力存在，社会支持都能直接对个体的健康和幸福感产生积极影响。

（4）感知支持与实际支持。

① 感知支持：个体主观感受到的可获得的支持程度。

② 实际支持：客观上实际接收到的具体支持行为。

（5）支持质量与支持满意度：不仅仅关注支持的数量和类型，更关注支持的质量和个体对所获支持的满意程度。

1.2.4 增能理论

1. 发展背景

增能理论（Empowerment Theory）起源于20世纪60—70年代的社会运动，特别是民权运动、女性解放运动和反贫困运动等。这些社会运动挑战了传统的权力分配模式，强调弱势群体的权利和自主性。巴西教育家保罗·弗莱雷（Paulo Freire）在1970年出版的《被压迫者的教育学》中提出的"意识化"概念，为增能理论提供了重要的理论基础。他认为，受压迫者只有通过批判性意识的觉醒，才能认识到自身处境的不公正性，并采取行动改变现状。

20世纪80年代，增能理论开始系统化。巴巴拉·所罗门（Barbara Solomon）和朱迪思·李

（Judith Lee）等学者将增能理论引入社会工作实践，强调工作者与服务对象的平等关系，以及服务对象参与决策的重要性。朱迪思·李（Judith Lee）的《社会工作实践中的增能理论》一书奠定了增能理论在社会工作中的重要地位。

2. 定　义

增能（Empowerment）是指通过赋权和提升能力，使个体、群体或社区能够自主决策、掌控自己的生活，并有效应对社会、经济、政治和心理挑战的过程。增能理论不仅仅是赋予某种权力或地位，而是通过提升个人和集体的能力、信心和自我效能感，使其在复杂的社会系统中获得更大的控制权和行动自由。

增能理论的核心在于通过增强个体、群体或社区的能力和权力，使其能够自主决策并有效参与社会、经济、政治等各个方面的事务。理解增能的核心要素有助于全面认识增能过程如何发挥作用。这些核心要素不仅涉及个人能力的提升，还包括社会参与、资源获取、权力分配和批判意识等关键维度。

3. 核心概念

（1）自我效能感（Self-Efficacy）：自我效能感是增能理论中最基础的核心要素之一，指的是个体对自己能够成功完成某一任务或实现某一目标的信心和能力感。在增能过程中，自我效能感的提高是个体实现自主和控制力的关键一步。通过发展自我效能感，个体能够意识到自己的能力，并相信自己有足够的力量改变现状。增能理论认为，培养自我效能感的途径包括教育、技能培训、参与决策过程以及获得社会支持等。高水平的自我效能感不仅使个体在生活中更加自信，而且促使他们主动争取权利并参与社会变革。

（2）社会参与（Social Participation）：社会参与是指个体或群体积极参与社会事务、决策过程和社区发展的活动。增能的一个重要目标是增强个体的社会参与能力，使其能够在公共生活中发挥更大的作用。社会参与不仅帮助个体获得更多的社会资源和机会，而且能够提高他们的社会地位和影响力。社会参与通常体现在社区行动、政策讨论、志愿者活动、选举等公共事务中。通过参与，个体不仅能为社会贡献力量，还能够在这一过程中提升自我认同感和社会责任感。参与过程中的互动和反馈也能够增强个体的社会技能和决策能力。

（3）资源获取（Resource Access）：资源获取是增能理论中的关键要素之一，指个体或群体能够接触并利用实现自身目标所需的物质、信息和社会资源。在增能过程中，资源的获取包括但不限于经济资源（如资金、土地）、社会资源（如人际网络、社会支持）、信息资源（如知识、技能）和政治资源（如参与决策的机会、影响力）。

缺乏资源往往是个体或群体处于社会边缘的根本原因之一。增能理论认为，通过提供资源获取途径，可以帮助个体或群体脱离贫困和压迫状态，增强他们的自主性和社会参与能力。资源获取不仅能够直接改善生活条件，还能够为个体提供实现自我价值和影响社会变革的基础。

（4）权力分配（Power Distribution）：权力分配是增能理论的核心问题之一。权力是社会中稀缺而重要的资源，增能的目标之一就是通过调整和重新分配社会中的权力，使边缘化群体获得更多的决策权和行动自由。权力不仅包括控制物质资源的能力，而且包括对信息、影响力和机会的掌控。

（5）批判意识（Critical Consciousness）：批判意识是指个体或群体认识到社会结构中的不公正和权力不平等，并且有能力进行批判性思考和行动以改变这些不公正现象。批判意识的培养是增能过程中的一个重要方面，尤其是在社会压迫和边缘化问题突出时，个体需要通过教育和反思，认识到自己在社会结构中的处境。

（6）自主决策（Autonomous Decision-Making）：自主决策是增能的终极目标之一，它指的是个体或群体在获得必要资源和权力后，能够独立做出关于生活、工作和社会参与的决策。增能过程的核心是赋予个体和群体自主性，使他们不再依赖外界的支配和控制，能够自主规划自己的未来，并有能力实现自身的目标。

任务 1.3 适老活动的类型

1.3.1 按活动性质划分

1. 文体活动

（1）广场舞：作为一种集体舞蹈形式，广场舞在老年人中非常受欢迎。它不仅能锻炼身体，而且能促进老年人之间的社交互动，增加乐趣。

（2）健步走：是一种简单易行的锻炼方式，适合大多数老年人。通过健步走，老年人可以增强心肺功能，提高身体素质。

（3）歌咏活动：包括合唱、独唱等形式，可以激发老年人的音乐兴趣，丰富他们的精神文化生活。

（4）阅读、书画、摄影：这些活动能够培养老年人的兴趣爱好，提高他们的文化素养，同时也是一种很好的精神寄托。

2. 传统运动项目

（1）太极拳：作为中国传统武术的一种，太极拳动作柔和、速度缓慢，非常适合老年人练习。它能锻炼身体，调节呼吸，有助于身心健康。

（2）八段锦：另一种传统的养生健身方法，通过八个简单的动作，达到舒筋活络、增强体质的效果。

（3）五禽戏：模仿虎、鹿、熊、猿、鸟五种动物的动作，以达到锻炼身体、增强体质的目的。

3. 社交活动

（1）社区聚会：老年人可以通过参加社区组织的聚会活动，结识新朋友，分享生活经验，增强社区归属感。

（2）兴趣小组：如书法小组、园艺小组等，老年人可以根据自己的兴趣加入相应的小组，与志同道合的人一起交流学习。

4. 健康讲座与体检

（1）健康讲座：邀请医疗专家为老年人讲解健康知识，包括疾病预防、营养保健等方面，提高老年人的健康意识。

（2）免费体检：为老年人提供定期的免费体检服务，及时发现潜在的健康问题，并采取有效措施进行干预。

5. 公益活动

（1）志愿服务：鼓励老年人参与社区志愿服务活动，如环保宣传、助老助残等，让他们在奉献中感受到自身的价值和社会的温暖。

（2）慈善捐赠：组织老年人进行慈善捐赠活动，帮助那些需要帮助的人，增强他们社会责任感。

以上这些活动都是根据老年人的特点和需求而设计的，旨在提高他们的生活质量，促进身心健康。同时，这些活动也体现了对老年人的关爱和尊重，有助于构建和谐社会。

1.3.2 按活动形式划分

1. 集体活动

1）作　用

集体活动是指需要老年人群体共同参与的活动，这类活动往往能增强老年人的社交能力和团队协作精神。

2）具体形式

（1）社区团体活动：如合唱团、舞蹈队、太极队等，老年人可以在这些团体中相互学习、交流，共同完成表演或锻炼任务。

（2）集体健身活动：如广场舞、健步走、八段锦等，这些活动通常需要多人配合，有助于老年人在运动中相互鼓励、支持。

（3）社区聚会与节日庆典：如重阳节登高、春节联欢会等，通过组织这类活动，可以让老年人在节日氛围中感受到社区的温暖和关怀。

2. 小组活动

1）作　用

小组活动是指将老年人按照兴趣或需求分成不同的小组，进行有针对性的活动。

2）具体形式

（1）兴趣小组：如书法、绘画、园艺、手工艺等，老年人可以根据自己的兴趣选择参加，与其他有共同爱好的人一起交流学习。

（2）健康讲座与小组讨论：社工可以组织老年人参加健康讲座，并在讲座后进行小组讨论，让老年人分享自己的健康经验，增强健康意识。

3. 个体活动

1）作　用

个体活动是指老年人可以独立完成的活动，这类活动注重培养老年人的自我管理和自我服务能力。

2）具体形式

（1）阅读、写作与日记记录：鼓励老年人通过阅读书籍、写作文章或记录日记来丰富精神生活，提高文化素养。

（2）自我健康管理：如测量血压、血糖，进行简单的家庭锻炼等，这些活动有助于老年人掌握管理健康的方法，提高生活质量。

4. 志愿服务与公益活动

1）作　用

通过参与志愿服务和公益活动，老年人可以发挥自己的余热，为社会作出贡献，同时也能增强自身的社会责任感，培养奉献精神。

2）具体形式

（1）社区志愿服务：如环保宣传、助老助残、社区巡逻等，老年人可以在这些活动中发挥自己的作用，为社区的安全和和谐贡献力量。

（2）公益活动参与：如慈善捐赠、义卖活动等，通过参与这些活动，老年人可以传递爱心，帮助那些需要帮助的人。

5. 教育与培训活动

1）作　用

教育与培训活动旨在提高老年人的知识水平和技能水平，帮助他们更好地适应社会变化和科技进步。

2）具体形式

（1）电脑与智能手机培训：随着科技的发展，电脑和智能手机已经成为老年人日常生活中不可或缺的工具。通过培训，老年人可以掌握这些工具的使用方法，更好地与家人、朋友保持联系。

（2）理财与法律知识讲座：通过举办理财和法律知识讲座，可以帮助老年人了解最新的理财产品和法律知识，提高他们的风险意识和自我保护能力。

适老活动的类型多种多样，这些活动不仅丰富了老年人的精神文化生活，而且提高了他们的身心健康水平和社会适应能力。

1.3.3 按照老年人的健康程度划分

1. 健康老年人活动

1）作　用

对于健康状况良好的老年人，可以设计一些旨在促进身体健康、保持社交活跃和增强认知能力的活动。

2）具体形式

（1）体育活动：如健步走、太极拳、八段锦、游泳等，这些活动有助于老年人保持身体健康，增强心肺功能和肌肉力量。

（2）社交活动：组织老年人参加社区聚会、兴趣小组、志愿者服务等，增加他们的社交互动，预防孤独感和抑郁情绪。

（3）认知训练：通过拼图、棋类游戏、记忆训练等方式，帮助老年人保持或提高认知能力，预防老年痴呆。

2. 亚健康老年人活动

1）作　用

对于处于亚健康状态的老年人，需要设计一些既能促进健康恢复，又能避免过度劳累的活动。

2）具体形式

（1）轻度运动：如散步、瑜伽、简单的体操等，这些活动有助于缓解身体疲劳，提高身体柔韧性。

（2）健康讲座：邀请医疗专家为老年人讲解健康知识，包括疾病预防、营养保健等方面，提高老年人的健康意识。

（3）心理支持：提供心理咨询和疏导服务，帮助老年人缓解焦虑、抑郁等情绪问题，保持心理健康。

3. 慢性病老年人活动

1）作　用

对于患有慢性病的老年人，需要设计一些既能控制病情，又能提高生活质量的活动。

2）具体形式

（1）康复锻炼：根据老年人的具体病情，设计个性化的康复锻炼方案，如糖尿病患者的有氧运动、心脏病患者的轻度力量训练等。

（2）健康监测：定期为老年人进行健康监测，包括血压、血糖、血脂等指标的检查，及时发现并处理异常情况。

（3）健康教育：加强慢性病管理知识的宣传和教育，帮助老年人掌握自我管理和控制病情的方法。

4. 失能老年人活动

1）作　用

对于失能老年人，需要设计一些能够保持其身体功能、提高生活质量和减轻照护负担的活动。

2）具体形式

（1）日常生活技能训练：如穿衣、吃饭、洗漱等基本生活技能的训练，帮助老年人保持一定的自理能力。

（2）物理治疗和康复训练：通过专业的物理治疗和康复训练，改善老年人的身体功能，减轻疼痛和不适。

（3）心理慰藉：为失能老年人提供心理慰藉和陪伴，减轻他们的孤独感和无助感。

5. 临终关怀活动

1）作　用

对于临终老年人，需要设计一些能够缓解其身心痛苦、提高生命质量的活动。

2）具体形式

（1）疼痛管理：为临终老年人提供有效的疼痛管理，减轻他们的身体痛苦。

（2）心理支持：提供心理支持和疏导服务，帮助老年人及其家属面对死亡带来的情绪困扰。

（3）生命回顾：引导老年人回顾自己的一生，回顾重要的时刻和成就，帮助他们找到生命的意义和价值。

适老活动应根据老年人的健康程度进行个性化设计，以满足他们不同层次的需求，提高他们的生活质量。

1.3.4　按活动功能划分

1. 健康促进类活动

1）特　点

这类活动旨在促进老年人的身体健康，增强身体素质，预防疾病。

2）具体形式

（1）体育活动：如散步、慢跑、太极拳、八段锦、健身操等，这些活动能够锻炼老年人的身体，提高其心肺功能和肌肉力量。

（2）康复锻炼：针对有特定健康问题的老年人，如关节炎、糖尿病等，设计适合的康复锻炼计划，帮助老年人恢复或改善身体功能。

2. 社交互动类活动

1）特　点

这类活动旨在增强老年人的社交能力，减少孤独感，提高生活满意度。

2）具体形式

（1）社区聚会：组织老年人参加社区组织的聚会活动，如节日庆典、茶话会等，为他们提供交流的平台。

（2）兴趣小组：成立书法、绘画、园艺、手工艺等兴趣小组，让有共同爱好的老年人聚在一起，分享经验，增进友谊。

（3）志愿服务：鼓励老年人参与社区志愿服务活动，如环保宣传、助老助残等，让他们在帮助他人的过程中获得成就感和满足感。

3. 认知提升类活动

1）特　点

这类活动旨在提高老年人的认知能力，预防老年痴呆，保持大脑活力。

2）具体形式

（1）认知训练：通过拼图、棋类游戏、记忆训练等方式，锻炼老年人的思维能力、记忆力和注意力。

（2）知识讲座：邀请专家为老年人举办健康、法律、科技等知识讲座，拓宽他们的知识面，提高他们的综合素质。

4. 休闲娱乐类活动

1）特　点

这类活动旨在丰富老年人的精神文化生活，提供休闲娱乐的方式，缓解身心压力。

2）具体形式

（1）文艺表演：组织老年人参加或观看文艺表演，如戏曲、舞蹈、歌唱等，享受艺术带来的愉悦。

（2）旅游观光：为老年人安排短途旅游或观光活动，让他们欣赏自然风光，感受不同的文化氛围。

（3）手工艺制作：如编织、剪纸、陶艺等手工艺制作活动，让老年人在动手制作的过程中体验乐趣，获得成就感。

5. 心理慰藉类活动

1）特　点

这类活动旨在关注老年人的心理健康，提供情感支持和心理慰藉。

2）具体形式

（1）心理咨询：为老年人提供专业的心理咨询服务，帮助他们解决心理困扰，提高心理健康水平。

（2）生命回顾：引导老年人回顾自己的人生经历，分享感悟，帮助他们找到生命的意义和价值。

（3）情感交流：组织老年人进行情感交流活动，如座谈会、茶话会等，让他们倾诉心声，增进情感联系。

1.3.5　按组织形式划分

1. 团康活动

1）定义与特点

团康活动，即团体康乐活动，是一种集体参与的、旨在促进老年人身心健康、增强社交互动的活动形式。这类活动通常具有较强的趣味性和参与性，能够激发老年人的积极性和创造力。

2）具体形式

（1）体育竞赛：如健步走比赛、门球赛、乒乓球赛等，通过竞技比赛的形式，激发老年人的运动热情和团队精神。

（2）文艺汇演：组织老年人进行歌唱、舞蹈、戏曲等文艺表演，展示他们的才艺和风采，增强自信心和成就感。

（3）节日庆典：如重阳节登高、春节联欢会等，结合传统节日开展庆祝活动，营造节日氛围，增进老年人之间的情感交流。

3）目的与效果

团康活动旨在通过集体活动的方式，促进老年人的身心健康，增强他们的社交能力和团队合作精神。同时，这些活动还能为老年人提供展示自我、实现自我价值的机会，提高他们的生活质量和幸福感。

2. 工作坊

1）定义与特点

工作坊是一种以实践操作为主、理论讲解为辅的活动形式。它注重参与者的动手能力和创新思维的培养，通过一系列精心设计的活动和任务，引导老年人在实践中学习新知识、掌握新技能。

2）具体形式

（1）手工艺制作：如剪纸、编织、陶艺等手工艺制作工作坊，让老年人在动手制作的过程中体验乐趣和成就感。

（2）健康养生：举办健康讲座和养生工作坊，邀请专家为老年人讲解健康知识和养生方法，帮助他们树立正确的健康观念和生活方式。

（3）怀旧主题：如"时光穿梭机·重走青春之路"老年人怀旧工作坊，通过引导老年人回忆往事、分享旧照片和旧物件等方式，激发他们的怀旧情感，找回自我价值和人生意义。

3）目的与效果

工作坊旨在通过实践操作的方式，培养老年人的动手能力和创新思维，同时满足他们的精神文化需求。这些活动不仅能让老年人在轻松愉快的氛围中学习新知识、掌握新技能，而且能帮助他们缓解孤独感和抑郁情绪，提高生活质量和幸福感。

3. 小组活动

1）定义与特点

小组活动是有内在逻辑关联的主题活动（至少 5 节活动），让老年人按照兴趣、需求或身体状况等因素（一般 5~15 人）形成小组动力，达成目标。这类活动通常具有较强的针对性和灵活性，能够满足不同老年人的个性化需求。

2）具体形式

（1）兴趣小组：如书法、绘画、园艺、摄影等兴趣小组，让有共同爱好的老年人聚在一起交流学习、分享经验。

（2）健康小组：针对有特定健康问题的老年人成立健康小组，如糖尿病管理小组、高血压控制小组等，通过定期监测、健康教育和心理辅导等方式帮助他们控制病情，提高生活质量。

（3）支持性小组：如"最美夕阳红"老年人生活适应小组等支持性小组活动，通过角色扮演、情感交流、心理支持等方式帮助老年人适应新的生活角色和环境变化。

3）目的与效果

小组活动旨在通过分组的形式满足老年人的个性化需求，促进他们之间的交流与合作。这些活动不仅能让老年人在小组中找到归属感和认同感，而且能通过相互学习和支持提高他们的自信心和生活能力。同时，小组活动还能为老年人提供一个展示自我、实现自我价值的平台，让他们在晚年生活中依然能够保持活力和创造力。

任务 1.4　适老活动的应用

1.4.1　普通社区的适老活动开展

1. 什么是社区

"社区"（community）一词源于拉丁语"communitas"，衍生自"communis"（共同的）和"munus"（职责、礼物），本意指涉共同义务和相互关系的群体。德国社会学家费迪南德·滕尼斯（Ferdinand Tönnies）首次将德语词"gemeinschaft"（共同体/社区）系统性地引入社会学理论框架，其 1887 年出版的经典著作 *Gemeinschaft und Gesellschaft: Abhandlung des Communismus und des Socialismus als empirischer Culturformen*（《共同体与社会：作为经验文化形式的共产主义与社会主义论》）奠定了社区研究的理论基础。滕尼斯在其理论中将"gemeinschaft"（共同体/社区）与"gesellschaft"（社会/协会）对立起来，这一二分法成为社会学理论的关键区分方式。在滕尼斯看来，"gemeinschaft"代表的是基于自然意志（wesenwille）产生的有机社会关系，特征是情感性、非理性、传统性的社会联结；而"gesellschaft"则代表基于理性意志（Kürwille）形成的机械性社会关系，特点是功利性、理性化、契约性的互动模式。美国社会学家查尔斯·罗密斯（Charles P. Loomis）后来将该书译为英文"Community and Society"，而该书在中文学术界正式译为《共同体与社会》，社区（community）一词由此产生。

2. 社区活动的特点

社区活动的特点主要包括以下几个方面：

（1）多样性：社区活动的形式和内容极其丰富多样，涵盖了健身、文化、公益、娱乐、社交、体育比赛、旅游以及儿童活动等多个领域。这种多样性能够满足不同年龄、性别、兴趣和需求的居民参与，确保每个人都能找到适合自己的活动。

（2）自发性：社区活动往往由社区居民自发组织或由组织机构发起，体现了居民对社区生活的积极参与和自我管理的意识。这种自发性有助于激发居民的积极性和创造力，推动社区活动的持续发展。

（3）地域性：社区活动通常具有鲜明的地域特色，紧密结合了当地的文化、习俗和环境。通过举办具有地域特色的活动，可以增进居民对社区文化的认同感和归属感，促进社区的和谐与稳定。

（4）参与性：社区活动强调居民的广泛参与，无论是活动的策划、组织还是执行过程，都鼓励居民积极参与其中。这种参与性不仅有助于提升居民的社区意识和责任感，而且能够增强居民之间的联系和友谊。

（5）目的性：社区活动通常具有明确的目的性，旨在满足居民需求、促进社区发展、增强社区凝聚力等。通过举办有针对性的活动，可以实现社区治理的多元化和精细化，提升社区的整体发展水平。

（6）感染性：社区活动的氛围和成果往往能够感染和影响更多的居民，激发他们参与社区活动的热情和动力。这种感染性有助于形成良好的社区风尚和文化氛围，推动社区活动的深入开展。

（7）创新性：随着社会的发展和科技的进步，社区活动也在不断创新和发展。通过引入新的理念、技术和方法，可以丰富社区活动的形式和内容，提升活动的吸引力和影响力。

这些特点共同构成了社区活动的独特魅力和价值，为居民提供了丰富多彩的社区生活体验。

3. 社区活动的案例

案例1：

某居家养老服务中心开展的老年文化活动

一、系列活动背景

为响应××市政府居家养老活动的相关精神，体现出老有所养、老有所乐，把健康和快乐带到老年人的身边，我们居家养老服务中心在第三季度积极准备一系列老年文化节活动，及时有效地送出我们对社区老年人的关爱和祝福，为构建和谐社区作出努力。

二、活动目的

通过开展老年人活动，丰富广大老年人的晚年生活，展现老年人的风采，营造敬老、助老的和谐社区氛围。

三、系列活动内容

1. 老年人营养讲座

时间：××月

地点：××社区工作站

内容：向社区老年人讲授营养健康的养生知识。

2. 上门提供服务

时间：××月

地点：老人家庭

内容：对特殊需要的老年人进行免费量血压、康复按摩活动。

3. 法律大讲堂

向社区老人讲授最基本的有关老人维权方面的知识。

4. 老年人文艺展示

时间：××月

地点：××社区工作站

内容：展示的老年人书法、绘画、摄影作品，举办老年棋牌比赛。

5. 中秋节活动

时间：××月底

地点：老人家中

内容：为社区孤寡老人和空巢老人送月饼、水果（香蕉和雪梨比较适合老年人食用）。

6. 陪孤寡老人聊天

时间：××月

地点：老人家中

内容：免费给居家养老服务客户增加一次服务次数。

四、活动说明

（1）知识讲座活动将邀请街道办以及当地工作站有关领导参加，如有可能可通知当地有关媒体参与。

（2）积极、及时对孤寡老人情况、社区基本情况进行调查，安排活动情况表等，以便开展长期的结对帮扶活动。

五、活动注意事项

（1）本项活动由居家养老服务中心各个分部具体负责，在活动中一定要服从各步骤活动小组组长的分工，确保安全。

（2）工作人员应做好思想和心理准备，对待老人应保持耐心。

（3）在活动场所，工作人员应注意保持安静，不要大声喧哗。

（4）在活动过程中，要时刻注意老人的安全，如果遇到不能解决的事情要立刻与负责人联系；各部门负责人必须与社区工作站工作人员保持密切联系和沟通，建立有效合作。

案例 2：

迎江区滨江街道秦潭湖社区："适老化"服务暖人心 打造老年友好型社区[①]

2023 年以来，××市迎江区秦潭湖社区将"适老化"服务作为工作重点，不断推出便捷、高效、暖心的"适老化"服务举措，打造老年友好型社区，做到服务既有速度、更有温度，提高老年群体的获得感、幸福感。

快乐健身，享受生活品质。社区充分挖掘场地资源，利用辖区养老服务中心、活动广场、晨晚练点等，开展舞蹈表演、趣味运动会等活动，增强健身活动的趣味性。开展"公益课堂"，邀请专业老师为社区居民提供健身操、太极拳、广场舞等健身培训服务，为居民提供交流与自我展示的平台。着力打造"15 分钟健身圈"，不断完善体育基础设施，积极推动各类健身设施、公共活动场所共建共享，让居民在家门口就能享受运动锻炼的乐趣。

适老服务，解决后顾之忧。社区通过为辖区内特殊困难、高龄、失能、残疾老年人家庭实施适老化改造，引导专业养老床位进家庭，目前已对 6 户家庭进行适老化评估。对小区出入口进行通道无障碍改造、地面防滑处理、加装楼梯扶手等，提升社区和家庭适老化水平。除此之外，充分利用辖区专业医疗机构的资源优势，为老年居民进行智能健康监测管理，为空巢老人提供上门送餐和代办服务，帮助辖区居民了解自身身体状况，增强自我保健意识。

老有所学，提高学习热情。社区老年学校组建了一支专业化的社工服务团队，整合辖区社会组织、志愿服务队伍和社会慈善资源等共治力量形成服务合力，以更好满足老年人多样化、便捷化、个性化学习需求，将辖区老年人按照年龄、退休单位、兴趣爱好等进行分类管理。结合自身实际，深度挖掘资源，开设黄梅戏、声乐、舞蹈、书法等多个专业课程。截至目前，社区已开展各类老年教学活动 40 余场，参加人数 900 余人次。同时，社区为老年人提供居家保健、脑科学、眼科学等人体健康科普教育，通过健康养老专业化社会工作服务，提升为老服务水平。

秦潭湖社区将着力在管理规范化、方式多样化、服务优质化上下功夫，让社区老人老有所依、老有所养、老有所乐，深入打造老年友好型社区，真正把社区建设成老年人的幸福乐园。

---

① 案例源于迎江先锋网：www.yjqxfw.gov.cn/index.php?m=content&c=index&a=show&catid=32&id=17576。

1.4.2 养护院的适老活动开展

1. 什么是机构照顾

机构照顾是指在封闭式养老机构中由专业人员对生理、心理或者精神上有障碍、居家养老有困难的老年人提供医疗、保健、日常生活照料和社会性服务的照顾方式。机构照顾与社区居家照顾一起构成老年人长期照顾的社会服务体系。

机构照顾作为一种传统的照顾方式，经历了较长的发展历程。公元 325 年，欧洲的一些慈善组织和宗教团体建立起为疾病贫穷儿童提供庇护的收容所，而后针对老人、智力残障者、精神病患者等群体提供照顾服务的救济院和福利机构相继产生和发展。20 世纪中期，部分北欧国家实行福利国家制度，建立福利机构，供养老年人和失依儿童，机构照顾得到较大发展。中华人民共和国成立初期，机构照顾具有明显的救济特征，照顾水平较低。随着改革开放进程的不断深入，机构照顾的范围和类型得以扩大和丰富，照顾服务涉及养育、治疗、康复、教育、娱乐等多个方面，以满足不同受照顾者的特殊需求。

养护院按照不同的分类方式可以分为不同类型。

按照护理程度分为以下几类：

（1）特殊护理院（以医疗服务为主、社会服务为辅）；

（2）护理型养老院（以健康服务为主、社会服务为辅）；

（3）康复保健型养老院（以健康服务为主、社会服务为辅）；

（4）老年公寓（以社会服务为主、健康服务为辅）。

在我国，按照所有制性质分为：公办福利性养老院、政府与社会合办养老机构、民营养老机构。

2. 养护院活动的特点

养护院活动的特点主要体现在以下几个方面：

1）个性化与针对性

（1）根据老人需求定制：活动安排会充分考虑老人的兴趣和身体状况，如为认知症老人提供"私人定制"服务，包括个性化的房间布置、作息安排等，以满足他们的特殊需求。

（2）个性化服务：针对每位老人的不同情况，提供个性化的护理服务，如健康讲座、营养指导等，确保每位老人都能得到最适合自己的服务。

2）多样性与丰富性

（1）活动形式多样：包括文艺演出、亲子活动、拓展活动、健康讲座、志愿者服务、游戏比赛、艺术创作等多种形式，旨在丰富老人的精神生活，提高他们的生活质量。

（2）内容丰富多彩：从文化娱乐到健康养生，从社交互动到心理关怀，活动内容涵盖多个方面，确保老人能够全面感受到生活的乐趣和温暖。

3）注重身心健康

（1）健康促进：通过健康讲座、体检、义诊等活动，关注老人的身体健康，传授养生知识和健康生活方式，提高老人的健康意识。

（2）心理关怀：通过组织各类文化活动和节日庆典，增进老人之间的交流和互动，缓解他们的孤独感和焦虑情绪，提升他们的幸福感和归属感。

4）强调社会参与

（1）增进社会联系：通过邀请社区志愿者来养老院进行义务服务、组织老人参加志愿服务活动等方式，增进老人与社会的联系和互动。

（2）提升社会价值感：让老人在参与社会活动中感受到自己的价值和作用，增强他们的社会责任感和自信心。

5）注重环境营造

（1）温馨舒适的环境：养护院会注重环境的营造和布置，如设置"怀旧区"、彩绘墙面等，为老人营造一个温馨、舒适、充满回忆的生活环境。

（2）自然亲近：鼓励老人接触大自然，如组织户外活动、园艺活动等，让老人在享受自然美景的同时，促进身心的健康发展。

3. 养护院活动的案例

案例1：

神奇生肖在哪里
——融合非遗与科技的沉浸式认知互动活动

一、活动背景

生肖民俗受众广泛，在数字化时代背景下，传统文化的传承与创新需要更贴近现代人尤其是老年人的生活体验。由于身体机能与认知能力的逐步退化，传统单一的活动形式已难以激发老年人的参与热情。为此，深圳市福田区福利中心将非遗艺术与AR科技结合，参考经典IP神奇宝贝，带领老年人重新认识本土"神奇宝贝"，开展"神奇生肖在哪里"主题活动，以增强其认知刺激、艺术欣赏力及社会互动能力。活动充分运用十二生肖文化、非遗剪纸、AR虚拟技术和实地寻宝游戏，打造一场充满趣味性、互动性和教育意义的多元融合活动。

二、活动对象

（1）人数：有16名具备自理能力的老年人参与主线游戏，其余感兴趣的老年人参与预热和观赏活动。

（2）特征：会使用智能手机，具备一定的自主行动能力，对生肖、科技、游戏和流行文化感兴趣。

三、活动时间与形式

（1）时间：活动为期两天，分为预热活动和正式活动，展览为期一个月。

（2）形式：

①预热活动：活动宣讲＋AR使用初体验＋生肖交友赢乐活币[①]。

[①] 乐活币是养老院内部使用的积分。老年人在参与活动后获得积分，可以定期使用该积分换取自己需要的生活用品。

②正式活动：
- 沉浸式主题展览 + 虚实结合的寻宝游戏
- 小组协作 + 导览讲解 + 自由探索
- AR 互动体验 + 拍照打卡 + 传统非遗艺术欣赏 + 手工任务与集体合唱

四、活动内容

1. 预热导入：虚拟与现实的奇妙之门

社工介绍本次"十二生肖非遗剪纸艺术展"与 AR 虚拟画展的基本形式，讲解如何利用二维码与手机 AR 技术互动，并带领老年人开启"现实场景+虚拟角色"的交互体验。当老人们通过手机看到"会武功的蘑菇"在多功能厅中翻滚跳跃时，新奇有趣的画面极大地激发了他们的参与兴趣（见图 1.1）。

图 1.1　活动预热

2. 沉浸式寻宝游戏启动

社工结合"生肖五行方位图"发布"神奇生肖"线索，长者分组领取方位图、手机指南针和对讲机，展开寻宝行动。整个福利中心 6 层楼被布置为互动区域，导览员带队穿梭其中。通过定位与二维码，长者能够欣赏蔚县剪纸、齐白石与范曾的生肖画作，并逐步解锁生肖 AR 互动角色（见图 1.2）。

图 1.2　寻宝游戏解锁

3. AR 交互：生肖开口说话

当老人们成功找到生肖图像并扫码，AR 形象"活化"为说话的生肖角色，与老人们展开互动（见图 1.3）。

- 生肖鸡评选出"最早起的长者"并送出"勤"字；
- 生肖兔讲述"玉兔号"登月故事；
- 生肖虎与羊提供考古盲盒，包含"虎符"和"四羊方尊"；
- 其他生肖将老人们引导至一楼前台的大型画作处，其中藏有改编歌曲的线索。

图 1.3　AR 交互活动

4. 文化共创：音乐与手作互动

社工引导老年人通过 AR 扫出歌曲《小城故事》，并带领大家用《小城故事》的曲调合唱改编的《中心故事》。广播现场配乐播放，营造温馨氛围。同时由工作人员送上神秘包裹——神奇生肖寄来"玉兔号"模型与互动信。老人们协力拼装模型、打开盲盒（见图 1.4），完成整场奇遇之旅。

图 1.4　协力拼装盲盒

5. 纪念总结：拍照打卡+集体回顾

活动尾声，组织老人们与喜欢的生肖或展品合照，记录美好时光。社工组织分享环节，让老人们表达感想与体验。

案例 2：

让我陪着你
——失智老年人一对一陪伴 志愿者培育活动

一、项目背景与目标

在老龄化社会背景下，失智症（阿尔茨海默病）患者数量逐年增加，他们面临着记忆力减退、认知能力下降等挑战，生活质量和社交活动受到严重影响。本项目旨在通过招募并培训一批有爱心、有责任感的志愿者，为失智老年人提供一对一的陪伴服务，增进其情感交流，缓解孤独感，同时促进老年人的身心健康，提升生活质量。

二、活动对象

养老院中认知症老人均可报名参加。

三、活动内容

在日常陪伴中，多与失智老人进行情感交流，通过聊天、阅读、听音乐等方式与老年人进行情感交流，倾听他们的故事，分享生活的点滴。协助老年人完成日常生活琐事，如穿衣、洗漱、进食等，确保他们的基本生活需求得到满足。时刻关注老年人的安全状况，防止其发生意外，如跌倒、走失等。

根据老年人的兴趣爱好，组织或参与适合他们的活动，如手工艺制作、园艺、散步等，激发生活乐趣。鼓励老年人与其他志愿者或同龄人进行互动，增强社交能力，减少孤独感。

每次陪伴后，填写缅怀手册"陪伴内容"及"我的感悟"。记录陪伴过程中的点滴，包括老年人的反应、情感变化、特殊需求等，以便后续调整陪伴计划。

责任社工及时沟通了解陪伴情况，督导志愿者实践技巧，协调具体工作。

与老年人家属、护理人员保持沟通，定期反馈陪伴情况，共同关注老年人的身心健康。

四、活动效果

通过此次志愿者实践活动，失智老年人一对一陪伴的志愿者服务不仅为老年人提供了温馨的陪伴和关怀，而且促进了志愿者的个人成长和社会责任感的培养。同时，这一实践过程也为构建和谐社会、弘扬志愿服务精神贡献了力量。

1.4.3 CCRC 社区的适老活动开展

1. 什么是 CCRC 社区

CCRC（Continuing Care Retirement Community）社区是一种老年人长期护理的综合性社区，也被称为综合性继续照护社区。CCRC 社区通常包括独立生活的住所、辅助生活和医疗服务，以及临终关怀等服务。在 CCRC 社区，老年人可以在同一地点生活，享受不同阶段的医疗和照护服务。

2. CCRC 社区的特点

（1）多种住所选择：老年人可以选择适合自己的住所类型，例如独立生活公寓、辅助生活公寓、护理住所等，以满足不同的居住需求。

（2）多种服务选择：老年人可以选择不同的服务包，根据自己的需要选择适当的服务，例如医疗护理、临终关怀、社交和娱乐活动等。

（3）高品质医疗和照护服务：CCRC 养老社区通常提供高品质的医疗和照护服务，包括护理、康复、认知疾病护理等。

（4）长期护理计划：老年人可以在同一地点生活，并在社区中享受到不同阶段的医疗和照护服务，以满足其长期护理的需求。

（5）社区生活：CCRC 养老社区可以提供不同类型的社交和娱乐活动，让老年人能够与其他人交往，保持活力和快乐。

3. CCRC 社区的优势

（1）综合性服务：CCRC 养老社区提供综合性的医疗、护理、社交和娱乐等服务，可以为老年人提供全方位的长期护理。老年人在同一地点生活，可以得到不同阶段的医疗和护理服务，避免了老年人频繁转移的不便和危险。

（2）长期照护：CCRC 养老社区提供了长期的照护服务，为老年人提供了一种稳定、可靠的长期护理方案。老年人在社区中可以获得个性化的医疗和护理服务，以满足其不同阶段的需求。

（3）社区生活：CCRC 养老社区可以提供多种社交和娱乐活动，让老年人能够与其他人交往、保持活力和快乐，缓解孤独和抑郁情绪。

（4）安全和保障：CCRC 养老社区提供了一种安全、有保障的居住环境。老年人在社区中可以得到安全、舒适的住所，避免了老年人独自生活的安全隐患和孤独感。

（5）经济可行性：尽管 CCRC 养老社区的费用通常比独立生活和辅助生活设施高，但长期来看，老年人在社区中可以获得更好的医疗和护理服务，避免了可能会产生的额外费用和照顾不周的情况。

CCRC 养老社区为老年人提供了一种全方位、长期的医疗和照护服务，同时提供了安全、舒适的居住环境和多种社交和娱乐活动，能够满足老年人不同阶段的需求。

4. CCRC 社区活动的案例

案例 1：

美国 CCRC 社区活动案例[①]

以美国某 CCRC 社区为例，该 CCRC 社区的课表安排充分考虑了老年人的兴趣、健康状况及个人需求，采用灵活多样的时间表和课程形式。每周初，社区会发布下周的活动课表，供老年人根据自己的兴趣和时间进行选择。

---

① 案例根据网上信息改编。

1. 时间安排

早晨活动：如晨间瑜伽、太极、散步团等，帮助老年人开始活力满满的一天。

上午课程：涵盖烹饪班、园艺讲座、手工艺制作、电脑技能学习等，满足不同老年人的兴趣爱好。

午餐与休息：提供营养均衡的午餐，并设置自由交流时间，鼓励老年人互相交流。

下午活动：包括音乐疗法、舞蹈课程、读书会、电影放映等，丰富老年人的精神文化生活。

晚间活动：如静心冥想、小型音乐会等，为喜欢夜生活的老年人提供选择。

2. 活动内容

烹饪班：由专业厨师指导，教授老年人制作健康美味的菜肴，同时促进社交互动。

园艺讲座与实践：讲解园艺知识，组织老年人参与种植、养护花草，享受大自然的乐趣。

手工艺制作：如编织、陶艺、绘画等，激发老年人的创造力，增加生活乐趣。

电脑技能学习：帮助老年人跨越数字鸿沟，学习基本的电脑操作、上网技能等。

音乐疗法与舞蹈：通过音乐和舞蹈，缓解老年人的心理压力，提高身体灵活性。

健康讲座与体检：定期邀请医疗专家进行健康讲座，为老年人提供体检服务，关注其健康状况。

3. 活动成效

提升生活质量：丰富多彩的活动满足了老年人的精神文化需求，提高了他们的生活满意度和幸福感。

促进身心健康：通过运动、手工艺、音乐等活动，老年人的身体得到锻炼，心情更加愉悦，有助于预防和治疗慢性病。

增强社交能力：活动为老年人提供了交流的平台，促进了他们之间的友谊和互助，减少了孤独感和社交隔离。

提高自我价值感：通过参与手工艺制作、烹饪等活动，老年人能够展示自己的才华和技能，增强自信心和成就感。

促进家庭和谐：社区活动也鼓励家庭成员的参与，增进了家庭成员之间的沟通和理解，促进了家庭和谐。

案例 2：

芳华里打造 CCRC home 家庭养老新模式[①]

芳华里家庭养老社区 2023 年 8 月成立，位于三环内方庄街道芳星园一区 16 号院，由烂尾近 30 年的方庄电影院改建而成，填补了地区机构养老服务空白。占地 6 431.69 平方米，建筑规模 21 230 平方米，共计 177 个房间、293 张床位。

芳华里以国际化的 CCRC 养老模式为基础，创新性地将传统养老公寓与慢生活方式相结合，将专业的养老服务、居家生活感受与开放混龄的社群运营三者有机融合，打造更加具有中国特色的 CCRC home 家庭养老社区。构建了集医疗、护理、餐饮、娱乐、健康管理等内容完备的四套服务体系。

---

① 案例出自北京市丰台区人民政府网：www.bjft.gov.cn/fengtaibao/html/2023-08/11/content_9502_16415827.htm。

作为全生命周期持续照护式家庭养老社区，芳华里从规划设计阶段就以营造"家"的感受为核心，以让老人享受"愉悦、时尚、阳光、轻松"的健康退休生活为目标不断探索创新。依据老人行为习惯和生活特点将社区整体分为养老公寓居室、楼层起居厅、开放活动空间以及适老化花园景观区四重空间，将人性化设计落实到每一个角落，让养老生活自由惬意、进退自如。

作为医养结合的典型项目，芳华里与方庄社区卫生服务中心建立了深入合作关系。方庄社区卫生服务中心进驻芳华里，为机构老人提供医疗保障的同时向周边社区提供医疗服务，建立了集医疗服务、紧急就医响应、康养照护服务、慢病管理等全方位医养服务保障体系。与此同时，上级医保局等相关部门正在大力推动，将进一步针对医生开方、药品配送等服务进行政策支持，为机构在住老人及周边社区居民提供更加深入细致的养老服务。

此外，芳华里还提供了大量的开放共享空间，如小剧场、创意教室、形体教室等，一方面为在住老人创造更加丰富的生活场景，另一方面也丰富了周边社区居民的文化生活。在常规养老机构经营内容外，凭借养护及餐饮的专业能力为周边社区居民提供服务，为居民提供方便。作为创新型开放混龄养老社区，芳华里组织活动近 200 场，参与人数超 3 000 人，受到广大老年居民朋友尤其是周边居民的广泛好评。

芳华里家庭养老社区将专业的养老服务、居家生活感受与开放混龄的社群运营三者有机融合，打造了全新的老年友好型社区样板，在城市更新与老龄化双重背景下提出了全新的解决方案。

1.4.4 "金字塔理论"

随着老龄化社会的到来，人的平均寿命逐渐延长，活得健康、快乐，不仅是个人的期盼也是整个社会的期望。对于老年人而言，提升其社会参与的能力及满足其休闲娱乐的需要特别重要。而在一个养老服务机构，较合理的活动规划应该呈现"金字塔"模式（如图 1.5 所示）。

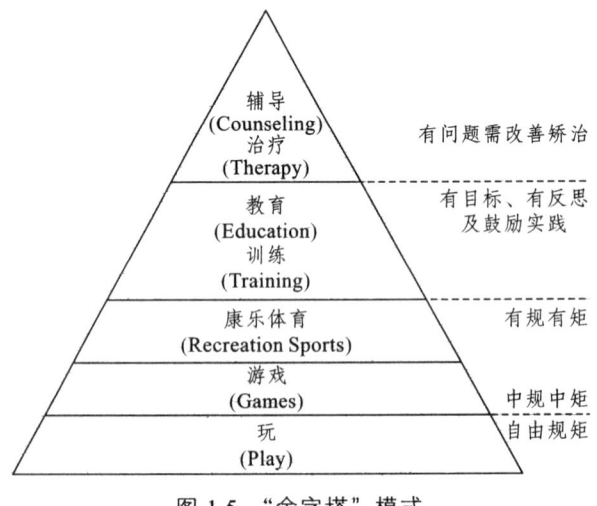

图 1.5 "金字塔"模式

1. 游戏娱乐活动

金字塔的最底部是适老化活动的基础。这类活动通常包括一些简单的娱乐项目，如棋牌游戏、手工制作、唱歌跳舞等，它们旨在满足老年人基本的娱乐和社交需求。这些活动通常不需要太多的专业知识和技能，易于组织和参与，因此成为绝大多数适老化机构的首选。这些活动虽然简单，但它们在丰富老年人生活、缓解孤独感、促进身心健康方面发挥着重要作用。

2. 康乐活动

这一层级所代表的活动，如散步、太极、健身操等，相比基础的游戏活动，更加注重活动的规范性和规则性。这些活动通常有一定的运动量和难度，需要老年人具备一定的身体素质和协调性。因此，这些活动具有一定的专业性，对组织者的技能要求较高，以确保活动的安全性和有效性。这些康乐活动不仅能够提高老年人的身体素质，而且能增强他们的自信心和社交能力。

3. 教育训练活动

这一层级的活动不再仅仅停留在娱乐和运动的层面，而是更加注重老年人的知识更新和技能提升。这些活动通常设定了明确的学习目标，鼓励老年人进行反思和实践，以激发他们的学习兴趣和动力。例如，一些机构会开设书法、绘画、计算机等兴趣班，或者举办健康讲座、法律咨询等活动，以满足老年人对知识和技能的追求。这类教育活动具有较高的专业性和针对性，对活动策划者和组织者的专业要求高。然而，它们对于提升老年人的生活品质、增强他们的社会适应能力具有重要意义。

4. 辅导治疗活动

金字塔的顶部是具有治疗效果的活动。这类活动通常针对老年人的特定健康问题，如慢性病管理、康复训练等，通过专业的治疗手段帮助老年人恢复或改善功能。这些活动具有高度的专业性和针对性，且通常需要与医疗机构合作进行。因此，能够开展这类活动的机构数量非常有限。然而，它们对于改善老年人的健康状况、提高他们的生活质量具有不可替代的作用。

不同层级的活动满足了老年人不同层次的需求和期望，共同构成了适老化服务的完整体系。然而，我们也应该看到，在现实中能够提供高层次适老化服务的机构仍然较少，需要更多的专业人才和资源投入来推动适老化服务的发展和完善。通过专业的辅导服务，帮助老年人在保持一定规则意识的同时，实现更自由、更个性化的生活和发展。这不仅是适老化活动的最高目标，而且是整个社会对老年人关爱的体现。

适老活动是提高老年人生活质量的重要途径，也是社会关注老龄化问题的一种体现。通过了解参与者需求、选择合适的场地和设施、策划有趣的活动内容、组织良好的活动流程和评估改进活动，我们可以为老年人打造更有质量的晚年生活。

项目 2　适老活动的策划与组织步骤

APPLE 原则起源于项目管理与社会服务领域，是一套逻辑清晰、结构完整的活动管理框架。其核心包括五个环节：

A - Assess（预估阶段）：识别服务对象的特点与需求；
P - Plan（计划阶段）：制定活动目标与执行方案；
P - Prepare（筹备阶段）：协调资源、落实流程；
L - Lead（带领阶段）：组织实施活动，关注现场管理；
E - Evaluate（评估阶段）：分析效果，总结经验。

在适老活动中应用 APPLE 原则，可以有效提升活动的针对性、可行性与专业性。尤其是在资源有限、需求多样的社区环境下，该方法可作为项目运作的"导航图"，帮助从业人员从"经验主义"走向"结构化操作"。

任务 2.1　APPLE 五部曲之预估阶段

在开展适老活动之前，活动策划者需要进入"APPLE 五部曲"中的"预估（Assess）"阶段。这一阶段的核心任务，是围绕"WHY"（为何举办此活动）与"WHO"（为谁举办此活动）进行深入分析与评估。唯有充分理解长者的需求与能力，方能设计出具有针对性、实用性和可持续性的活动。

2.1.1　WHY 调查活动需求

随着人口老龄化的加剧，老年人的生活质量和幸福感日益受到关注。适老活动作为一种特殊的社交和娱乐形式，可以为老年人提供欢乐的时光，增强他们的身心健康。

组织适老活动，首先应该从各方面了解参与者的情况，了解参与者的需求和兴趣是非常重要的。老年人群体具有不同的背景、兴趣和健康状况，例如，一些老年人可能喜欢音乐、舞蹈或手工艺活动，而另一些老年人可能更喜欢运动、棋牌或讲座等活动，因此，活动策划者需要充分了解参与者的需求和兴趣，以便为他们提供适合的活动。

1. 活动的目的

1）生理方面

（1）活化筋骨：
- 问题：老年人可能因年龄增长、缺乏运动而导致筋骨僵硬、关节不灵活。
- 解决策略：设计适合老年人的轻度运动、体操或舞蹈等活动，以帮助他们活化筋骨，增强身体柔韧性。

（2）促进心肺功能：
- 问题：心肺功能下降是老年人常见的健康问题。
- 解决策略：通过有氧运动如散步、慢跑（视老年人身体状况而定）、呼吸操等活动，促进老年人心肺功能的提升。

（3）刺激脑部，避免退化：
- 问题：随着年龄的增长，老年人的脑部功能可能逐渐退化，导致记忆力减退、思维迟缓等问题。
- 解决策略：组织益智游戏、记忆训练、手工艺制作等活动，以刺激老年人的脑部活动，延缓脑部退化。

（4）康复训练：
- 问题：部分老年人可能因疾病或意外伤害导致身体功能受限。
- 解决策略：根据老年人的具体需求，提供个性化的康复训练方案，如物理治疗、作业治疗等，以帮助他们恢复身体功能。

2）心理方面

（1）增强自信：
- 问题：老年人可能因身体机能下降、社会角色转变等原因而自信心不足。
- 解决策略：通过鼓励老年人参与活动、展示他们的才能和成果，以及提供正面的反馈和支持，来增强他们的自信心。

（2）调节情绪：
- 问题：老年人可能面临孤独、焦虑、抑郁等情绪问题。
- 解决策略：组织社交活动、心理讲座、情绪管理课程等，帮助老年人学会调节情绪，保持积极的心态。

3）社会交往方面

（1）结交朋友，互相支持：
- 问题：老年人可能因社交圈子缩小而感到孤独。
- 解决策略：通过组织集体活动、兴趣小组等，为老年人提供结交新朋友的机会，建立互相支持的社会网络。

（2）社会参与，获得成就感：
- 问题：老年人可能因退休或身体原因而减少社会参与，导致成就感降低。
- 解决策略：鼓励老年人参与志愿服务、社区建设等活动，让他们在社会中发挥余热，获得成就感和满足感。

4）生活适应方面

（1）培养兴趣，充实生活：
- 问题：老年人可能因生活单调而感到无聊或空虚。
- 解决策略：提供多样化的活动选择，如音乐、舞蹈、绘画、手工艺等，帮助老年人培养新的兴趣爱好，充实晚年生活。

（2）适应院舍生活：
- 问题：对于居住在养老院或老年公寓的老年人，他们可能需要适应新的生活环境。
- 解决策略：通过组织适应期活动、建立稳定的日常作息、提供心理支持等方式，帮助老年人顺利度过适应期，进入稳定期。同时，关注老年人在稳定期的需求变化，及时调整活动内容和形式，以满足他们的不同需求。

2. 活动的功能和形式

根据老年人的情况不同，开展不同性质、不同功能以及不同形式的活动。

1）治疗性活动

主要针对有特定健康需求或心理问题的老年人。这些活动旨在通过专业的辅导和治疗方法，帮助老年人改善健康状况、缓解心理问题或促进康复。

（1）个案：一对一的辅导方式，针对老年人的个别情况进行定制化治疗或辅导。

（2）小组：将具有相似需求或问题的老年人聚集在一起，通过小组讨论、分享经验、互相支持等方式进行治疗或辅导。

2）发展性活动

注重老年人的个人成长和潜能开发。通过教育和训练，提升老年人的知识、技能或兴趣，帮助他们保持活力，丰富晚年生活。

（1）小组：组织有共同兴趣或需求的老年人参与，通过集体学习和实践，共同提升某一方面的能力或技能。

（2）工作坊：通常时间较短，专注于某一特定主题或技能的深入学习和实践。工作坊强调动手能力和实践经验的积累。

3）预防性活动

通过康乐和游戏的方式，促进老年人的身心健康，预防疾病和心理问题的发生。这些活动旨在提高老年人的生活质量，增强他们的幸福感。

（1）大型活动：适合众多老年人参与的集体活动，如节日庆典、运动会、文艺演出等。大型活动能够营造浓厚的节日氛围，增强老年人之间的交流和互动。

（2）小型活动：更为灵活和私密的活动形式，如茶话会、读书会、手工艺制作等。小型活动通常更注重参与者的个人体验和感受，适合小规模的老年人群体。

在选择活动时，举办者应根据老年人的具体需求、兴趣爱好、身体状况以及活动资源等因素进行综合考虑。同时，还需要注意活动的安全性、可行性和可持续性，确保活动能够真正惠及老年人，提高他们的生活质量。比如说，同样是活跃大脑的活动，普通老年人可开展趣味游戏/日常锻炼，中度认知障碍的老年人需要开展的就是有针对性的认知训练了。

3. 活动的影响范围

举办者在考虑筹划活动的时候，通常还会考虑活动的影响范围。同时，活动的形式及其招募范围也会影响到预期影响范围。

1）大型活动（人数不限）

（1）影响范围：广泛影响社区、机构或更大范围内的老年人群体。

（2）活动形式：这类活动通常具有较大的规模和较高的参与度，如社区庆典、大型文艺演出、健康讲座或展览等。它们能够吸引大量老年人参与，同时也可能吸引其他年龄段的人群和媒体关注。

（3）招募范围：由于人数不限，招募范围非常广泛，包括社区内的所有老年人、周边地区的老年人以及通过宣传吸引的外部参与者。

2）工作坊（10~30人）

（1）影响范围：中等规模，针对特定兴趣或需求的老年人群体。

（2）活动形式：工作坊通常专注于某一特定技能或知识的深入学习和实践，如手工艺制作、烹饪课程、电脑技能培训等。它们为老年人提供了一个互动和学习的平台，有助于提升他们的技能和兴趣。

（3）招募范围：招募范围相对有限，主要面向对特定主题感兴趣或有需求的老年人。可以通过社区公告、兴趣小组或口碑传播等方式进行招募。

3）小组（每节3~12人，至少5节活动）

（1）影响范围：较小但深入，针对有特定需求或目标的老年人群体。

（2）活动形式：小组活动通常具有连续性和系统性，如认知训练小组、康复训练小组、兴趣小组等。它们通过多次的聚会和交流，帮助老年人在特定领域取得进步或实现目标。

（3）招募范围：招募范围较为精确，主要面向具有相同需求或目标的老年人。可以通过医疗机构、社区服务中心或专业机构进行招募，并可能需要进行一定的筛选和评估。

4）小型活动

（1）影响范围：最小，但可能非常深入和个性化。

（2）活动形式：小型活动可以包括一对一辅导、家庭访问、小型聚会等。它们通常更加灵活和私密，能够满足老年人的个性化需求。

（3）招募范围：招募范围非常有限，可能只针对个别老年人或特定的小群体。这些活动通常通过个人关系、专业推荐或特殊需求评估等方式进行招募。

在选择活动形式及其招募范围时，举办者需要综合考虑活动的目标、资源、参与者的需求和兴趣以及预期的影响范围。通过合理地规划和组织，可以确保活动能够有效地满足老年人的需求，提升他们的生活质量。

2.1.2 WHO评估老年人需求

1. 活动目的与招募对象的关系

活动的成功与否往往取决于参与者是否能够有效地促进活动目标的实现。因此，在策划活动时，明确活动目的并据此确定招募对象是至关重要的。

1）明确活动目的

活动目的应该清晰、具体，并符合组织或社区的整体目标和价值观。例如，活动目的可能是增进邻里关系、提升老年人的健康水平、传播文化知识等。

2）分析目标群体

根据活动目的，分析哪些人群最有可能受益或参与进来，这些人群就是潜在的招募对象。例如，如果活动目的是增进邻里关系，那么招募对象就应该包括社区内的居民，特别是那些平时交流较少的居民。

3）确定招募对象

在分析目标群体的基础上，进一步确定具体的招募对象。这可能需要考虑参与者的年龄、性别、兴趣爱好、身体状况、社会背景等因素。例如，对于健康讲座活动，招募对象可能主要是关注健康问题的中老年人；而对于文化展览活动，招募对象则可能更广泛，包括对不同文化感兴趣的各个年龄段的人。

4）制定招募策略

根据招募对象的特点和需求，制定合适的招募策略。这包括选择合适的招募渠道（如社交媒体、社区公告、口头邀请等）、设计吸引人的招募信息（如活动亮点、参与好处等）以及制订有效的招募计划（如时间安排、人员分工等）。

5）实施招募活动

按照招募策略实施招募活动，积极邀请目标群体参与。在招募过程中，要注意与潜在参与者的沟通和交流，解答他们的疑问，增强他们的参与意愿。

6）评估招募效果

招募活动结束后，要对招募效果进行评估。这包括统计参与人数、分析参与者特征、评估参与者满意度等。通过评估可以了解招募活动的成效和不足之处，为今后的活动提供经验和借鉴。

2. 活动设计与老年人能力的关系

在设计针对老年人的活动时，需要充分考虑他们的听力、视力、行动能力和认知能力，以确保活动的安全、有效和吸引力。例如：在设计身体锻炼的活动时，对于自理老人，可以设计太极、柔力球、八段锦等活动能力较高的活动；对于轮椅老人则可以设计手指操、椅上足球等。在开展怀旧类活动时，可选择音乐、电影、物品展览等形式，但要注意根据老年人听力受损、视力受损等情况选择形式或邀请参与者。

1）听力方面

（1）声音清晰可闻：确保活动现场的声音设备（如麦克风、扬声器）质量良好，声音清晰且音量适中，避免背景噪声干扰，确保老年人能够听清讲解和指令。

（2）语言简洁明了：讲解员应使用简单易懂的语言，避免复杂的词汇和长句，同时可以适当放慢语速，给老年人足够的理解时间。

（3）文字辅助：对于重要的信息点，可以提供文字说明或字幕，以便老年人通过阅读获取信息。

2）视力方面

（1）光线充足：活动现场应保持充足的光线，避免昏暗环境对老年人视力的影响。

（2）字体大小合适：任何需要阅读的材料（如宣传册、活动指南）都应使用大号字体，确保老年人能够轻松阅读。

（3）颜色对比明显：使用高对比度的颜色搭配，如黑白、蓝白等，以提高文字的可读性。

3）行动能力方面

（1）无障碍设施：确保活动现场设有无障碍通道、扶手、座椅等设施，方便行动不便的老年人进出和参与活动。

（2）活动安排合理：根据老年人的体力状况，合理安排活动的时长和强度，避免过度劳累。同时，可以设置休息区，供老年人休息和补充体力。

（3）紧急救援准备：制定应急预案，确保在紧急情况下能够迅速为老年人提供医疗救助。

4）认知能力方面

（1）活动内容丰富多样：设计多样化的活动内容，包括智力游戏、手工艺、音乐疗法等，以激发老年人的兴趣和参与度。这些活动应有助于提高老年人的注意力、记忆力、思维能力和社交能力。

（2）活动难度适中：根据老年人的认知能力水平，设计难度适中的活动任务，避免过于简单或复杂而导致老年人失去兴趣或产生挫败感。

（3）鼓励互动与合作：通过小组活动、讨论会等形式，鼓励老年人之间的互动与合作，增强他们的社交能力和归属感。

3. 工作者与老年人日常的关系

日常注重与老年人建立关系是非常重要的，这不仅能够增进彼此之间的了解和信任，而且能提升老年人的生活质量，增强他们的社会参与感和幸福感。

（1）尊重与倾听：首先，工作者要表现出对老年人的尊重和耐心。倾听他们的故事、经验和意见，让他们感受到自己的价值和重要性。

（2）定期交流：安排定期的时间与老年人进行面对面的交流，无论是家庭成员还是社区工作者。这种定期的交流可以让他们感受到被关心和被重视。

（3）关注他们的需求：工作者应了解并关注老年人的实际需求，包括生活上的帮助、情感上的支持以及健康上的关注。根据他们的具体情况，提供适当的帮助和支持。

（4）共同参与活动：工作者应鼓励老年人参与社区或家庭组织的活动，如散步、园艺、手工艺、读书会等。这些活动不仅能够促进他们的身体健康，而且能提供社交机会，让他们感受到乐趣和归属感。

（5）学习新知识：工作者应与老年人分享新知识、新技术或新观念，如智能手机的使用、互联网的基础知识等。这不仅能帮助他们适应现代生活，而且能增强他们的自信心和学习能力。

（6）保持积极态度：在与老年人交流时，工作者应保持积极乐观的态度，避免传递负面情绪或压力。用笑容和正能量感染他们，让他们感受到生活的美好和希望。

（7）尊重个人空间：虽然建立关系很重要，但也要尊重老年人的个人空间和隐私。工作者不应过度干涉他们的生活或决定，给予他们足够的自由。

（8）建立支持网络：工作者应鼓励老年人建立自己的支持网络，包括家人、朋友、邻居和社区组织等。这个网络可以在他们需要时提供帮助和支持，减轻他们的孤独感和无助感。

（9）关注心理健康：工作者应关注老年人的心理健康状况，及时发现并帮助他们解决焦虑、抑郁等情绪问题。鼓励他们表达自己的感受和需求，提供必要的心理支持和干预。

（10）持续学习：作为与老年人建立关系的一方，工作者也需要持续学习关于老年学、心理学、社会学等方面的知识。这些知识将帮助工作者更好地理解老年人的需求和挑战，从而提供更加有效的支持和帮助。

总之，与老年人建立关系需要耐心、尊重和持续的努力。通过关注他们的需求、参与他们的生活、提供支持和帮助，我们可以为老年人创造一个更加温馨、和谐和有意义的生活环境。

2.1.3　WHAT 选择活动形式

在组织适老活动时，选择合适的活动性质与形式至关重要，以确保活动既符合老年人的身心特点，又能激发他们的兴趣与参与热情。

1. 团康活动

1）人数灵活性

团康活动的人数可以根据实际情况灵活调整。大型活动可以吸引众多老年人参与，小型活动注重亲密和深入交流，各具优势。

2）多样性与包容性

团康活动可以涵盖多种形式和内容，如户外探险、文化娱乐、健康讲座等，以满足不同老年人的兴趣和需求。同时，活动设计应注重包容性，确保每位老年人都能找到适合自己的参与方式。

3）社交与互动

团康活动强调老年人的社交和互动，通过集体活动促进老年人之间的交流和了解，增强他们的归属感和幸福感。

4）乐趣与放松

团康活动的主要目的在于让老年人获得乐趣和放松身心。通过轻松愉快的活动氛围和有趣的互动环节，帮助老年人缓解压力、释放情绪，享受生活的美好。

2. 工作坊

1）互动性与参与性

（1）双向互动：设计活动时，应确保带领者与参加者之间有充分的交流机会，鼓励老年人提问、分享经验，形成积极的互动氛围。

（2）体验式学习：通过动手实践、角色扮演等方式，让老年人在参与中学习和体验新知识或技能，增强记忆，提高兴趣。

（3）系列化主题：根据老年人的兴趣和需求，设计一系列连贯的主题工作坊，如健康养生、手工艺制作、智能设备使用等，逐步提升他们的能力和兴趣。

2）规模与舒适度

控制人数在 30 人以内，保证每位参加者都能得到足够的关注和指导，同时避免拥挤和嘈杂，确保活动的舒适度。

3. 小　组

1）小组动力与凝聚力

（1）组员匹配：根据老年人的兴趣、能力、性格等因素进行分组，促进组员间的相互理解和支持。

（2）互动机制：设置小组讨论、合作任务等环节，激发组员间的积极互动，增强小组凝聚力和归属感。

（3）逻辑联系与理论支撑：确保小组活动的主题之间具有逻辑联系，并基于一定的理论或实践基础，使学习过程系统而深入。

2）持续性与深度

至少安排 5 节活动，保证小组活动有足够的时间来建立信任、深入学习和实践。

鼓励组员在小组外也保持联系，延续学习成果和友谊。

2.1.4　WHEN 选择活动时间

在组织适老活动时，活动时间的安排是否合理是一个至关重要的考虑因素。

1. 考虑老年人的作息习惯

（1）熟悉日常生活安排：要深入了解老年人的日常生活习惯和作息时间，确保活动安排不会与他们的日常生活产生冲突。比如，许多老年人有固定的起床、吃饭、午休和晚上休息的时间，活动应避免在这些关键时段进行。

（2）避免冲突：对于社区中的老年人，活动时间的安排要考虑到他们买菜、做饭、接送小孩等日常任务。可以通过问卷调查、访谈或社区公告等方式收集老年人的意见，以确定最合适的活动时间。

（3）个性化需求：对于养老院的老年人，还需特别关注他们的个性化需求，如午睡、冲凉、康复锻炼等时间安排。确保活动不会干扰到这些重要的个人活动，同时也应考虑在活动前后为老年人提供必要的休息时间。

2. 考虑其他工作人员时间安排

（1）协同合作：当活动需要其他工作人员（如护理人员、志愿者等）的参与和配合时，必须充分考虑他们的工作时间和安排。通过提前沟通和协调，确保所有人员都能在活动期间到位，并能在不影响其他工作任务的前提下参与活动。

（2）避免高峰期：特别是在养老院等机构中，护理人员的交接班、洗澡、打扫卫生、餐厅备餐等时段通常较为忙碌。活动安排应尽量避免这些高峰期，以减少对正常工作流程的干扰。

（3）灵活调整：如果确实需要在某些特殊时段安排活动（如针对特定健康状况的老年人），应提前与相关人员做好沟通和协调，制定灵活的应对措施，确保活动的顺利进行。

3. 考虑活动目的与时间安排

（1）针对性安排：根据活动的目的和老年人的实际需求来安排时间。例如，对于认知症患者开展的认知训练活动，应考虑到他们在不同时间段的精神状态和注意力水平。如果老人在白天容易打盹小睡，那么可以将活动安排在他们较为清醒和活跃的时间段内。

（2）调整作息：对于某些需要调整作息习惯的老年人（如夜晚游走的认知症患者），活动时间的安排可以更加灵活和个性化。通过逐渐调整活动时间，帮助老年人建立起更健康的作息习惯。

（3）持续监测：在活动期间和之后，要持续监测老年人的反应和效果，以便及时调整活动时间和内容，确保活动能够达到预期的目的和效果。

2.1.5 WHERE 选择活动地点

在策划适老活动时，选择举办地点是至关重要的，因为这直接影响到参与者的舒适度、安全性以及活动的整体效果。

1. 室内地点选择

1）室内地点的优势

（1）环境稳定：室内温度、湿度、光线等条件相对稳定，不易受天气变化影响，有利于老年人身体健康。

（2）安全性高：室内场地通常设有防滑地板、扶手等安全设施，减少了跌倒等意外的风险。

（3）设施完善：许多室内场所（如社区中心、文化中心、老年活动中心）配备有卫生间、休息区、紧急医疗设备等，方便老年人使用。

（4）活动多样：室内环境更适合开展讲座、手工艺、舞蹈、瑜伽等多种类型的活动，不受天气和时间的严格限制。

2）重点考虑因素

（1）空气质量：确保室内空气流通良好，避免人群密集导致的空气污浊。

（2）场地容量：考虑场地的容纳量，确保不会过于拥挤。

（3）设备情况：检查并更新安全设施，确保符合老年人的使用需求。

2. 室外地点选择

1）室外地点优势

（1）亲近自然：室外活动能让老年人亲近自然，呼吸新鲜空气，享受阳光和绿色，有利于促进身心健康。

（2）视野开阔：开阔的室外环境有利于放松心情，缓解压力，提升活动体验。

（3）适合特定活动：如散步、太极、园艺等户外活动，更能体现其乐趣和益处。

2）重点考量因素

（1）天气因素：需提前关注天气预报，避免在极端天气（如高温、暴雨、大风等）下举办活动。

（2）安全保障：确保活动区域平整无障碍物，设置足够的休息区和遮阳设施，必要时配备医疗急救团队。

（3）防晒防蚊：提供防晒用品，如遮阳帽、防晒霜等，并考虑防蚊措施，保护老年人免受蚊虫叮咬。

（4）交通与停车：确保活动地点交通便利，有足够的停车位供参与者使用。

选择室内还是室外作为适老活动的举办地点，需要根据活动性质、老年人身体状况、天气预情况及场地条件等多方面因素综合考虑。对于大多数老年人而言，室内活动因其稳定的环境和较高的安全性而更受欢迎；但对于喜欢户外活动或特定类型的活动（如园艺、散步）的老年人而言，室外地点则更具吸引力。无论选择哪种场地，都应确保老年人的舒适度和安全性，并提前作好充分的准备工作。

任务 2.2 APPLE 五部曲之计划阶段

完成预估阶段的任务后，就进入"计划阶段（Plan）"了。该阶段的核心任务是明确活动目标，制定执行方案，即撰写活动计划书，包括活动名称、时间地点、活动形式、活动对象、活动流程、人员分工、经费预算、风险预估、评估方法等，确保每一步都有据可依。

2.2.1 活动方案书的概念

1. 什么是活动方案书

活动方案书，也称为活动策划书或活动执行方案，是一种详细规划并描述即将举行的活动或项目的书面文件。它旨在明确活动的目标、内容、流程、时间安排、预算、资源分配、风险管理、宣传推广及后期评估等各个环节，以确保活动能够顺利进行并达到预期效果。

活动方案书通常包含以下几个关键部分：

（1）活动背景与目的：阐述活动的背景信息，包括市场环境、行业趋势、受众分析等，并明确活动的目的和预期成果。

（2）活动主题与名称：确定活动的主题和具体名称，主题应与活动目的紧密相连，能够吸引目标群体的兴趣。

（3）活动时间与地点：详细规划活动的时间安排，包括预热期、执行期和后期反馈等阶段，并确定活动的具体地点或线上平台。

（4）目标受众：分析并明确活动的目标受众群体，包括他们的年龄、性别、兴趣、职业等特征，以便制定更有针对性的策略。

（5）活动内容与流程：详细描述活动的具体内容、节目安排、互动环节等，并制定详细的活动执行流程和时间表。

（6）宣传推广计划：制定活动的宣传推广策略，包括宣传渠道、宣传材料、推广时间节点等，以吸引更多的参与者。

（7）预算与资源分配：列出活动的预算明细，包括场地租赁、设备购置、嘉宾邀请、宣传推广等各项费用，并规划资源的合理分配。

（8）团队分工与职责：明确活动执行团队的成员及其各自的任务分工和职责，确保活动能够有序进行。

（9）风险评估与应对措施：识别活动可能面临的风险和挑战，并制定相应的预防和应对措施，以降低不确定性和风险。

（10）后期评估与总结：规划活动结束后的评估方式和总结报告，包括参与者反馈收集、活动效果评估、经验教训总结等，以便为未来活动提供参考。

2. 撰写活动方案书的目的

活动方案书是活动成功的关键。撰写活动方案书是确保活动或项目顺利进行、提高执行效率、降低风险并实现预期目标的重要保障。与此同时，它还有助于团队内部明确目标和分工，并能为外部合作伙伴和赞助商提供清晰的活动概览和预期成果。通过精心策划和准备，活动方案书能够提升活动的吸引力和执行效率，确保活动的圆满成功。

1）申报项目

（1）正式性与专业性：活动方案书是项目申报的正式文件，通过详细、系统的规划，能够展现项目的专业性、可行性和价值。这有助于提升项目在评审过程中的竞争力，增加获得批准的机会。

（2）明确目标与预期：方案书清晰地阐述了活动的目标、预期成果以及实现路径，使评审者能够迅速了解项目的核心内容和预期效果，从而作出准确的判断。

2）厘清思路

（1）系统规划：撰写活动方案书的过程实际上是一个系统规划的过程。通过这个过程，组织者可以全面考虑活动的各个方面，包括目标、内容、流程、预算等，从而确保活动的全面性和完整性。

（2）明确分工：方案书中通常会明确各个团队成员的分工和职责，这有助于团队成员厘清自己的工作任务，提高工作效率和协作能力。

3）获得协同

（1）促进沟通：活动方案书为团队成员之间提供了沟通的桥梁。通过共同讨论和制定方案，团队成员可以更好地理解彼此的想法和需求，增强团队的凝聚力和协作能力。

（2）明确合作机制：方案书中还可以明确合作机制和合作流程，确保各部门或团队之间能够顺畅地协同工作，共同推进项目的顺利进行。

4）获取资源

（1）吸引资源：一份详细、有吸引力的活动方案书能够向潜在的合作伙伴、赞助商或政府机构展示项目的价值和潜力，从而吸引他们提供资金、物资或技术支持。

（2）预算与成本控制：方案书中详细的预算计划和成本控制措施有助于组织者在申请资源时更有说服力地说明资金使用的合理性和必要性。

2.2.2 活动方案书的元素

活动方案书是一个详细规划活动从筹备到执行再到评估的各个阶段的全面文档，它确保了活动的顺利进行和最终目标的达成。它包括以下内容：

1. 基本信息

（1）活动名称：清晰、简洁地命名活动，便于识别和记忆。

（2）活动目的与意义：阐述举办该活动的具体原因、目的以及预期达到的社会效益或组织目标。

（3）参与对象：明确活动的目标受众，包括参与者、嘉宾、观众等。

（4）活动形式：描述活动的类型（如讲座、研讨会、展览、竞赛、庆典等）及具体表现形式。

（5）时间与日期：详细列出活动的开始和结束时间，包括任何重要的子活动或环节的时间安排。

（6）地点：明确活动举办的具体地址，包括场地布置要求、设施需求等。

2. 活动流程、人员分工、道具物资

（1）活动流程：详细规划活动的整体流程，包括开场、主体活动、互动环节、闭幕等，确保每个环节都有明确的时间节点和顺序。

（2）人员分工：明确活动筹备和执行过程中各团队成员的职责，包括负责人、执行人员、后勤支持等，确保责任到人。

（3）道具物资：列出活动所需的所有道具、设备、装饰物、宣传材料等，并注明数量、规格、采购或租赁方式及预算。

3. 筹备期时间计划

筹备时间表：详细列出从活动策划到执行结束的各个阶段及关键任务的时间节点，包括策划阶段、筹备阶段、执行阶段和后期总结等，确保活动按计划有序进行。

4. 经费预算

（1）预算明细：详细列出活动所需的所有费用，包括场地租赁、设备购置或租赁、宣传费用、人员费用、餐饮住宿、应急资金等，并给出每项费用的预算金额和总计。

（2）资金来源：说明预算资金的来源渠道，如组织自有资金、赞助、捐赠、票务收入等。

（3）财务管理：制定财务管理制度和流程，确保资金使用的合理性和透明度。

5. 风险预估与应对措施

（1）风险预估：识别活动可能面临的风险因素，如天气变化、设备故障、人员变动等。

（2）应对措施：针对每个预估的风险，制定具体的预防和应对方案，确保在风险发生时能够迅速有效地处理。

6. 评估方法

成效评估：设定活动的具体目标和指标，如参与度、满意度、影响力等，并设计相应的评估方法和工具（如问卷调查、访谈、数据分析等），以便在活动结束后对活动效果进行全面评估。

2.2.3 活动方案书的撰写

撰写活动方案书是一个系统而细致的过程，需要综合考虑活动的各个方面。以下是一个全面详细的活动方案书的基本框架和步骤。

1. 封面与目录

（1）封面：包含活动名称、主办方（或组织单位）、时间、地点等基本信息，以及可能的Logo或图案装饰。

（2）目录：列出方案书的主要章节和页码，便于读者查阅。

2. 引言/背景

简要介绍活动的背景信息，包括行业趋势、市场需求、组织动机等；阐述活动的重要性和意义，以及预期达到的目标和效果。

3. 活动概述

（1）活动名称：明确活动的正式名称。

（2）活动目的：详细阐述举办活动的具体目的和期望成果。

（3）参与对象：明确活动的目标受众，包括参与者、嘉宾、观众等。

（4）活动形式：描述活动的类型、风格、规模等。

（5）时间与地点：明确活动的具体日期、时间、地点及场地要求。

4. 活动流程与安排

（1）日程安排：列出活动的整体日程，包括各个阶段的时间节点和主要内容。

（2）详细流程：对活动的每个环节进行详细描述，包括开场、主体活动、互动环节、闭幕等。

（3）人员分工：明确活动筹备和执行过程中各团队成员的职责和任务分配。

5. 物资与道具准备

（1）物资清单：列出活动所需的所有物资、设备、装饰物、宣传材料等，并注明数量、规格、采购或租赁方式。

（2）布置方案：描述场地的布置方案，包括舞台、座位、灯光、音响、背景板等的设置。

6. 宣传与推广

（1）宣传策略：制定活动的宣传计划和推广方案，包括宣传渠道、宣传材料、宣传时间等。

（2）预算分配：为宣传推广工作分配合理的预算，确保宣传效果。

7. 风险预估与应对措施

（1）风险识别：分析活动可能面临的各种风险，如天气变化、设备故障、人员变动等。

（2）应对措施：针对每个风险制定具体的预防和应对方案，确保在风险发生时能够迅速有效地处理。

8. 经费预算

（1）预算明细：详细列出活动所需的所有费用，包括场地租赁、设备购置或租赁、宣传费用、人员费用、餐饮住宿、应急资金等，并给出每项费用的预算金额和总计。

（2）资金来源：说明预算资金的来源渠道，如组织自有资金、赞助、捐赠、票务收入等。

（3）财务管理：制定财务管理制度和流程，确保资金使用的合理性和透明度。

9. 评估与总结

（1）评估方法：设定活动的评估指标和方法，如参与度、满意度、影响力等，并设计相应的评估工具（如问卷调查、访谈等）。

（2）总结计划：在活动结束后进行总结和反思，分析活动的成功之处和不足之处，为未来的活动提供经验和教训。

10. 附　录

包括但不限于：参与人员名单、联系方式、相关法律法规依据、合作伙伴协议、赞助协议等补充材料。

在撰写过程中，注意保持内容的逻辑性和条理性，确保每个部分都紧密围绕活动的核心目标和主题展开。同时，注重语言的准确性和规范性，避免歧义和错误信息的出现。最后，进行仔细的校对和修改，确保方案书的完整性和可读性。

任务 2.3　APPLE 五部曲之筹备阶段

当活动方案确认或被审批通过后，就进入筹备阶段（Prepare）了。该阶段需细化资源调配，落实场地布置、物资采购、人员培训、活动预演等细节，确保各环节无缝衔接，为活动顺利开展奠定坚实基础。在这个阶段，灵活使用甘特图这一项目管理工具，将有助于管理任务进度与时间节点，也便于团队协作和沟通。

2.3.1　绘制甘特图

1. 甘特图的基本元素和组成部分

甘特图是项目管理中常用的工具，用于展示项目的计划、进度和时间安排。甘特图可以帮助管理者直观地了解项目的进度和时间安排，及时发现问题并作出调整。它也有利于团队成员之间的沟通和协作，促进项目顺利进行。它包括以下基本元素和组成部分。

（1）任务：甘特图的基本单位，代表项目中需要完成的工作或活动。

（2）时间轴：横向显示时间跨度的直线，通常以天、周或月为单位，用来显示项目的时间安排。

（3）甘特条：代表任务的条形图形，横向表示任务的起始和结束时间，纵向表示任务的持续时间。

（4）里程碑：代表项目中的重要节点或阶段，通常用特殊的符号或标志来表示。

（5）进度线：用来显示项目实际进度与计划进度的比较，有助于管理者及时发现偏差并采取措施。

（6）关键路径：显示项目中最长的任务序列，决定整个项目的最短完成时间，对项目管理至关重要。

（7）资源分配：可在甘特图中显示任务所需的资源分配情况，有助于资源的合理安排和调度。

项目2 适老活动的策划与组织步骤

2. 甘特图绘制举例

案例：

表 2.1 金秋养生嘉年华活动筹备计划表

计划日期：		2024-09-01					活动地点：		某某养老机构
活动主题：		金秋养生嘉年华					参与人员：		待定人员

项目	活动内容	负责人	开始时间	完成时间	工期	完成状态	完成进度
活动策划与规划	确定活动目标并设定主题（如"金秋养生嘉年华"）		9.1	9.2	2	已完成	100%
	组建跨部门筹备小组，明确职责分工		9.2	9.2	1	已完成	100%
	进行市场调研，制定初步预算草案		9.2	9.3	2	进行中	50%
	实地考察并预订活动场地		9.2	9.3	2	延期	50%
	与潜在合作伙伴沟通，发送合作提案		9.3	9.5	3	暂停	10%
活动宣传与招募	确定活动赞助方案，跟进赞助商回复		9.5	9.5	1		
	设计活动海报与宣传册		9.6	9.6	2		
	撰写并发布活动新闻稿		9.6	9.6	1		
	线下张贴宣传海报，线上发布活动信息		9.6	9.7	2		
	收集并确认参与者报名信息		9.7	9.9	3		

047

续表

计划日期:	2024-09-01					活动地点:	某某养老机构	
活动主题:	金秋养生嘉年华					参与人员:	待定	

项目	活动内容	负责人	开始时间	完成时间	工期	完成状态	完成进度	1-24日 甘特图
活动筹备与执行	采购活动物资并安排物流		9.9	9.10	2			
	设计并布置活动现场（包括无障碍设施）		9.10	9.11	2			
	招募并培训志愿者		9.11	9.12	2			
	节目彩排与健康讲座准备		9.12	9.13	2			
	确定餐饮服务商，准备健康餐食菜单		9.13	9.14	2			
	最终检查，安排医疗支持设备		9.14	9.15	2			
活动当天（假设活动日为9月17日）	提前到场进行最终布置（9月17日上午）		9.17	9.17	1			
	参与者签到与接待（9月17日上午）		9.17	9.17	1			
	活动正式开始，按日程进行（9月17日全天）		9.17	9.17	1			
	活动结束，组织清理现场与送归（9月17日下午/晚上）		9.17	9.17	1			
活动后总结与反馈	归还租赁物资，整理活动文档与照片		9.18	9.18	1			
	发放参与者满意度调查问卷并收集反馈（9月19—20日）		9.19	9.20	2			
	召开团队内部总结会议（9月21日）		9.21	9.21	1			
	撰写活动总结报告，分享至合作伙伴部门（9月22—23日）		9.22	9.23	2			

请注意，由于实际操作的复杂性，应根据具体情况调整这个框架。此外，有些任务可能会并行进行，或者某些任务可能会因为意外情况而延迟。因此，在实际操作中，需要保持灵活性并随时准备调整计划。

2.3.2 采购物资

在适老活动的策划与组织步骤中，筹备阶段的物资采购是一个关键环节。

1. 明确采购需求

首先，需要深入了解参与适老活动的老年人的具体需求和兴趣，包括他们的身体状况、兴趣爱好、活动习惯等，以便为物资采购提供有针对性的参考。

其次，根据活动规划，明确所需物资的种类、数量和质量要求。例如，如果活动包括手工制作，就需要采购相应的手工材料和工具；如果活动涉及运动，就需要采购适合老年人的运动器材等。

2. 制订采购计划

根据采购需求，详细列出所需物资的名称、规格、数量、预算等信息，形成采购清单。

选择合适的采购渠道，包括线上电商平台、线下供应商、政府采购平台等。在选择时，要考虑物资的质量、价格、售后服务等因素。

根据活动的时间安排，制定详细的采购时间表，确保物资能够按时到位。

3. 执行采购计划

向多个供应商发出询价请求，收集报价信息并进行比较，选择性价比高的供应商进行合作。

与选定的供应商签订采购合同，明确双方的权利和义务，包括物资的质量要求、交货时间、付款方式等。

在采购过程中，及时跟踪供应商的交货进度，确保物资能够按时到达。

4. 验收与入库

在物资到达后，按照采购合同和采购清单进行验收，检查物资的数量、质量、规格等是否符合要求。验收合格的物资应及时办理入库手续，进行分类存放，并做好库存管理。

5. 注意事项

在采购过程中，要特别关注物资的安全性，确保所采购的物资不会对老年人的健康造成危害。在选择物资时，要考虑老年人的实际情况和使用习惯，选择适合他们的物资。在采购过程中，要合理控制成本，确保物资采购的经济性和效益性。

2.3.3 布置场地

筹备阶段的布置场地环节是至关重要的,它直接关系到活动的顺利进行和参与者的体验。布置场地时需要注意一些具体步骤和注意事项。

1. 明确场地需求

(1)活动内容与规模:首先,根据活动的具体内容和预计参与人数,确定所需的场地类型和大小。例如,如果活动包括舞蹈、运动等内容,场地需要足够宽敞;如果活动以讲座、座谈为主,则需要有良好的视听设备和座椅布局。

(2)设施与设备:根据活动需求,列出所需的设施设备清单,如音响、投影仪、桌椅、无障碍设施等。

2. 选择合适的场地

(1)安全性:确保场地安全无隐患,符合消防安全规范,有紧急疏散通道和标识。

(2)舒适性:场地应具备良好的通风、采光条件,避免阴暗潮湿。同时,座椅、地板等应符合老年人的生理特点,如提供软垫座椅、防滑地板等。

(3)无障碍性:考虑到老年人的特殊需求,场地应设置无障碍通道、洗手间等设施,方便轮椅使用者进出。

(4)交通便利性:场地应选择在交通便利的地方,方便老年人出行。如果可能的话,可以提供接送服务。

3. 布置场地

(1)场地规划:根据活动内容规划场地布局,合理安排各个区域的位置和大小。例如,表演区、观众区、休息区、服务台等应清晰划分,避免相互干扰。

(2)标识设置:在场地内设置清晰的标识和指示牌,引导老年人快速找到所需区域。标识应大而醒目,易于识别。

(3)设施设备摆放:按照活动需求摆放设施设备,确保音响、投影仪等设备调试到位,座椅、桌子等摆放整齐有序。同时,确保所有设施设备的安全性和稳定性。

(4)环境营造:根据活动主题和氛围布置场地环境,如悬挂横幅、摆放鲜花绿植等。环境营造应符合老年人的审美和喜好,营造温馨、舒适的活动氛围。

4. 注意事项

(1)紧急预案:制定紧急预案,应对可能出现的突发情况,如停电、火灾等。确保有专人负责应对紧急情况,保障老年人的安全。

(2)人性化服务:在场地内设置志愿服务站或咨询台,为老年人提供必要的帮助和咨询。同时,可以准备一些简单的医疗用品和急救包,以备不时之需。

布置场地环节是适老活动策划与组织中的重要一环。通过明确场地需求、选择合适的场地、精心布置场地以及注意相关事项,可以为老年人打造一个安全、舒适、便捷的活动环境。

2.3.4 活动预演

活动预演有助于确保活动的顺利进行，减少现场可能出现的问题和混乱。

1. 确定预演时间和地点

（1）时间安排：选择一个与正式活动时间相近但不会对参与者造成干扰的时间段进行预演。这样可以确保场地、设备、人员等条件与正式活动时相似。

（2）地点选择：预演地点应与正式活动地点相同或相似，以便更真实地模拟现场环境。如果条件不允许，也应选择一个能够尽量还原正式活动场景的地方。

2. 制订预演计划

（1）明确目标：确定预演的主要目的，如检查设施设备是否正常运行、测试活动流程是否顺畅、评估场地布置是否合理等。

（2）细化流程：根据活动计划，将预演流程细化为具体的步骤和时间节点。确保每个环节都有明确的负责人和执行标准。

（3）分配角色：为预演分配角色，包括主持人、参与者（模拟）、志愿者、技术支持等。确保每个角色都清楚自己的职责和任务。

3. 执行预演

（1）设施设备检查：首先检查音响、投影仪、照明等关键设备是否正常运行。确保设备之间能够良好连接，信号稳定。

（2）流程测试：按照预演计划，逐步测试活动流程。注意观察每个环节的时间节点和衔接是否顺畅，及时调整不合理之处。

（3）场地布置评估：检查场地布置是否符合活动需求，如座椅摆放、标识设置、无障碍设施等。确保场地环境整洁、安全、舒适。

（4）人员协作：观察各角色之间的协作情况，确保信息沟通顺畅，能够迅速应对突发情况。

4. 总结与反馈

（1）收集反馈：预演结束后，组织相关人员进行总结会议，收集大家的意见和建议。重点关注活动中可能出现的问题并制定改进措施。

（2）整理记录：将预演过程中发现的问题和改进措施记录下来，形成书面报告或清单。为后续工作提供参考依据。

（3）调整优化：根据预演反馈和总结结果，对活动计划、场地布置、流程安排等进行调整优化。确保正式活动能够更加顺利地进行。

5. 注意事项

（1）保密性：预演过程中可能涉及一些敏感信息或未公开的内容，要注意保密性，避免泄露给无关人员。

（2）安全性：预演时要特别注意安全问题，确保所有设备、设施都符合安全规范。同时，要制定应急预案以应对可能出现的突发情况。

（3）效率性：预演是为了提高正式活动的效率和质量而进行的，因此要注意控制预演时间，避免浪费资源。同时，要确保预演过程高效有序地进行。

任务 2.4　APPLE 五部曲之带领阶段

在活动带领阶段（Lead），因活动组织形式不同，活动的带领步骤与带领技巧也有相应差异。从易到难，下面将分别介绍团康活动、工作坊活动、小组活动的带领步骤与技巧。

2.4.1　团康活动的带领技巧

1. Describe 如何描述游戏

在适老活动的实施过程中，游戏的互动是最快、最好让老年人融入活动氛围的环节之一。同时，通过游戏互动可以了解老年人的身心特点，激发他们的兴趣与参与度。

1）游戏简介清晰明了

（1）游戏名称：首先介绍游戏的名称，简洁明了，便于老年人记忆。

（2）游戏目的：说明游戏的主要目的，如增进老年人之间的交流、锻炼身体、提高反应能力等。

（3）参与人数：告知游戏适合多少人参与，以便老年人根据现场情况选择是否加入。

2）游戏规则简单易懂

（1）步骤明确：将游戏步骤分解为简单易懂的几个部分，逐一介绍给老年人。

（2）示范演示：在介绍规则时，可以通过示范演示的方式，让老年人更直观地理解游戏规则。

（3）强调安全：对于需要身体活动的游戏，要特别强调安全注意事项，确保老年人在游戏中不会受伤。

3）游戏趣味性与互动性

（1）趣味性：描述游戏时，可以强调其趣味性，如游戏过程中的惊喜、挑战或奖励，以激发老年人的参与热情。

（2）互动性：说明游戏如何促进老年人之间的互动与交流，如需要团队合作、互相配合或竞争等。

（3）情感交流：强调游戏在增进老年人之间情感交流方面的作用，如通过游戏加深彼此的了解和友谊。

4）游戏适应性与调整

（1）适应性：考虑到老年人的身体状况和认知能力差异，描述游戏时应说明其适应性，如是否适合所有老年人参与，或需要哪些调整以适应不同老年人的需求。

（2）灵活调整：在游戏过程中，根据老年人的实际情况和反馈，灵活调整游戏规则或难度，以确保每位老年人都能享受到游戏的乐趣。

5）示例游戏描述

以"数数游戏"为例，可以这样描述：

游戏名称：数数游戏。

游戏目的：锻炼老年人的反应能力和数字敏感度，同时增进彼此之间的交流与互动。

参与人数：10人以上。

游戏规则：

老年人围坐成一圈，按照顺时针或逆时针方向依次数数。

当数到含有"7"或"7"的倍数时，不能说出该数字，而应以拍手或拍腿的方式代替。

如有人违反规则说出数字，则被淘汰出局，游戏继续进行直到剩下最后一位胜利者。

游戏趣味性：游戏中充满了紧张和惊喜，老年人需要时刻保持注意力，以防出错。同时，游戏也促进了老年人之间的交流与互动，增进了彼此之间的了解和友谊。

通过这样的描述方式，可以让老年人对游戏产生浓厚的兴趣，并积极参与其中。

2. Demonstration 如何示范游戏

在适老活动实施的过程中，给老年人示范游戏是一个关键环节，它直接影响到老年人对游戏的理解和参与度。

1）准备阶段

（1）选择合适的游戏：根据老年人的身体状况、兴趣爱好和认知能力，选择适合他们的游戏。优先选择简单易学、运动量适中、能够锻炼思维和反应能力的游戏。

（2）准备游戏材料：提前准备好游戏所需的所有材料，如卡牌、棋子、道具等，并确保它们干净、安全、易于操作。

（3）熟悉游戏规则：作为示范者，工作者要先熟悉游戏规则，了解游戏的流程、目标和注意事项，以便能够流畅地进行示范。

2）示范过程

（1）清晰介绍游戏名称和目的：首先向老年人介绍游戏的名称和目的，让他们对游戏有一个初步的了解。

（2）逐步演示游戏步骤：将游戏步骤分解为若干个简单的部分，逐一进行演示。在演示过程中，语速要适中，表达要清晰，确保每位老年人都能听清楚、看明白。

（3）强调关键点和注意事项：对于游戏中的关键点和需要注意的事项，要进行特别强调和说明。例如，某些游戏可能有特定的操作要求或规则限制，需要提醒老年人注意。

（4）邀请老年人参与示范：在示范过程中，可以邀请一些愿意尝试的老年人参与进来，让他们亲身体验游戏的过程，这样既能增加他们的兴趣，又能更好地了解他们的需求和反馈。

3）互动与反馈

（1）鼓励老年人提问：在示范过程中，鼓励老年人提出问题和疑问，及时解答他们的疑惑，确保他们完全理解游戏规则和操作方法。

（2）观察老年人反应：在老年人参与游戏的过程中，注意观察他们的反应和表现，及时给予指导和帮助。如果发现老年人在某些环节存在困难或不适，要及时调整游戏难度或方式。

（3）收集反馈意见：游戏结束后，可以邀请老年人分享他们的感受和意见，了解他们对游戏的满意度和改进建议。这些反馈意见对于后续活动的改进和优化具有重要意义。

4）注意事项

（1）安全第一：在示范和游戏过程中，要始终把老年人的安全放在第一位。确保游戏材料和场地安全无隐患，避免老年人发生意外伤害。

（2）尊重老年人：在示范过程中要尊重老年人的意见和感受，不要强迫他们参与游戏或做出不愿意做的事情。

（3）关注个体差异：老年人之间的身体状况和认知能力存在差异，因此在示范和游戏过程中要关注个体差异，根据老年人的实际情况进行调整和安排。

通过以上步骤和建议，可以确保在适老活动的实施过程中给老年人进行有效的游戏示范，提高他们的参与度和满意度。

3. Ask 如何提问

在活动中向老人提问时，需要注意保持尊重、耐心和关怀的态度，以确保他们能够舒适地参与并感受到被重视。

1）开场白要温馨

用亲切的语气和微笑开始提问，可以先寒暄几句，比如，"您好啊，最近身体怎么样？今天感觉怎么样？"这样的开场白能让老人感到温暖和被关心。

2）问题要简单明了

考虑到老人的听力、记忆力和理解能力可能有所下降，提问时要尽量使用简单、直接的语言，避免使用复杂的词汇或长句。

问题要具体，避免模糊或开放式的提问，比如："您今天想不想玩这个游戏"比"您今天想做什么"更具体、更易回答。

3）给予足够的思考时间

老人可能需要更多的时间来回忆信息或组织语言，因此在提问后要耐心等待他们的回答，不要急于催促或替他们回答。

4）使用非言语支持

通过肢体语言和面部表情来表达你的关注和期待，比如点头表示鼓励，微笑表示友好。

如果老人听力不好，可以适当地靠近他们，或者提高音量但避免过大，以确保他们听清楚。

5）尊重个人隐私

避免提问过于私人或敏感的话题，除非已经得到了老人的明确同意。

如果需要了解老人的某些情况以便更好地服务他们，可以委婉地表达，并说明目的。

6）积极倾听和回应

当老人回答问题时，要给予积极的倾听和回应，比如点头、微笑或使用简短的话语，如"哦，这样啊""原来您经历过这样的事情啊"来表示你在关注他们。

如果老人的回答不清晰或不完整，可以温柔地请他们再说一遍或提供更多的信息。

7）鼓励参与和表达

提问时可以采用开放式问题来鼓励老人分享更多的想法和感受，比如，"您对这个活动有什么看法吗？"或"您以前有没有类似的经历？"

对于老人的回答和分享，要给予正面的反馈和肯定，以增强他们的自信心和参与度。

8）考虑使用辅助工具

如果活动中需要使用到辅助工具（如助听器、放大镜等），要确保这些工具在使用前已经准备好，并向老人介绍如何使用。

4. Do 如何开展游戏

带领老人开展游戏活动是一项既有趣又富有挑战性的任务，它要求组织者充分考虑老人的身体状况、兴趣爱好和认知能力。

1）前期准备

（1）选择适合的游戏：根据老人的年龄、身体状况和兴趣爱好，选择简单易学、运动量适中、能够锻炼思维和反应能力的游戏。例如，拼图游戏、数独、连连看、简单的棋类游戏（如中国象棋、围棋的简化版）、手工艺制作（如折纸、编织）等。确保游戏规则简单明了，易于老人理解。

（2）准备游戏材料：提前准备好游戏所需的所有材料，如卡牌、棋子、纸张、剪刀、胶水等，并确保它们干净、安全、易于操作。对于需要特殊辅助工具的游戏（如放大镜、助听器等），要确保这些工具在活动前已经准备好，并向老人介绍如何使用。

（3）环境布置：选择一个宽敞、明亮、安全的活动场地，确保场地内没有障碍物和安全隐患；根据游戏需要，合理布置桌椅、音响等设备，确保每位老人都能舒适地参与游戏。

2）游戏示范与讲解

（1）清晰示范：在开始游戏前，先向老人们清晰示范游戏的玩法和规则，确保他们都能理解。示范时要放慢动作，使用简单易懂的语言，必要时可以配合手势和表情来帮助老人理解。

（2）详细讲解：讲解游戏规则时，要耐心细致，确保每位老人都能听清楚、记明白。对于重要的规则或注意事项，要进行特别强调和说明。

3）游戏过程中的引导与鼓励

（1）引导参与：在游戏过程中，要引导老人们积极参与，鼓励他们表达自己的想法和感受。对于初次参与或不太擅长的老人，要给予更多的关注和帮助，确保他们能够顺利融入游戏。

（2）鼓励与表扬：对于老人们在游戏中的表现，要及时给予鼓励和表扬，增强他们的自信心和参与感。当老人们取得进步或完成游戏任务时，可以适当给予一些小奖励或纪念品，以激励他们继续努力。

4）观察与调整

（1）观察反应：在游戏过程中，要密切观察老人们的反应和表现，注意他们的身体状况和情绪变化。如果发现老人出现身体不适或情绪波动较大的情况，要及时采取措施进行干预和调整。

（2）适时调整：根据老人们的实际情况和游戏进展，适时调整游戏难度和节奏，确保游戏既具有挑战性又不过于困难。如果发现游戏存在不足之处或老人们有更好的建议，要及时进行调整和改进。

5）总结与反馈

（1）总结活动：在游戏结束后，要对整个活动进行总结和回顾，肯定老人的参与和表现。可以邀请老人们分享自己的感受和收获，以便更好地了解他们的需求和期望。

（2）收集反馈：向老人们收集对活动的反馈意见和建议，以便在未来的活动中进行改进和优化。对于老人们提出的宝贵意见和建议，要认真倾听并虚心接受。

5. Adapt 如何调试游戏

在团康活动执行过程中，进行现场调试是至关重要的环节，它关乎游戏的顺利进行、老年人的参与体验以及活动的整体效果。

1）前期准备

（1）熟悉游戏规则：在活动开始前，工作人员需要充分熟悉游戏规则，包括游戏的目标、流程、计分方式等，以便能够准确地向老年人解释并引导他们参与。

（2）检查游戏材料：确保所有游戏所需的材料（如道具、卡片、白板等）都已准备齐全，并且质量良好，没有损坏或缺失。

（3）预估游戏难度：根据老年人的身体状况、认知能力和兴趣偏好，预估游戏的难度是否适中。如果游戏过于简单或复杂，可能会影响老年人的参与热情和游戏体验。

2）现场调试

（1）示范游戏玩法：在游戏开始前，工作人员可以先进行游戏示范，向老年人展示游戏的玩法和规则。这有助于老年人更快地理解游戏，减少因误解规则而导致的混乱。

（2）逐步引导参与：在游戏开始时，工作人员可以逐步引导老年人参与游戏，从简单的环节开始，逐渐增加难度。同时，要密切关注老年人的反应和表现，及时调整游戏节奏和难度。

（3）关注老年人反馈：在游戏过程中，要时刻关注老年人的反馈和意见。如果老年人对游戏规则或流程有疑问或不满，要及时解答和调整。同时，要鼓励老年人积极表达自己的想法和感受，以便更好地满足他们的需求。

（4）控制游戏时间：老年人的体力和精力有限，因此要注意控制游戏时间，避免过长或过短。游戏时间过长可能会导致老年人疲劳或失去兴趣；游戏时间过短则可能无法充分展现游戏的魅力和效果。

3）应急处理

（1）应对突发情况：在活动现场，可能会出现一些突发情况（如老年人身体不适、道具损坏等）。工作人员需要保持冷静并灵活应对，及时采取措施解决问题，确保活动的顺利进行。

（2）调整游戏方案：如果现场情况发生变化（如参与人数不足、老年人兴趣不高等），工作人员需要根据实际情况调整游戏方案。例如，可以简化游戏规则、增加游戏环节或引入新的游戏元素等。

4）总结反馈

（1）收集反馈意见：在活动结束后，可以通过问卷调查、面谈等方式收集老年人的反馈意见。这有助于了解老年人对游戏的满意度和需求，为今后的活动提供参考。

（2）总结活动经验：工作人员需要认真总结活动经验，包括游戏的优缺点、老年人的反应和表现等。通过总结经验教训，不断改进和完善游戏方案，提高活动的质量和效果。

2.4.2 工作坊活动的带领技巧

1. 工作坊举办的基本环节

（1）签到与分组：参与者到达活动现场后，进行签到并领取活动手册或相关资料。根据参与者的需求和特点进行分组，以便更好地进行指导和交流。

（2）开场介绍：由主持人或项目负责人对活动进行开场介绍，包括活动目的、内容、流程以及注意事项等。

（3）知识讲解：邀请专家或讲师为参与者讲解相关知识，包括安全环境改造、家具选择与布置、辅助设备使用等。通过图文并茂、案例分享等方式，使讲解内容更加生动易懂。

（4）实践操作：组织参与者进行实践操作，如安装扶手、调整家具布局、体验辅助设备等。在工作人员的指导下，让参与者亲自动手操作，感受适老化改造带来的便利和舒适。

（5）互动交流：鼓励参与者之间进行互动交流，分享自己的经验和感受。同时，工作人员也要积极解答参与者的疑问和困惑，确保活动的顺利进行。

2. 工作坊举办过程中的建议

（1）分组建议：建议将不同角色的参与者平均分配到每个组，这样每个组就都能保证角色的多元化。另外，考虑到不是所有人都熟悉设计工作坊，因此可以考虑在每个组都放置一名很了解设计工作坊方法和流程的人，这个人可以引导小组一直走在正确的方向上，使该活动达到更好的效果。

（2）提前沟通：为了让工作坊工作更顺利地进行，可以提前给参与者发送一些与设计思维、工作坊相关的资料，让他们提前了解，有一定的心理预期。此外，最好提前与专家明确本次工作坊开设的目的，这样专家在点评的时候就更容易有针对性。

（3）破冰游戏：在分好组之后，花 5~10 分钟玩简单的破冰游戏，有助于让互相不熟悉的参与者化解尴尬从而更好地合作。

（4）主持人的带领：在工作坊中，引导师不单单是一个主持人，不是会按流程背几句台词就可以的，一位好的引导师除了接受过充分的引导训练外，还需要对课题有深入的了解与领悟。引导师非常有亲和力的带领能创造和谐的讨论氛围，让老年人快速融入活动中。

2.4.3 小组活动的带领技巧

1. 老年小组的阶段性特征与注意事项

一个老年人小组从建立到解散通常经历以下几个阶段，每个阶段都需要考虑老年人的生理、心理和社会特点：

1）适应和熟悉阶段

在小组初期，老年人成员往往比年轻人更需要时间建立信任关系。许多老年人可能因听力下降、认知速度变缓或社交圈子缩小导致的社交不自信而表现出谨慎和保守。工作人员应创造轻松友好的氛围，使用更清晰、节奏较慢的交流方式，安排循序渐进的熟悉活动，尊重老年人的生活经验，给予足够耐心和时间让他们适应小组环境。

2）角色形成阶段

不同于职场小组中的"权力与控制"，老年小组更强调"角色形成与价值发现"。老年人带着丰富的人生经验和智慧加入小组，渴望被尊重并发挥余热。工作人员应引导每位老年人找到适合的角色，发挥个人特长，如经验丰富者可分享智慧，手艺精湛者可示范技能，性格开朗者可活跃气氛。当出现意见不合时，工作人员应采取温和协调的方式，避免使用对抗性语言，尊重老年人的自尊心。

3）凝聚共享阶段

相较于年轻人小组，老年人小组在这一阶段更注重情感联结和经验共享。工作人员应创造机会让老年人分享人生故事和智慧，组织符合老年人兴趣和能力的合作活动，关注行动不便或认知能力下降的成员，确保他们能平等参与。工作人员还需考虑老年人的身体限制，合理安排活动节奏和休息时间。

4）稳定发展阶段

老年人小组一旦进入稳定期，通常比年轻人小组更珍视这种归属感。老年人可能面临朋友圈缩小、角色丧失等情况，小组能够成为他们重要的社交和情感支持平台。工作人员应维持小组的稳定性，定期组织活动，关注小组成员的健康状况变化，适时调整活动形式和内容，解决老年成员参与过程中的特殊困难（如听力问题、行动不便等）。

5）转变或结束阶段

老年人对分离通常更为敏感，因为这可能唤起他们对生命有限性的感受。工作人员应提前做好小组结束的准备工作，帮助成员总结收获，促进成员间建立小组外的联系，探讨可能的后续活动或新小组形式，给予成员足够的心理支持，避免产生被遗弃感。如遇成员生病或离世等特殊情况，应引导其他成员积极应对，转化哀伤为对生命的珍视。

2. 老年小组的基本沟通技巧

1）积极倾听

在老年人小组中，积极倾听需要特别关注老年人可能存在的听力困难、表达速度变慢等特点。工作人员应面向老年人说话，使用适当音量，语速放慢，表达清晰；密切观察老年人的非语言反应，注意可能因听力障碍而未能充分参与的成员；适时总结老年人的发言内容，确认理解无误。因此，工作人员应减少背景噪声，使用清晰且富有语义的语言，辅以适当的肢体语言和视觉提示。同时，应避免同时多人发言的混乱情况，建立一次一人发言的交流规则，确保听力受限的老年人能跟上讨论节奏。

做到这一点的主要技巧有：①倾听谈话者的发言，用点头、共情式的回应等方式让谈话者了解你在倾听；②用眼睛扫视全体成员，倾听和观察他们的语言和非语言姿态，特别是面部表情和身体移动；③用语言和非语言的方式，将你听到和观察到的内容适度地表达出来，让全体成员知道。

2）反　　映

反映是同感的传达过程，主要是通过复述成员所表达出来的内容和揭示背后的情感来实现的。反映是建立在积极倾听的基础上的工作。

反映在老年人小组中尤为重要，因为老年人更需要被理解和尊重的感受。工作人员应耐心倾听老年人的叙述，即使内容有重复；准确捕捉老年人言语背后的情感，尤其是对过去经历、失去和变化的感受；注重个人感受、成员间互动以及整个小组氛围等层次的反映，增强老年人的归属感和理解感。

工作者对小组的反映有三个层次：①对某个组员的反映；②对两个或更多组员就某一话题的反映；③对整个小组正在经历的事情和阶段的反映。

3）澄　　清

澄清是指使用某些方法使组员陈述的内容和由之所获得的感受更加清楚和条理化的过程。

在老年人小组中，澄清需要工作人员拥有更多的耐心和技巧，避免让老年人感到被质疑或困窘。工作人员可使用温和开放式提问，给予老年人足够的时间组织语言和思路；使用简单明了的语言重述内容，避免复杂术语；鼓励小组成员互相帮助澄清信息，增强互动和理解。同时，在澄清过程中应避免时间压力，保持耐心和尊重。而且，不同文化背景和教育水平的老年人可能有不同的表达方式和理解框架，工作人员的澄清应考虑这种多样性，避免文化偏见和学术导向的专业术语。

可以采用以下几种方法进行澄清：①运用开放式的提问，获得更多信息；②可以采用重述的方法，将组员混杂在一起的信息重新排列；③请其他的组员帮助澄清。

4）总　　结

总结是将散落在交谈过程中的信息进行归类，以精辟和简洁的语言对那些重要的观点和内容予以陈述。

总结对于老年人小组尤为重要，可以帮助记忆力减退的成员把握主要内容。工作人员应定期简明扼要地总结讨论内容，使用容易理解的语言；在活动结束时提供书面或大字体总结材料；为缺席成员提供上次活动的摘要，保持连续性；通过总结强化重要信息，照顾可能有记忆困难的成员。总结技巧应结合多感官刺激原则，如视觉提示（图表、卡片）、听觉重复和动作演示相结合，增强记忆效果。从老年人的身体和认知情况出发，总结应简化复杂信息，突出核心要点，减轻老年人的认知负担。

总结可以起到如下作用：①强化小组关注的焦点；②转换话题；③成为通向下一项活动的桥梁；④将主要点集中在一起，深化主题。

5）演　　讲

演讲话题要求做到有趣、与小组有关，是小组此时此地所需要的；信息准确、新颖和客观，并且考虑到了小组成员的文化和性别情况；简洁明了，令人振奋。

在老年人小组中，话题选择应特别考虑老年人的兴趣和需求。工作人员选择的话题应与老年人的生活经验和关注点相关；尊重老年人的智慧和阅历，避免过度简化；考虑不同年代老年人的文化背景差异；选择能唤起正面情绪和回忆的话题；使用具体例子和故事增强理解和共鸣。从老年人不同的生命历程视角出发，不同出生年代的老年人经历了不同的历史事件和社会环境，形成了不同的价值观和兴趣点。话题选择应考虑这种代际差异，如50后、60后、70后老年人的共同经历和独特关注点。

6）鼓励和支持

工作者需要用温暖的话语、愉快的面部表情以及放松的姿态来传达对成员的支持，用及时的回应传达对成员的鼓励。

老年人对鼓励和支持的需求可能比年轻人更强。工作人员应真诚肯定老年人的参与和贡献，避免居高临下的态度；注意老年人可能因自尊心而不愿主动寻求帮助，提供及时、适度的支持；创造温暖接纳的氛围，使老年人感到被重视和理解；关注行动不便或表达困难的成员，确保他们得到平等机会和支持。积极的社会反馈和角色对老年人自我概念和心理健康至关重要。工作人员应采用基于优势的实践模式，关注老年人的能力，提供具体、真实的积极反馈，避免过度赞美或儿童化语言。研究表明，适当的挑战性任务配合积极的鼓励能激发老年人的潜能和自信心。

7）基调的设定

基调的设定是指设置和创造一种小组的情绪氛围。工作者是通过自己的行动、言辞和他（她）所允许发生在小组中的一切来设定基调的。工作者在设计和带领一个小组之前，应该根据主题和对象，对小组的基调有所考虑，如是严肃的，还是松弛的；是对抗性的，还是支持性的；是正式的，还是非正式的；是针对任务性的，还是针对人的关系性的。

在老年人小组中，适当的基调尤为重要。工作人员应创造尊重、温暖的氛围，避免过度正式或过度随意；考虑老年人的身体状况和精力，调整活动节奏；平衡任务导向与关系导向，注重情感连接；营造包容、耐心的环境，特别关注认知能力下降或感官障碍成员的参与体验。

8）自我流露

自我流露是指工作者在成员们交流思想和情感时，将个人的资料、感受真实地呈现在小组中。工作者的自我流露可以显示自己愿意透露个人的情况以及展现出自己愿意冒险与大家交流个人情况的态度。自我流露也可以告诉大家工作者也是一个普通人，生活中也有各种各样的与成员们一样要面对的问题。自我流露还可以作为一个样本，让大家知道工作者希望从成员们那里得到怎样的回应。

自我流露在老年人小组中需要注意恰当和真诚。工作人员适度分享个人经历，建立真实连接，但避免喧宾夺主；通过分享表达对老年人经验的理解和尊重；分享应关注共通性而非代际差异，增强共鸣；真诚而非矫饰地表达对老年智慧的欣赏。工作人员的适度自我流露可为老年人提供示范作用，鼓励其开放交流。然而，自我流露需平衡专业界限与亲和力，避免过度个人化。

9）眼神的应用

在领导小组时，知道怎样运用眼神是非常重要的。眼睛可以帮助工作者收集有价值的信息，通过眼神示意可以鼓励成员发言，也可以阻止成员发言。眼神的应用具体有以下几个方面：①关注小组中的非语言的线索；②引导成员看其他成员；③引导成员透露其内心世界；④打断成员的发言。

在老年人小组中，要特别留意眼神交流并充分考量其影响。工作人员应确保与视力减退的老年人保持适当的眼神接触，传达关注；观察老年人的非语言线索，如疲劳、困惑或不适；通过眼神鼓励较为内向或缺乏自信的老年人参与；留意老年人之间的眼神互动，促进相互连接。因此，眼神交流应配合其他非语言提示，如轻微点头、微笑等，增强沟通效果。

10）识别同盟者

在小组中，如果工作者能够正确地识别那些可以依赖和合作以及能够帮助自己完成某个任务的成员，将会对领导工作有很大的好处。

在老年人小组中，识别积极参与者对促进整体互动非常重要。工作人员应识别那些活跃、乐于助人的老年人，邀请他们协助活动；关注具有特殊技能或经验的成员，发挥其优势；寻找能够理解和支持认知或身体能力受限成员的同伴；注意观察老年人之间自然形成的友谊和支持关系，适当加以引导和强化。

3. 老年小组的促进和干预技巧

1）引导互动

引导互动是指小组工作者通过一系列有目的的言语和行为，促进小组成员之间以及成员与小组工作者之间有效沟通和交流的过程。在老年人小组工作中，引导互动具有特别重要的意义，它不仅仅能促进信息交流，更能满足老年人的社交需求和归属感。引导互动可以通过以下几种方法得以实现。

（1）联结：联结是指将组员之间的共同点提炼出来的方法。这个技巧可以帮助成员减少分离的感觉，使彼此之间获得更大的认同，建立更紧密的联系，增强小组的凝聚力。工作者应有意识地强调组员之间的相似性而非差异性，并将组员尽可能地联结在一起，其目的是减少工作者和组员之间的沟通，增加组员和组员之间的沟通。联结技巧需要特别关注老年人的共同经历和价值观。工作人员应关注老年人的兴趣爱好、家庭角色等共同话题；营造"我们"的氛围，增强归属感；协助听力或视力受限的成员融入互动，确保其不被边缘化，建立共同身份，增强其社会连接感和心理安全感。此外，同时代人共同经历的历史事件和社会变迁形成了独特的集体记忆和认同，工作人员可利用这一特点，通过集体回忆活动（如"我们那个年代的……""我们经历过的……"）创造情感共鸣和相互理解。

（2）阻止：阻止是一种干预的技术，可以避免小组或某些成员做出不好的、不合乎伦理的，或者不适当和不利于小组发展的行为，包括侵犯和攻击、讲很长的故事、回避或一直穷追不舍地向别人问问题等。阻止也是保护成员免受伤害的一种方法。当小组压力过大，而且没有治疗性作用，或者组员被不适当地批评，或者被他人伤害时，工作者可以通过阻止来保护组员。阻止行为需要格外谨慎和尊重。工作人员应以保护而非批评的方式干预不当行为；对于重复话题或冗长叙述的老年人，温和引导而非生硬打断；当出现不尊重或批评言论时，以肯定每个人价值的方式重新引导；考虑可能由于身体不适、药物影响或认知障碍导致的行为问题，给予理解和适当支持。阻止技巧的伦理应用需基于老年人权利与尊严保障原则，避免权力不平等和心理控制。

（3）设限：在活动过程中，有时需要工作者设定好界限，使小组的互动不可逾越或偏离目标。在老年人小组中，设限需要平衡自由与结构的需要。工作人员应设置清晰、简单的规则，确保老年人容易理解和遵循；考虑身体和认知状况的多样性，制定包容性规则；在活动中提供足够休息时间和适应空间；确保环境安全舒适，满足老年人的特殊需求。设限应基于"最佳挑战区"原则，既提供安全结构，又允许自主和成长。适度结构化的环境有助于降低认知障碍老人的焦虑和混乱行为，但过度规范则可能损害其自主性和参与动机。从积极老龄化视角看，设限不应局限于保护和控制，而应包含促进、发展和赋能的元素。

2）融　合

融合是指工作者通过聚合或结合的方法，简洁、有条理地对成员间的差异进行处理。这个过程可能是超越组员们的意识层次的。融合可以通过以下几种方法得以实现。

（1）综合：综合是指将成员口语的或者非口语的沟通内容，即他说的和做的事情进行横向或纵向的联结，借以指出他们的某些重复的行为，让他们发现自己或其他成员谈到的多个自认为并不相干的事情之间实则有某种内在的关联。如此，成员会在旧的事件中领悟到新的意义，更清楚地看到自己隐藏在内心的想法和感受，因而能够更了解自己。

综合在老年人小组中是连接过去与现在经验的重要方式。工作人员应帮助老年人发现个人经历中的意义联系；耐心倾听看似无关的叙述，寻找其中的连贯性；协助认知能力下降的老年人整合思想和情感；将个人经历放在历史和社会背景中理解，增强连贯感。工作人员应运用"叙事重构"技术，协助老年人识别生命故事中的主题、模式和连续性，促进自我整合和生命价值再发现。从现象学视角看，综合过程不仅仅是技术应用，更是对老年人主观生活世界的尊重和确认。

（2）摘要：摘要是指小组的工作者简明回顾活动过程中成员们讨论过的核心问题和重点。摘要在小组会面即将结束时十分必要，这种方法可以将不同的线索串在一起。摘要也可以用在聚会的中间阶段，它给成员们提供一个对当下发生的事情深入讨论的机会。此外，在每一次小组活动的开始阶段，对上一次聚会讨论的主要内容进行摘要，可以帮助组员回忆小组以前发生的事情，也可以帮助上一次缺席的组员了解上一次讨论时发生的事情，可以增强小组聚会之间的联结和整体感。

摘要对于加强老年人的记忆和理解尤为重要。工作人员应定期简明扼要地总结讨论内容，使用容易理解的语言；在活动结束时提供书面或大字体总结材料；为缺席成员提供上次活动的摘要，保持连续性；通过摘要强化重要信息，照顾可能有记忆困难的成员。摘要技巧应强调意义层面的整合，帮助老年人将零散信息连接为连贯结构。

（3）分类：分类是指小组工作者打散小组成员的问题或关心的事情，使其不至于太过复杂，而是将这些问题分解成比较容易处理的单位。

分类有助于老年人更好地处理和理解复杂信息。工作人员应帮助老年人将问题或关注点分解为可管理的部分；使用视觉辅助如图表、大字体卡片等帮助理解；按优先级或相关性整理信息，减轻认知负担；针对不同能力老年人提供不同层次的分类方法，确保每个人都能理解。分类技巧能够减少老年人同时处理的信息量，符合其认知特点。从格式塔心理学原理看，有效的分类能创造"形式—背景"区分，增强知觉组织清晰度。同时，分类过程需考虑老年人的既有知识结构和认知图式，避免强加不熟悉的分类框架，造成额外认知负担。

3）对　质

对质是指工作者出于助人的目的，在适当的情形下，对组员言行的不一致、内在冲突的外在表现、试图逃避的事情等提出挑战，带领组员或整个小组对成员的软弱、盲点、内心矛盾和冲突作直接的接触。在老年人小组中，对质需要格外谨慎，更强调支持性引导而非挑战。

（1）关怀性引导：工作人员应以关怀和尊重为前提进行引导，避免让老年人感到被批评；注意老年人可能因听力下降或认知变化导致的误解和矛盾；采用循序渐进的方式帮助老年人认识不一致，避免直接指出或质疑；关注老年人的情绪变化，及时调整引导方式。关怀性引导应特别注重保护老年人的自尊和社会形象，避免造成羞耻感和无价值感。对于轻度认知障碍或早期痴呆的老年人，应采用"现实导向"与"积极关怀"相结合的方式，既不强化错误认知，又不直接指出或纠正，从而减少焦虑和挫折感。

（2）个人成长支持：工作人员应认可老年人已经形成的价值观和行为方式，在此基础上支持积极改变；关注老年人的学习节奏和接受能力，给予足够时间和空间；以肯定为主，引导为辅，促进老年人的自我认识和成长；尊重老年人选择不改变的权利，避免强加价值观。从发展心理学视角，老年期的发展任务包括智慧整合和自我超越，成长支持应关注这些心理发展需求。即使在高龄阶段，人格仍具有一定的可塑性和成长潜力。因此，成长支持更应关注老年人的优势、韧性和潜能，协助其发现新的可能性和生活意义。同时，应尊重老年人的自主决定权和生活方式选择，避免专业霸权和价值强加，这一点在不同文化背景的老年群体中尤为重要。

4. 小组第一次聚会时的工作技巧

针对老年人小组的首次聚会，工作方式需要特别关注老年人的特点：

1）创造安全友好环境

确保场地无障碍，光线充足，座位舒适，考虑听力和视力问题；准备清晰的名牌，使用大字体；提供水和简单点心，考虑老年人的舒适需求；温度适宜，避免噪声干扰。环境设计应遵循通用设计原则和老年友好型环境标准，如无障碍通道、防滑地面、充足照明等。环境中的杂音、复杂视觉刺激和不良照明可能显著降低其认知处理效率和社交参与度。安全友好的环境不仅指物理环境，而且包括心理环境，如非评判性氛围、包容性态度和情感安全感等。积极支持性的环境能显著促进老年人的参与动机和自我表达。

2）适应性介绍活动

设计简单、不造成压力的自我介绍方式，如"说说您最喜欢的季节"等轻松话题；给予足够时间表达，不催促；使用图片或实物等多感官辅助材料；关注行动不便或说话困难的成员，确保他们得到平等参与机会。老年人小组的介绍活动应减少社会评价威胁，增强安全感和归属感。介绍活动应提供多样化表达渠道，如口头分享、图片展示、小组合作等，适应不同老年人的能力和偏好。对于有认知障碍的老年人，可采用"能力导向"的介绍方式，关注其保留的能力和兴趣，而非强调其限制和困难。

3）清晰的目标与期望

用简明具体的语言说明小组的目的和活动内容；讨论并记录成员的期望和顾虑，使用大字体海报呈现；确认所有成员理解小组规则和程序；提供书面材料供成员带回复习。明确的框架和期望能减少不确定性，增强老年人的安全感和控制感。同时，适当难度、具体明确的目标能增强动机和满足感。在老年人小组中，目标应兼顾挑战性和可达性，避免过高期望造成的挫折或过低期望导致的参与度不足。工作人员应清楚解释活动的健康和社会价值，增强老年人的参与认同。同时，目标和期望的设定应具有灵活性，随着小组发展和成员需求变化而调整，体现"以人为本"的工作理念。

4）建立联结的活动

使用老年人熟悉的话题开始对话，如传统节日、经典音乐或历史事件；寻找共同的生活经验和兴趣；组织简单的合作活动，如共同完成一幅画或分享照片故事；鼓励分享智慧和经验，肯定每位成员的价值。社会联结理论强调人类基本的归属需求，这一需求在老年期因社会角色转变和关系丧失而更加突出。初次聚会的联结活动应创造"快速连接"的机会，通过共同经历和情感共鸣建立初步信任。

5）尊重个体差异

关注老年人之间的差异，如年龄跨度、教育背景、健康状况等；调整活动节奏适应不同能力水平；提供选择参与方式的自由，尊重老年人的自主权；创造包容氛围，避免形成小团体或边缘化。从生命历程理论出发，老年群体内部的异质性随年龄增长而扩大，这种差异需得到充分认可和尊重。

6）建立支持网络

促进成员之间的相互认识和联系；探讨可能的互助形式，如结对子、电话联系等；讨论如何在小组之外保持联系；确保行动不便的成员也能融入支持网络。研究表明，多层次、多功能的社会支持网络对老年人的适应能力、健康状况和生活质量有显著促进作用。从生态系统视角看，支持网络的建立应考虑老年人的各层次系统，包括微系统（直接互动）、中系统（系统间联系）、外系统（间接影响）和宏系统（文化价值观）。特别是应该关注"自然支持系统"的激活和强化，如邻里关系、老友联系等。

7）收集健康和特殊需求信息

在尊重隐私的前提下，了解成员的特殊需求，如听力辅助、用药时间、休息需要等；准备应对突发健康问题的预案；建立合适的沟通方式，确保能及时了解成员状况。了解老年人的健康状况和需求是提供适当支持和预防风险的基础。信息收集应采用"能力与需求平衡"的视角，既关注健康限制，又识别健康资源和能力。

8）活动体验与展望

安排一个简短、成功的活动体验，建立积极情绪；共同讨论未来活动的内容和形式；收集反馈，关注老年人的舒适度和满意度；以温暖、期待的氛围结束首次聚会，建立对下次活动的期待。活动设计应遵循"成功体验原则"，即活动难度适中，确保每位成员都能积极参与并获得成就感。首次聚会的反馈收集是持续改进的关键，应采用多种形式（如口头、书面、非语言观察等）收集老年人的体验和建议，并在后续活动中加以响应。结束环节的设计应强化积极情绪和期待感，如"下次见面的约定""未完待续的任务"等，增强老年人对小组的连续参与意愿。

5. 小组冲突时的工作技巧

在老年人小组中处理冲突时，需要特别考虑老年人的心理需求和身体状况：

1）包容与理解

工作者应该认为冲突是很正常的现象，是小组的自然整合过程，不一定是坏事，绝大部分小组都会经历这一阶段，处理得当，坏事也可能会变成好事。

工作人员应以更包容的态度看待老年人小组中的冲突，理解冲突可能源于听力障碍、认知差异或代际观念不同；避免简单归因于"脾气固执"等刻板印象；营造允许表达不同意见的氛围，同时维护相互尊重的原则。冲突本身并非负面，而是关系发展的必然阶段和潜在成长机会，老年人小组冲突可能反映更深层的需求和关切，如被尊重、被倾听、被理解的渴望。工作人员应采用"冰山理论"视角，关注表面行为背后的深层动机和需要。

2）冷静与耐心

工作人员面对老年人冲突应保持更大的耐心，给予老年人足够的时间表达；使用缓慢、清晰的语言协助沟通；避免强行打断或加速解决进程；认识到有些老年人可能需要更多时间处理情绪和信息。①不作冲动的反应。遇到冲突时，工作者应该冷静、敏锐地觉察出问题症结所在，不宜有威胁、指责、挑衅或惩罚的行为，应该善于利用冲突，冷静分析，循循善诱。②冲突有其积极的意义，工作者必须协助成员使用冲突，其方法是澄清冲突的本质，支持和协助成员去解决冲突所带来的紧张情绪。③工作者协助成员澄清小组的过程时，可以将论题提升到意识层面或使之语言化。④工作者干预冲突时不可太早封闭冲突，也就是说工作者不能为了及早跨过冲突的障碍而粉饰太平，刻意地使小组表现牵强的和谐。

3）关注身体因素

工作人员应识别可能由身体不适、疲劳、药物影响等引起的情绪波动；适时提供休息或活动调整；关注特殊健康需求对互动的影响；在必要时个别了解健康状况，但尊重隐私。老年人更易受药物副作用、慢性疼痛、睡眠障碍等问题影响，表现为烦躁、易怒或退缩。工作人员应具备基本的老年健康知识，能识别可能的身体原因并作适当响应。简单的环境调整（如减少噪声、调整温度、提供舒适座椅）和日程安排（如增加休息时间、调整活动强度）能显著改善认知障碍老人的行为问题。身体、心理和社会因素相互作用，共同影响老年人的行为表现和冲突应对能力。工作人员应采用整体性视角，避免将问题简单归因于单一因素。

4）情感支持与价值肯定

工作人员应在冲突中特别关注老年人的情感需求和自尊心；肯定每位成员的价值和贡献；避免任何可能被解读为贬低或忽视的语言和行为；创造机会展示每位成员的长处。冲突情境可能引发老年人对自我价值的怀疑，增加无用感和丧失感。工作人员应采用"叙事重构"方法，帮助老年人在冲突中发现自身的智慧和贡献。冲突处理不仅仅是问题解决，更是意义创造的过程，工作人员应协助老年人从冲突经历中发现个人成长和关系深化的契机。

5）调整与适应

在老年人小组中，灵活调整是应对冲突的重要策略。工作人员应根据不同情况修改活动形式和内容，主动减少可能引发冲突的因素。对于能力和需求各异的老年人，应提供多种参与选择，确保每位成员都能找到适合自己的参与方式。环境设计、活动节奏和难度水平都应具有适应性，考虑老年人的身体状况、认知能力和社会需求。活动设计应遵循多层次原则，允许不同能力水平的老年人以不同方式参与同一活动，避免让任何成员感到被排除或超出能力范围。这种包容性设计不仅能降低冲突风险，而且能提高整体参与质量，使每位老年人都能获得成功体验和归属感，体现了对老年人多样性的尊重和平等参与权的实质保障。

6）引导反思与成长

冲突处理不应仅停留在问题解决层面，还应成为促进老年人心理成长的契机。工作人员可采用生命回顾和智慧分享的方式，引导老年人将当前冲突放入更广阔的生命经验中审视。通过鼓励老年人分享过去处理人际关系和解决问题的经验，可以激活其内在智慧。这种反思过程有助于老年人发现冲突中的意义和价值，将其视为理解他人和自我的机会。工作人员可设计特定活动，如"人生智慧分享"或"困难与成长的故事"，创造安全空间让老年人探讨矛盾与和解的主题。这种方法既尊重了老年人丰富的生活经验，又帮助他们发现自身处理冲突的能力，将当前挑战转化为个人成长和关系深化的机会。

7）促进和解与连接

在冲突后的修复阶段，工作人员应积极创造条件促进老年人之间的和解与连接。可以设计能增强相互理解和欣赏的活动，如回顾共同经历的历史事件、分享相似的生活故事，或探讨共同关心的话题。工作人员应留意并庆祝和解与谅解的时刻，通过肯定进步来强化团体凝聚力。创造"共同胜利"的体验能帮助老年人建立更深层次的情感连接，将原本的冲突转化为关系的增强剂。这类活动特别适合老年人群体，因为它们不仅提供了情感支持和社会连接，而且创造了展示智慧和技能的机会，满足了老年人被尊重和有价值的心理需求。

任务 2.5　APPLE 五部曲之评估阶段

评估阶段（Evaluate）是对活动效果的全面审视，通过收集参与者的反馈、观察活动过程、分析数据，评估活动目标的达成情况。这不仅有助于总结经验、发现不足，而且能为后续活动提供宝贵的改进依据，形成良性循环。

2.5.1　活动评估的方法

适老活动评估的方法是一套综合性的评估体系，旨在全面了解老年人在活动中的表现和需求，以便为他们提供更加个性化、有效的服务。

1. 评估方法

适老活动评估的方法包括问卷调查、面谈与观察、体格检查、量表评估和环境评估等多种方式，而评估工具包括可以检测老年人日常生活能力、认知能力、情绪状态、社交支持等多个方面指标的量表。这些方法和工具共同构成了适老活动评估的完整体系，为老年人提供更加全面、个性化的服务提供了有力支持。

1）问卷调查

问卷调查是一种直接、便捷的数据收集方式，通过设计一系列问题，让老年人及其家属填写，以了解老年人的生活习惯、健康状况、兴趣爱好、社交需求等信息。问卷可以涵盖多个方面，如生活自理能力、认知能力、情绪状态、社交支持等，能够全面反映老年人的综合状况。问卷调查的优点在于易于操作，能够覆盖大量人群，且数据收集和分析相对简单。

2）量表评估

量表评估是使用标准化的心理或功能评估量表，对老年人的认知、情绪、社交等能力进行量化评估。这些量表通常经过科学验证，具有较高的信度和效度，能够客观、准确地反映老年人的能力水平。在适老活动评估中，常用的量表包括 ADL（日常生活能力量表）、IADL（工具性日常生活能力量表）、MMSE（迷你精神状态检查）、GDS（老年抑郁量表）等，为制定个性化的服务方案提供了重要依据。

3）面谈与观察

该方法通过与老年人进行面对面的交流，倾听他们的需求和感受，观察他们在活动中的表现和反应，深入了解老年人的主观感受和心理状态，更直观地评估他们的身体功能和社交能力。

4）体格检查

该方法旨在通过对老年人进行身体检查，包括血压、血糖、视力、听力等指标的测量，评估他们的身体健康状况。体格检查可以帮助老年人发现潜在的健康问题，为其制定个性化的服务方案提供依据。

5）环境评估

环境评估指对老年人活动的环境进行评估，包括安全性、便利性、舒适性等方面。环境评估能够发现潜在的安全隐患，有助于以此为依据为老年人提供更加安全、舒适的活动环境。

2. 常用工具

1）日常生活能力评估量表

（1）ADL（日常生活能力量表）：用于评估老年人在日常生活中基本生活技能的表现，如穿衣、进食、如厕等。常用的工具有 Barthel 指数、Katz 自理能力评定表等。

（2）IADL（工具性日常生活能力量表）：用于评估老年人在更复杂日常任务中的自理能力，如购物、烹饪、使用电话等。常见的评估工具有 Lawton-Brody 量表、金字塔 IADL 评估等。

2）认知能力评估量表

（1）MMSE（迷你精神状态检查）：

① 简介：MMSE 是由 Folstein 等人于 1975 年设计的，用于评定老年人认知功能障碍等级的量表。它不仅可用于临床认知障碍检查，而且可用于社区人群中痴呆的筛选。

② 测试内容：包括定向力、记忆力、注意力与计算力、回忆能力、语言能力、视空间能力等方面的评估。

③ 评分标准：每个问题的回答都有一定的分值，根据回答的正确与否进行计分。总分越高表示认知功能越好。一般来说，总分大于等于 27 分表示认知功能正常，总分 19~26 分表示轻度认知障碍，总分 10~18 分表示中度认知障碍，10 分以下表示重度认知障碍。但请注意，不同文化和教育背景的评分标准可能有所不同。

（2）蒙特利尔认知评估量表（MoCA）：

① 简介：MoCA 是由加拿大 Nasreddine 等根据临床经验并参考 MMSE 的认知项目和评分而制定的。它对轻度认知障碍和可疑痴呆的患者的筛查更敏感，涵盖的认知域更广泛、全面。

② 测试内容：包括注意与集中、执行功能、记忆、语言、视结构技能、抽象思维、计算和定向力 8 个认知领域的 11 个检查项目。

③ 评分标准：总分为 30 分，大于等于 26 分表示认知功能正常，18~25 分表示可能存在轻度认知障碍（MCI），10~17 分表示中度认知障碍，小于 10 分表示重度认知障碍。

（3）阿尔茨海默病评估量表（ADAS-cog）：

① 简介：ADAS-cog 是美国精神医学家罗森等编制的成套神经心理测验，适合轻中度痴呆患者检查。

② 测试内容：包括定向力、语言、结构、观念的运用、词语即刻回忆与词语再认等多个方面的评估。

③ 评分标准：总分为 70 分，具体评分标准根据测试内容而定。

（4）严重痴呆量表（SIB）：

① 简介：SIB 专门用于评估严重痴呆患者的认知功能。

② 测试内容：包括社会交际、记忆力、定向力、言语、注意力、应用能力、视空间能力、结构能力、对名字的定向力等多个方面的内容。

③ 评分标准：总分为 100 分，评分越低痴呆程度越重。

（5）长谷川痴呆量表（HDS）：

① 简介：HDS 是常用于检测痴呆患者的智力的量表。

② 测试内容：主要包括定向力、记忆功能、常识、计算、记忆与回忆等相关内容。

③ 评分标准：总分为 32.5 分，大于等于 30 分为智能正常；20~29.5 分为轻度智力低下；10~19.5 分为中度智力低下；小于 10 分为重度智力低下。小于 15 分可诊断为痴呆。

除了以上几种量表外，还有其他的一些量表，如 SECC（老年人认知功能量表）等。

3）精神健康类评估量表

（1）GDS（老年抑郁量表）：用于评估老年人的抑郁程度，通过情绪、精神状态等方面的评估，帮助判断老年人的抑郁倾向。

（2）生活质量测量工具：如 SF-36、WHOQOL-BREF 等，用于评估老年人的整体生活质量，包括生理健康、心理健康、社会关系和环境等方面。

4）其他专项评估工具

根据老年人的具体需求，还可以使用其他专项评估工具，如疼痛评估量表、跌倒风险评估量表等。

评估老年人认知能力的量表有多种，这些量表通过不同的测试项目和评分标准来评估老年人的记忆力、语言能力、注意力、计算力、定向力以及视空间能力等多个方面。这些量表各有特点，评估者可以根据被评估者的具体情况和评估目的选择合适的量表进行评估。同时，需要注意的是，这些量表仅为初步评估工具，结果仅供参考，最终的诊断还需要结合其他临床信息和专业医生的判断。

2.5.2　活动评估的作用

适老活动评估在老年服务领域具有多重作用，主要体现在以下几个方面：

1. 个性化服务与支持的依据

适老活动评估通过全面了解老年人的身体状况、心理需求、兴趣爱好及社交能力等方面的情况，为制定个性化的服务方案提供了科学依据。这种个性化的服务能够更好地满足老年人的实际需求，提高他们的生活质量。

2. 健康管理与疾病预防

评估过程中，可以对老年人的健康状况进行细致分析，包括慢性疾病的管理、潜在健康风险的识别等。这有助于及时发现老年人的健康问题，并采取相应的预防和治疗措施，从而延缓或减轻老年人的身体和心理健康问题。

3. 提高生活质量与幸福感

适老活动评估不仅关注老年人的身体健康，而且重视他们的心理健康和社会适应能力。通过评估，可以了解老年人的心理状态，为他们提供必要的心理支持和干预，减轻孤独感、焦虑等负面情绪，提高他们的生活幸福感和满意度。

4. 优化资源配置与服务效率

适老活动评估结果可以为服务提供者提供有价值的参考信息，帮助他们更合理地配置资源，优化服务流程，提高服务效率。同时，评估还可以帮助识别服务中的不足之处，为服务改进提供方向。

5. 促进社会关爱与政策支持

适老活动评估结果可以向社会展示老年人的真实需求和现状，增强社会对老年人的关注和关爱。同时，评估结果还可以为政府制定相关政策提供数据支持，推动养老服务体系的不断完善和发展。

适老活动评估在老年服务中扮演着至关重要的角色，它不仅仅是提供个性化服务与支持的基础，更是促进老年人健康、提高生活质量、优化资源配置、推动社会关爱与政策支持的重要手段。

项目 3　团康活动的策划与组织

任务 3.1　团康活动的概念

3.1.1　团康活动的定义

团康活动，是"团体康乐"活动的简称，即将一群人组织起来，参与一系列旨在促进身体健康、心情愉快的活动。老年人团康活动通常被设计得既有趣味性又有教育意义，能够在短时间内消除老年人之间的陌生感和疏离感，增强彼此之间的沟通和联系，从而营造老年人团体欢乐和融洽的氛围。

3.1.2　老年人团康活动的目的

老年人团康活动的价值在于其寓教于乐的功能。具体来说，老年人团康活动的目的包括：打破隔阂，消弭彼此之间的距离；增加生活情趣，提升参与者的身心健康水平；培养群性，促进团体合作与公平竞争；寓教于乐，通过活动灌输正确的价值观和社会规范。

3.1.3　老年人团康活动的功能

老年人团康活动是一种旨在促进团队成员之间的沟通、协作、信任和提高凝聚力的集体活动。团康活动通常具有以下功能。

1. 增强团队凝聚力

通过共同参与有趣的活动，让团队成员之间更加熟悉和了解彼此，从而增强团队的凝聚力和归属感。例如，一起参加户外拓展训练，在完成各项任务的过程中，成员们需要相互配合、支持，这有助于拉近彼此的距离。

2. 提升沟通与协作能力

在活动中，成员们需要不断地交流和协作，以达到共同的目标。比如小组竞赛类的游戏，需要组员们清晰地表达自己的想法，倾听他人的意见，共同制定策略。

3. 缓解压力

团康活动让成员从日常紧张的状态中暂时解脱出来，放松身心，以更好的状态投入后续的生活中。如趣味运动会这样充满欢乐和活力的活动，能让老年人忘却烦恼，释放压力。

4. 培养团队精神

在面对活动中的挑战和困难时，工作者可以激发团队成员共同克服的决心和勇气，培养团结一心、勇往直前的团队精神。

5. 促进个人成长

在团队环境中，成员可以从他人身上学习到不同的优点和经验，同时也能发现自己的不足之处，从而促进个人的成长和进步。

总之，团康活动是一种非常有效的团队建设方式，对于提升团队的整体效能和成员的满意度具有重要意义。

3.1.4 老年人团康活动的种类

团康活动种类繁多，形式灵活多样。传统的团康活动包括土风舞、唱跳、游戏等，这些活动往往能够迅速调动参与者的积极性，营造欢乐的氛围。在特定的场合，如学校迎新、企业团建等，团康活动还可能加入更多的元素，如欢呼、团队挑战等，以更好地满足活动的需求。

活动的内容设计通常注重参与性、互动性和教育性。通过精心设计的游戏和挑战，参与者不仅能够在身体上得到锻炼，而且能够在心理上获得满足感和成就感。同时，活动过程中穿插的教育环节也能让参与者在轻松愉快的氛围中学习到新知识、新技能。

以下是一些常见的老年人团康活动种类。

1. 唱跳类活动

（1）歌曲教唱：组织老年人学习并演唱经典老歌或流行歌曲，增强音乐感知和记忆能力。

（2）手语歌：通过手语表演歌曲，既锻炼了手部的灵活性，又增加了活动的趣味性。

（3）带动唱：在领唱的带领下，老年人一起合唱，营造欢快的氛围。

（4）音乐游戏：如"音乐椅子"等，结合音乐元素进行游戏，提高老年人的反应能力和身体协调性。

2. 游戏类活动

（1）传统游戏：如传花、套圈、猜谜语等，简单易行，适合老年人参与。

（2）趣味竞赛：组织老年人进行各种趣味比赛，如接力赛、投篮比赛等，激发老年人的竞争意识和团队精神。

（3）突破难关：设计一些需要团队合作才能完成的任务或游戏，增强老年人之间的沟通和协作能力。

3. 舞蹈类活动

（1）土风舞：学习并表演具有地方特色的舞蹈，增加老年人的身体活动量，提升文化体验。

（2）韵律舞：结合音乐和节奏进行舞蹈，提高老年人的身体协调性和节奏感。

（3）民族舞：学习并表演不同民族的舞蹈，增进对多元文化的了解和尊重。

4. 说话类活动

（1）绕口令：通过说绕口令锻炼老年人的口齿清晰度和反应能力。

（2）双簧：两人配合表演双簧，增加活动的趣味性和互动性。

（3）机智问答：设计一些有趣的问题进行问答，激发老年人的思考能力和记忆力。

5. 技巧类活动

（1）演奏：组织老年人学习简单的乐器演奏，如口琴、葫芦丝等，增强艺术修养和表现力。

（2）魔术：学习并表演简单的魔术，增添活动的神秘感和趣味性。

6. 晚会类活动

（1）欢迎会：为新加入的老年人举办欢迎会，增强归属感和融入感。

（2）惜别会：为即将离开的老年人举办惜别会，表达感激和祝福之情。

（3）营火晚会：在户外举办营火晚会，围绕篝火进行唱歌、跳舞等活动，营造温馨和谐的氛围。

7. 健康操与运动类活动

（1）老年人健康操：如五行健康操等，通过简单的体操动作锻炼老年人的身体，提高身体素质。

（2）太极拳：学习太极拳等中国传统武术，增强身体的柔韧性和平衡能力，同时也有助于调节心情。

（3）散步与徒步：组织老年人进行户外散步或徒步活动，呼吸新鲜空气，欣赏自然风光，同时也有助于锻炼身体和放松心情。

8. 知识讲座与健康教育

（1）健康知识讲座：邀请专家为老年人讲解健康知识，如糖尿病、白内障、慢性胃炎等疾病的预防和治疗，提高老年人的健康意识和自我保护能力。

（2）心理疏导：为老年人提供心理咨询服务，帮助他们解决心理困扰和情绪问题，保持积极乐观的心态。

这些团康活动种类不仅丰富了老年人的日常生活，而且促进了他们的身心健康和社交互动。在组织活动时，应根据老年人的身体状况、兴趣爱好和实际需求进行合理选择和安排。

任务 3.2 团康活动的方法

老年人团康活动旨在通过一系列精心设计的活动,提升老年人的生活质量,促进他们的身心健康和社会交往。

3.2.1 活动设计原则

1. 适老化

确保活动内容和形式适合老年人的身体状况和心理特点,避免过于激烈或复杂的活动,注重活动的安全性和易参与性。

2. 趣味性

活动应具有趣味性和互动性,能够激发老年人的参与热情和兴趣,让他们在活动中感受到快乐和成就感。

3. 全面性

活动应涵盖身体锻炼、脑力训练、情感交流等多个方面,以全面促进老年人的身心健康。

3.2.2 活动组织方法

1. 明确活动目标,聚焦团队合作

活动的设计应明确以促进团队合作为核心目标。通过设定具体的团队合作任务和挑战,让参与者在活动中深刻体会到团队合作的重要性和价值。

2. 增强游戏体验,促进沟通与分享

(1)破冰游戏:在活动开始阶段设计破冰游戏,帮助参与者迅速熟悉彼此,打破隔阂,为后续的团队合作奠定良好的基础。

(2)经验分享:鼓励团队成员在活动中分享自己的经验和见解,通过交流增进相互了解,促进知识共享和思维碰撞。

(3)反馈机制:建立有效的反馈机制,让团队成员能够相互评价和鼓励,及时发现问题并共同寻找解决方案。

3. 营造积极氛围,增强团队凝聚力

(1)轻松愉快的氛围:通过音乐、灯光、气氛布置等手段营造轻松愉快的活动氛围,让参与者在愉悦的环境中放松心情、积极参与。

（2）强化团队认同：通过共同的目标、口号、队旗等元素强化团队成员的认同感，让他们感受到自己是团队中不可或缺的一员。

（3）表彰与奖励：对在活动中表现突出的团队和个人给予表彰和奖励，激发团队成员的积极性和竞争意识，同时增强团队凝聚力。

4. 反馈与评估，注重跟进与总结

（1）反馈评估：活动结束后及时收集老年人的反馈意见，对活动效果进行评估和总结，为今后的活动改进提供参考。

（2）活动总结：在活动结束后组织总结会议，回顾活动过程、分享收获和感悟，对团队合作中的亮点和不足进行深入分析。

（3）持续跟进：将团康活动中培养出的团队合作精神延续到日常工作中去，通过持续的跟进和激励措施巩固活动成果。

3.2.3 活动注意事项

在组织和开展团康活动时，需要注意以下几点：
（1）确保活动的安全性，避免发生意外伤害事故。
（2）尊重参与者的意愿和感受，避免强迫他们参与不喜欢的活动。
（3）注重活动的教育意义和社会价值，避免为了追求气氛而滥用粗俗低劣的带领手法。
（4）关注参与者的反馈和建议，不断改进和优化活动方案。

老年人团康活动是一种旨在促进老年人团体康乐、培养群体氛围和增强人际交往能力的活动形式。通过精心设计和组织团康活动，我们可以为参与者带来欢乐和成长的机会，同时也为社会风气的净化和提升作出贡献。

任务 3.3 一次性团康活动的开展

3.3.1 一次性团康活动的基础介绍

马斯洛认为，人类的需要是分层次的，由低到高，它们分别是生理需求、安全需求、社交需求、尊重需求、自我实现需求。根据马斯洛的需求层次论，如果个人生理和安全的需要都得到满足了，那么就会出现感情、友谊和归宿的需要，如渴望父母、朋友、同学等对其表现爱护、关怀和信任等。他们还渴望自己有所归属，被人认同和承认，成为集体中的一员。老年人也不例外，他们同样也需要这些。

开展康乐活动就是希望老年人能够通过各种形式的活动，获得社交需要和尊重需要的满足，并通过参与者之间的信任支援和相互学习，获得发掘潜能的契机，提升社交能力。

1. 一次性团康活动的定义

一次性团康活动是指为了特定目的，在较短时间内组织的一次性的团体康乐活动。这类活动旨在通过各种形式的互动和体验，打破团队成员之间的隔阂与陌生感，增强团队的凝聚力和向心力，使团队成员在身心上得到愉悦和放松，激发自己的积极性和创造力，为后续的工作和学习注入新的动力，同时促进团队成员之间的交流与合作，增强团队凝聚力和归属感。此外，团康活动还具有寓教于乐的功能，能够在轻松愉快的氛围中传递正能量和价值观。

一次性团康活动具有以下特点：

（1）短期性：活动通常在较短时间内完成，可能是几小时或一天，具有明确的开始和结束时间。

（2）目的性：活动有明确的目的，如增进团队成员间的了解、提高团队协作能力、缓解工作压力等。

（3）多样性：活动形式丰富多样，可能包括团队建设游戏、户外运动、文化体验、心理拓展等。

（4）互动性：强调参与者的互动与体验，通过共同参与活动来增进彼此之间的了解和信任。

2. 一次性团康活动的功能

一次性团康活动的功能是多方面的，主要可以归纳为以下几个方面。

（1）增强团队凝聚力：通过共同参与活动，成员之间能够增进了解，打破隔阂，建立更紧密的联系。活动中的互动和合作能够激发团队成员之间的情感共鸣，从而增强整个团队的凝聚力。

（2）促进沟通交流：一次性团康活动为团队成员提供了一个非正式的交流平台，使他们在轻松愉快的氛围中畅所欲言，分享彼此的想法和感受。这种交流有助于消除误解，促进信息的畅通和资源的共享。

（3）提升团队协作能力：活动中往往需要团队成员之间的密切配合和协作才能完成任务。这种经历可以锻炼团队成员的协作能力，提升他们的默契度和配合度，为日后的工作打下良好的基础。

（4）缓解压力：一次性团康活动为团队成员提供了一个放松心情、释放压力的机会。通过参与活动，成员们可以暂时忘记生活中的烦恼，享受当下的快乐，从而缓解压力，恢复精力。

（5）培养团队精神：一次性团康活动强调团队的整体利益和共同目标。在活动中，成员们需要为了团队的胜利而共同努力，这种经历可以培养他们的团队精神，让他们更加珍惜和爱护团队这个集体。

（6）激发创造力和创新思维：一些团康活动可能包含创意挑战或问题解决环节，这些环节能够激发团队成员的创造力和创新思维。通过尝试新的方法和思路，成员们可以拓宽视野，为团队带来更多的创意和灵感。

（7）增强归属感和忠诚度：通过一次性团康活动，成员们能够感受到团队对他们的重视和关怀。这种感受可以增强他们对团队的归属感和忠诚度，使他们更加愿意为团队付出努力和贡献自己的力量。

3. 一次性团康活动的主要类型

一次性团康活动可以针对老年人的兴趣、需求和身体状况进行精心设计，确保活动既有趣又富有意义。老年人一次性团康活动可以设计不同的主题和方向，例如：

（1）主题茶话会：围绕特定的主题（如回忆往昔、健康养生、诗词歌赋等）组织茶话会，邀请老年人分享自己的故事、经验和知识，同时提供茶点和小吃，营造温馨舒适的交流氛围。

（2）怀旧戏剧音乐会：组织一场以怀旧戏剧、歌曲为主题的音乐会，邀请老年人喜爱的歌手或乐队现场表演，或者播放经典戏剧、老歌，让老年人在音乐中重温青春岁月，感受时代变迁。

（3）手工艺交流活动：开展一次性的手工艺活动，如剪纸、折纸、编织、陶艺等，邀请专业老师进行指导，让老年人在动手制作中享受创造的乐趣，同时制作出的成品也可以作为纪念品带回家。

（4）科技体验日：随着科技的发展，许多智能设备也适合老年人使用。团康活动的主题可以设定为"科技体验日"，让老年人接触并学习使用智能手机、平板电脑、智能手表等科技产品。安排专人进行一对一教学，教授老年人如何视频通话、看新闻、听音乐、使用健康监测功能等，帮助他们跨越数字鸿沟。

（5）健康讲座与体验：邀请医疗专家或健康顾问为老年人举办一次性的健康讲座，讲解疾病预防、营养饮食、心理健康等方面的知识，并设置互动环节让老年人提问和交流。同时，可以安排一些简单的健康检查或体验项目，如血压测量、血糖检测等。

（6）户外踏青活动：根据天气和老年人的身体状况，组织一次性的户外踏青活动，如公园散步、赏花观景、野餐聚会等。通过亲近自然，让老年人放松心情，享受大自然的美好。

（7）电影放映日：选择一部适合老年人观看的电影（如经典老片、家庭伦理片、励志片等），在社区中心或老年活动室进行放映。电影放映前后可以安排一些简单的互动环节，如电影知识问答、观后感分享等。

（8）才艺展示会：鼓励老年人展示自己的才艺，如唱歌、跳舞、朗诵、书法等，组织一次性的才艺展示会。通过展示和表演，让老年人感受到自己的价值和成就感，同时增进彼此之间的了解和友谊。

（9）记忆游戏与脑力训练：设计一系列适合老年人的记忆游戏和脑力训练活动，如拼图、填字游戏、记忆卡片等。这些活动不仅有助于锻炼老年人的记忆力和思维能力，而且能在游戏中增进彼此之间的交流和友谊。

（10）健康运动挑战赛：根据老年人的身体状况和运动能力，设计一些简单易行的健康运动挑战赛，如步行挑战赛、太极拳比赛、柔力球表演等。通过比赛的形式激发老年人的参与热情，同时鼓励他们坚持运动，保持健康的生活方式。

（11）文化展览与分享会：组织一场关于老年文化的展览，展示老年人的艺术作品、生活照片、手工艺品等。同时邀请几位老年人作为嘉宾，分享他们的生活经验、人生感悟或特殊才艺，让其他老年人从中获得启发和感动。

（12）节庆主题活动：根据不同的节庆主题内容，让老人们参与其中，动手、动脑，提高参与感，比如中秋节，邀请老人一起包月饼，一起猜灯谜，一起品茗等。

这些活动都可以根据老年人的兴趣、需求和身体状况进行灵活调整和创新设计，确保活动既有趣又富有意义。同时，在组织活动时要注意安全问题和老年人的身体状况，确保活动顺利进行。

3.3.2 一次性团康活动策划的操作要领

一次性老年团康活动的操作要领可以归纳为以下几个方面，以确保活动顺利进行并达到预期效果。

1. 活动准备阶段

（1）目标设定：明确活动的目标，如增进老年人之间的交流与互动、提升老年人的身体素质、促进心理健康等。

（2）参与对象评估：了解参与老年人的身体状况、兴趣爱好、合作程度等，以便设计适合他们的活动内容和难度。

（3）活动方案策划：

① 内容设计：结合老年人的特点，设计包含有氧运动、力量训练、柔韧性训练和平衡训练等多种内容的活动方案。例如，快走、骑车、瑜伽、太极拳、伸展操、单脚站立等。

② 时间安排：合理安排活动时间，确保各项活动之间有适当的休息和调整时间。

③ 场地布置：确保活动场地安全、整洁、无障碍，并根据活动需要准备相应的设备和器材。

④ 物资准备：根据活动方案，准备必要的物资，如运动器材、音响设备、急救包等。

⑤ 人员分工：明确活动工作人员的角色和职责，包括活动主持人、助教、医护人员等。

2. 活动开展阶段

（1）热身活动：活动开始前，组织老年人进行热身活动，包括轻柔的肌肉拉伸练习和关节活动，以减少运动伤害的风险。

（2）活动讲解与示范：

① 讲解活动规则：向老年人详细讲解每项活动的规则、注意事项和技巧。

② 示范动作：由工作人员或志愿者进行动作示范，确保老年人能够正确理解和掌握。

（3）活动进行：

① 分组进行：根据老年人的身体状况和兴趣爱好进行分组，以便更好地组织和管理。

② 安全监督：活动过程中，工作人员需密切关注老年人的身体状况，确保他们的安全。

③ 鼓励与引导：鼓励老年人积极参与活动，并在他们遇到困难时给予及时的引导和帮助。

（4）休息与交流：在活动间隙安排休息时间，让老年人有机会交流心得、分享经验，增进彼此之间的了解和友谊。

3. 活动结束阶段

（1）效果评估：通过问卷调查、观察记录等方式，对活动效果进行评估，了解老年人的满意度和反馈意见。

（2）总结与反思：对活动进行总结和反思，分析活动中存在的问题和不足，以便在未来的活动中进行改进和优化。

（3）后续跟进：根据老年人的需求和反馈，制订后续跟进计划，如提供健康咨询、组织相关讲座等，以巩固活动成果并促进老年人的持续健康。

4. 注意事项

（1）确保安全：活动过程中要始终把安全放在首位，确保老年人的身体健康和生命安全。

（2）尊重个性：尊重老年人的个性和需求，鼓励他们根据自己的身体状况和兴趣爱好选择适合的活动内容和方式。

（3）注重互动：通过游戏、比赛等形式增加活动的趣味性和互动性，让老年人在轻松愉快的氛围中参与活动。

（4）关注心理：关注老年人的心理健康状况，提供必要的心理支持和疏导服务。

通过以上操作要领的实施，可以确保一次性老年团康活动取得圆满成功，为老年人的身心健康和社交生活增添色彩。

3.3.3 一次性团康活动的案例展示

我最喜欢的社工

——动漫园艺创意展

【步骤一：预估阶段】字号和标题一样大？

根据前期的活动评估及策划，制定了如下的活动方案。

【步骤二：计划阶段】

我最喜欢的社工

——动漫园艺创意展活动策划案

一、活动背景与目的

为了增进养老院老年人与社工之间的情感交流，同时激发老年人的创造力和动手能力，特举办此次"我最喜欢的社工——动漫园艺创意展"活动。本活动以植物材料为媒介，邀请老年人结合社工的动漫形象设计并制作出独一无二的艺术作品，表达他们对社工的喜爱与感激之情，营造温馨和谐的养老环境。

二、活动时间

选择一个阳光明媚的周末下午，时长约为2~3小时。

三、活动地点

养老院内的园艺区或设有良好自然光线的活动室，确保有足够的空间供老年人创作和展示作品。

四、活动对象

养老院全体老年人及参与活动的社工。

五、活动准备

1. 材料准备

各类植物材料（如干花、绿叶、小盆栽、松果、树枝等，确保安全无毒），彩色卡纸、剪刀、胶水、彩笔、颜料等手工材料，社工动漫形象的打印稿或手绘模板，留言墙布置材料（如软木板、彩色便笺纸、图钉）。

2. 环境布置

（1）将活动室或园艺区布置成温馨的创作空间，播放轻柔的背景音乐。

（2）设置作品展示区，预留足够的墙面作为留言墙。

3. 前期宣传

通过养老院内部广播、公告栏及一对一通知的方式，提前一周向老年人介绍活动详情，激发参与兴趣。在邀请老年人时，建议他们提前思考自己心中社工的形象特点，为创作做准备。

六、活动流程

表 3.1 活动流程表

进行内容	预估时间	活动内容
开场致辞	10分钟	社工代表简短介绍活动目的和意义，表达对老年人的关爱与期待。
		展示社工动漫形象的打印稿或手绘模板，引导老年人回忆与社工之间的温馨瞬间。
创意分享	15分钟	邀请几位老年人分享自己心中最喜欢的社工的形象特点，以及希望通过作品传达的感情。
创作指导	20分钟	社工和志愿者分发材料，分组指导老年人如何使用植物材料和手工工具进行创作。
		鼓励老年人发挥想象力，结合社工的动漫形象，设计并制作出自己的作品。
自由创作	60分钟	老年人自由创作，社工和志愿者在一旁协助，确保安全并提供必要的帮助。
		播放轻松愉快的背景音乐，营造舒适的创作氛围。
作品展示与分享	30分钟	老年人将自己的作品张贴在留言墙上，并简短介绍创作思路和背后的故事。
		鼓励老年人相互欣赏作品，增进彼此间的了解和友谊。
感言与反馈	15分钟	社工代表对老年人的作品表示赞赏和感谢，分享自己的感动与收获。
		邀请老年人写下对社工的感谢信或留言，贴在留言墙上，作为永久的纪念。
合影留念	10分钟	组织全体参与人员与留言墙合影，记录这一美好时刻。

七、后续工作

（1）将活动照片和精彩瞬间制作成相册或视频，分享给老年人及其家人。

（2）保留部分优秀作品作为养老院的文化展示品，长期展示在公共区域。

（3）定期举办类似活动，持续促进老年人与社工之间的情感交流。

【步骤三：筹备阶段】

一、活动规划与设计

1. 明确活动目标与主题

（1）确定活动旨在增进老年人与社工之间的情感交流，激发老年人的创造力和动手能力。

（2）设定活动主题为"我最喜欢的社工"，围绕这一主题设计活动内容。

2. 制定活动方案

（1）详细规划活动流程，包括开场致辞、创意分享、创作指导、自由创作、作品展示与分享、感言与反馈、合影留念等环节。

（2）确定活动的时间、地点、参与人员及所需物资。

二、物资准备

1. 植物材料采购

（1）提前采购各类安全无毒的植物材料，如干花、绿叶、小盆栽、松果、树枝等。

（2）确保材料充足，并考虑到老年人的操作便利性和安全性。

2. 手工材料准备

（1）准备彩色卡纸、剪刀、胶水、彩笔、颜料等手工材料，供老年人进行创作。

（2）确保材料质量过关，避免对老年人造成潜在伤害。

3. 活动布置材料

（1）准备留言墙布置材料，如软木板、彩色便笺纸、图钉等。

（2）设计并布置活动现场，营造温馨舒适的创作环境。

三、人员安排与培训

1. 社工与志愿者分工

（1）明确社工和志愿者的具体职责，如活动引导、创作指导、现场协助等。

（2）确保每个环节都有专人负责，保障活动的顺利进行。

2. 培训与准备

（1）对参与活动的社工和志愿者进行培训，确保他们了解活动流程、掌握指导技巧，并熟悉相关安全知识。

（2）提前进行模拟演练，确保活动当天能够高效有序地开展工作。

四、宣传与动员

1. 内部宣传

（1）通过养老院内部广播、公告栏、一对一通知等方式，向老年人介绍活动详情和重要性。

（2）鼓励老年人积极参与活动，并提前思考自己心中社工的形象特点。

2. 动员与邀请

（1）邀请老年人积极参与活动准备工作，如共同策划活动内容、准备物资等。

（2）提醒老年人注意活动时间和地点，确保能够准时参加。

3. 宣传推文

我最喜欢的社工
——动漫园艺创意展

在这个充满幻想的季节里，我们诚邀您踏入一场前所未有的奇妙之旅——"我最喜欢的社工——动漫园艺创意展"！

想象一下，当经典动漫角色跃然于绿意盎然的园艺之中，会是怎样一番景象？我们精心策划，将动漫的奇幻与园艺的宁静完美融合，打造出一个既梦幻又生动的展览空间。

每一株植物都被赋予了新的生命，它们或是化身为动漫中的英雄，或是演绎着经典的故事情节。这不仅仅是一场视觉的盛宴，更是一次心灵的触动，让人们在忙碌的生活中找到一片宁静与美好。

特别鸣谢我们"最喜欢的社工"，他们用自己的智慧和爱心，为这次展览注入了更多的温情与关怀。是他们，让这份创意与美好得以传递给更多的人，让爱与希望在每个角落生根发芽。

除了观赏，我们还准备了丰富的互动环节，让您亲身体验园艺的乐趣，与动漫角色近距离接触，感受那份独特的创意与惊喜。

参与互动还有机会赢取我们精心准备的动漫园艺周边礼品哦！让这份独特的记忆伴随您度过每一个美好的日子吧！

活动时间：[具体日期]

活动地点：[具体地点]

快来加入我们，一起探索动漫与园艺的无限可能，感受那份来自心底的温暖与创意吧！

五、安全与应急预案

1. 安全评估

（1）对活动现场进行安全评估，确保场地、设施、物资等符合安全要求。

（2）特别注意植物材料的选择和处理，避免对老年人造成过敏或伤害。

2. 应急预案

（1）制定应急预案，包括应对突发事件（如老年人身体不适、物资短缺等）的应对措施和流程。

（2）确保有专人负责应急处理工作，并提前进行培训和演练。

六、后期总结与反馈

1. 活动记录

（1）安排专人负责活动记录工作，包括拍摄照片、录制视频等。

（2）记录活动的精彩瞬间和感人故事，为后续宣传和总结提供素材。

2. 反馈收集

（1）通过问卷调查、面谈等方式收集老年人和社工对活动的反馈意见。

（2）对反馈意见进行整理和分析，总结经验教训并提出改进建议。

【步骤四：带领阶段】

表 3.2　活动阶段表

活动阶段	主题	活动内容
活动前准备	场地布置	活动开始前，工作人员会精心布置场地，设置工作台、展示区、休息区等区域，并摆放好必要的工具和材料，营造出温馨、舒适的氛围，让参与者感受到家的温暖。
	物资准备	确保活动所需的园艺材料（如多肉植物、花盆、土壤、装饰物等）、工具（如铲子、剪刀、手套等）以及活动手册或指导资料准备充足。
	人员安排	明确工作人员的任务分工，包括接待、引导、教学、安全监督等，确保每位参与者都能得到及时的帮助和指导。
活动开始	欢迎与介绍	活动开始时，主持人会向参与者表示欢迎，并简要介绍活动的目的、流程、注意事项以及当天的特别环节。
	园艺知识分享	社工或园艺专家会向参与者分享园艺知识，包括植物养护技巧、盆栽设计原理等。这部分内容旨在提高参与者的园艺素养，为后续的手作活动打下基础。
	手作环节	分组与选材：参与者被分成若干小组，每组选择自己喜爱的植物和花盆，并领取相应的材料和工具。 示范教学：社工或园艺专家进行示范教学，展示如何种植植物、装饰花盆等步骤。参与者可以跟随示范进行操作，也可以自由发挥。 互动交流：在手作过程中，参与者之间可以相互交流心得、分享经验，增进彼此的了解。社工也会巡回指导，解答参与者的疑问，确保活动顺利进行。 成果展示与分享：完成手作后，每个小组都会展示自己的作品。社工会邀请参与者分享自己的创作理念和过程体验，让大家共同欣赏和感受园艺手作的乐趣。有的老人擅长取名，给作品取名《她在花丛中……吃橘子》《社工 A 和社工 B 是好朋友》《帅哥》等。
	颁奖与表彰	根据作品的创意、美观度以及参与者的表现，社工可以评选出优秀作品并颁发证书或奖品以资鼓励。
活动结束	总结与反馈	活动结束时，社工会对活动进行总结，感谢参与者的积极参与和贡献，并收集参与者的反馈意见以便改进未来的活动。
	后续安排	如果可能的话，社工还可以安排一些后续活动或聚会，让参与者在园艺手作的基础上继续交流和分享经验。

图 3.1　老人"动漫园艺展"作品

整个活动过程中，社工应始终关注参与者的安全和感受，确保活动在愉快、和谐的氛围中进行。同时，通过园艺手作活动，不仅可以提升参与者的动手能力和创造力，而且可以增进他们对自然的热爱和保护意识。

【步骤五：评估总结阶段】

一、活动总结

1. 活动概况

本次"我最喜欢的社工园艺手作活动"于×月×日成功举办，吸引了院内老年人的积极参与。活动旨在通过园艺手作的方式，增进参与者对园艺文化的了解，提升他们的动手能力和创造力，同时促进院内社工与老年人的交流与互动。

2. 活动亮点

参与者们充分发挥想象力，创作出了各具特色的园艺作品，展现了他们的创意和才华。活动过程中，参与者们积极交流心得、分享经验，形成了良好的互动氛围。社工的巡回指导也确保了每位参与者都能得到及时的帮助和支持。通过园艺知识的分享和手作实践，参与者们不仅学到了实用的园艺技巧，而且增强了对自然的热爱和保护意识。

3. 活动成效

活动结束后，参与者们纷纷表示对园艺有了更深入的了解和认识，愿意在未来继续学习和实践。活动为院内老年人提供了一个展示自我、交流心得的平台，增进了彼此之间的了解和友谊。通过共同参与园艺手作活动，老年人感受到了集体的力量和温暖，增强了养老院的凝聚力和向心力。

二、活动评估

1. 优点

（1）活动策划周密：活动前期进行了充分的调研和规划，确保了活动的顺利进行。

（2）物资准备充分：活动所需的园艺材料、工具等物资准备充足，满足了参与者的需求。

（3）工作人员配合默契：工作人员之间分工明确、配合默契，确保了活动的有序进行。

2. 不足与改进

（1）部分环节的时间控制不够精准，导致活动整体时间偏长。未来可以通过更加细致的时间规划来避免这一问题。

（2）虽然收集了参与者的反馈意见，但反馈机制仍有待完善。未来可以建立更加便捷的反馈渠道，及时收集并处理参与者的意见和建议。

（3）活动前期的宣传力度不够大，导致部分潜在参与者未能及时了解到活动信息。未来可以通过多种渠道加大宣传力度，提高活动的知名度和影响力。

3. 未来展望

未来，我们将继续举办类似的园艺手作活动，并根据本次活动的经验教训进行改进和优化。同时，我们也将积极探索更多元化的活动形式和内容，以满足不同群体的需求和兴趣。我们相信，在社工和院里老年人的共同努力下，我们的机构将会变得更加美好、和谐。

策划练习

> 1. 请设计一场养老机构内的一次性的团康活动，内容包括：策划方案、宣传推文、活动执行步骤。
>
> 2. 如果你是一名社工，你觉得在养老机构中，组织什么样的团康活动能够增加老人的参与度？

任务 3.4　长期性团康活动的开展

3.4.1　健身类团康活动的基础介绍

在养老机构中，健身类团康活动是最常见的长期性团康活动。通过定期参与运动、健身操、太极、散步等团康活动，老年人可以增强体质，提高心肺功能，减少因年龄增长而带来的身体机能衰退。活动中的伸展、平衡练习还有助于预防跌倒、减少骨折等意外事件的发生。同时，健身类老年团康活动还为老年人提供了一个释放压力、缓解焦虑的平台。在集体活动中，他们可以感受到归属感和被需要的感觉，有助于减少孤独感和抑郁情绪。此外，活动中的互动和分享还能促进老年人的心理健康，增强其自信心和幸福感。

1. 健身类团康活动的定义

健身类团康活动特指针对老年人群体设计的，以健身为主要目的，同时融入团体互动和快乐元素的健康促进活动。这类活动不仅关注老年人的身体健康，而且注重心理健康和社会交往能力的提升。也就是说，通过定期锻炼，该类活动不仅能够增强老年人的身体素质，预防慢性疾病，增加老年人生活乐趣，缓解孤独、抑郁等心理问题，而且能够加强老年人与社区的联系，促进社区和谐发展。

2. 健身类团康活动的功能

健身类老年团康活动具有多重功能，主要体现在以下几个方面：

1）健身功能

（1）增强老年人的体质，提高心肺功能、肌肉力量和柔韧性。

（2）预防或缓解老年人常见的慢性疾病，如高血压、糖尿病等。

（3）通过定期锻炼，帮助老年人保持健康的体重，降低跌倒风险。

2）社交功能

（1）提供平台让老年人结识新朋友，促进老年人之间的交流与互动，使其扩大社交圈子，缓解孤独感和抑郁情绪。

（2）增强老年人的社会归属感，使他们感到自己是社区的一部分。

3）心理功能

（1）提升老年人的自信心和自我认同感，通过参与活动感受到成就感。

（2）减轻老年人的压力和焦虑，使他们在活动中得到放松和愉悦。

（3）改善老年人的睡眠质量，通过规律的锻炼提高睡眠效率。

4）娱乐功能

（1）提供多样化的活动形式和内容，丰富老年人的精神文化生活，满足老年人不同的娱乐需求，使他们在活动中找到乐趣和兴趣。

（2）通过集体活动，激发老年人的活力和热情，使他们更加积极向上。

5）教育功能

（1）向老年人传授健康知识和健身技能，提高他们的健康意识，使其避免运动伤害。

（2）培养老年人的自我保健能力，使他们能够更好地管理自己的健康。

6）带教指导功能

健身类的团康活动，通常容易教学，通俗易懂。在机构中，社工或教学老师可以经常把使用方法或者活动技巧传授给老年人，帮助老年人中学得好又快的人快速成长，提升学习效率和质量，这样便于老年人日常沟通及指导。

3. 健身类团康活动的主要类型

养老机构中的健身项目丰富多样，旨在满足不同身体状况和兴趣爱好的老年人的需求。

1）基础体能训练

（1）散步/快走：适合所有体能水平的老年人，有助于增强心肺功能，提高下肢力量。

（2）台阶练习：使用低矮的台阶进行上下运动，可以增强腿部肌肉力量，提高平衡能力。

（3）力量训练：使用轻质哑铃、弹力带等工具进行简单的力量训练，增强肌肉力量和耐力。

2）柔韧性训练

（1）拉伸运动：包括静态拉伸和动态拉伸，有助于增加关节灵活性和身体活动范围，降低运动损伤的风险。

（2）瑜伽/太极：这些项目不仅有助于提高身体的柔韧性，而且强调呼吸控制和心灵的平静，有助于老年人放松身心。

3）平衡与协调性训练

（1）单脚站立：通过单脚站立练习，提高老年人的平衡能力和腿部力量。

（2）平衡板训练：使用平衡板进行站立、行走等练习，增强身体的稳定性和协调性。

（3）舞蹈课程：如交谊舞、民族舞等，通过舞蹈动作的学习和实践，提高老年人的身体协调性和节奏感。

4）有氧运动

（1）健身操/广场舞：结合音乐、舞蹈和体操元素，进行全身性的有氧运动，提高心肺功能。

（2）游泳：对于身体状况允许的老年人来说，游泳是一种低冲击的有氧运动方式，有助于增强心肺功能和全身肌肉力量。

（3）自行车骑行：使用室内动感单车或户外自行车进行骑行锻炼，提高心肺功能，同时减少下肢关节的压力。

5）功能性训练

（1）日常生活技能模拟训练：如模拟上下楼梯、起床坐下等动作，提高老年人完成日常生活任务的能力。

（2）力量训练机使用：在专业人士的指导下，使用力量训练机进行有针对性的肌肉训练，提高肌肉力量和耐力。

6）团体运动与比赛

（1）乒乓球/羽毛球：这些运动既能锻炼身体，又能增进老年人之间的友谊和互动。

（2）趣味运动会：组织老年人参与各种趣味运动比赛项目，如拔河、接力赛等，增强团队精神和运动乐趣。

7）康复与理疗

（1）物理治疗：针对有特定健康问题的老年人，如关节炎、中风后遗症等，提供个性化的物理治疗服务。

（2）水疗/温泉疗法：利用水的物理特性进行康复和放松治疗，有助于缓解肌肉紧张、促进血液循环。

老年人在参与健身项目前应进行全面的健康评估，并在专业人士的指导下进行锻炼。同时，养老机构应根据老年人的身体状况和兴趣爱好灵活调整健身项目的难度和强度，确保他们在安全、愉快的环境中享受运动的乐趣。

4. 养老机构中常见的健身器材

在养老机构中，为了促进老年人的健康生活和身体锻炼，通常会配备多种类型的健身器材。这些器材旨在帮助老年人增强肌肉力量、提高心肺功能、改善平衡能力、增加柔韧性和缓解关节疼痛等。

1）有氧运动器材

（1）跑步机：模拟户外跑步，适合老年人进行长时间、低强度的有氧运动，提高心肺功能。

（2）动感单车：锻炼心肺功能，提高身体耐力，同时让老年人在运动中享受乐趣。

（3）椭圆机：全身运动，减少对关节的压力，适合老年人进行有氧锻炼。

2）力量训练器材

（1）综合训练器：一机多用，涵盖肩、胸、背、腿等全身肌肉群，帮助老年人增强肌肉力量。

（2）哑铃：提供不同重量的哑铃，老年人可以根据自身能力进行适当的力量训练。

（3）拉力器：增强肌肉力量，提高心肺功能，轻松锻炼手臂、肩部、胸部等部位。

3）平衡训练器材

（1）平衡板：帮助老年人提高身体平衡感，预防跌倒。

（2）平衡球：锻炼老年人的身体平衡能力和核心稳定性。

（3）步态训练器：模拟真实步态，帮助老年人改善行走姿势，保持走路平稳。

4）柔韧性训练器材

（1）瑜伽垫：提供柔软的锻炼平台，适合老年人进行瑜伽、拉伸等柔韧性训练。

（2）拉伸器：帮助老年人进行全身各部位的拉伸运动，提高关节的灵活性，扩大身体活动范围。

5）放松与恢复器材

（1）按摩椅：通过按摩和放松肌肉来缓解肌肉疼痛，改善睡眠质量。

（2）热水浴池（如果条件允许）：提供一种温暖舒适的环境，让老年人可以舒展身体、缓解关节疼痛。

6）智能健身设备

结合现代科技，如智能手环、智能健身镜等，让老年人的锻炼更加科学、有趣，并实时监测其健康状况。

需要注意的是，养老机构在选择和配置健身器材时，应充分考虑老年人的身体状况、运动能力和安全需求。同时，应提供必要的指导和监督，确保老年人在使用器材时的安全和有效性。此外，随着科技的发展和市场的变化，养老机构中的健身器材种类和数量也可能会不断更新和增加。

5. 健身设备日常使用的原则

1）安全第一

（1）器材选择：根据老年人的身体状况和健康状况，选择适合他们的器材。优先选择具备安全保护措施的器材，避免发生意外伤害。

（2）使用指导：对于需要调整座椅高度或其他参数的器材，应有专人进行调整，并向老年人提供详细的使用指导，确保他们正确使用器材。

（3）监督与帮助：在老年人使用健身器材时，应有工作人员在场监督，及时提供帮助，以防意外发生。

2）循序渐进

（1）逐步适应：老年人在开始使用健身器材时，应从低强度、低难度开始，逐步适应后再增加强度和难度。

（2）持之以恒：鼓励老年人坚持锻炼，但避免过度运动，以免对身体造成负担。

3）科学合理

（1）热身与放松：每次锻炼前要进行适当的热身运动，锻炼结束后要进行放松整理运动，以减少肌肉和关节的损伤。

（2）合理安排：根据老年人的身体状况和锻炼目标，合理安排锻炼计划和时间，避免过度疲劳。

4）全面发展

（1）综合锻炼：除了使用健身器材进行锻炼外，还应鼓励老年人进行多样化的体育活动，如散步、太极、瑜伽等，以全面发展身体各项机能。

（2）辅助练习：针对老年人的身体特点，可以进行一些必要的辅助练习，如平衡训练、柔韧性训练等，以提高身体的稳定性和灵活性。

5）定期维护与保养

（1）检查与维修：定期检查健身器材的运行状态，如是否有松动或损坏的零部件，是否需要润滑等，及时进行维修和保养，确保器材的正常使用。

（2）清洁与消毒：保持健身器材的清洁卫生，定期进行消毒处理，以预防疾病传播。

6）关注个体差异

（1）个性化指导：根据老年人的个体差异和健康状况，提供个性化的锻炼指导方案，以满足不同老年人的需求。

（2）反馈与调整：密切关注老年人在使用健身器材过程中的身体状况和反馈，及时调整锻炼计划和器材设置，以确保锻炼的安全和有效性。

养老院中健身设备日常使用的原则应以安全、循序渐进、科学合理、全面、个性化为指导，确保老年人在锻炼过程中的安全、舒适和有效。

6. 健身设备使用的注意事项

（1）设置日常使用时间，非使用时间关闭健身室。

（2）使用健身设备时，使用期间需有社工或康复师在场。

（3）对于一些不适宜使用健身设备的老年人进行劝解。

（4）每个健身设备上都应在醒目处张贴使用说明和注意事项（如图 3.2 所示）。

图 3.2　划船胸部运动器使用注意事项

7. 针对不同的群体如何开发合适的活动

从机体能力和认知能力两个维度对老年群体进行分类，开发合适的运动。

1）活力自理的老年人

（1）多元化健身课程：提供多种风格的健身操、太极、瑜伽等，以满足不同兴趣和体能水平的老年人。可以设立初级、中级、高级课程，让老年人根据自身情况选择。

（2）团队运动：如门球、地掷球等低强度团队运动，增强老年人间的社交互动和团队协作能力。

（3）户外徒步与探索：组织短途徒步、公园游览等活动，鼓励老年人亲近自然，同时注意安全措施。

2）常见于坐轮椅的认知能力完好的老年人

上肢康复训练：设计适合轮椅使用者的上肢力量训练、灵活性提升及协调性训练，如使用哑铃、弹力带、椅子瑜伽进行锻炼。

3）痴呆症或其他精神障碍的机体完好的老年人

（1）音乐与舞蹈：选择老年人熟悉的音乐，引导他们随着节奏轻轻摆动身体，音乐疗法有助于保持情绪稳定。

（2）感官刺激活动：如触摸不同材质的物品、闻香识别等，通过多感官刺激促进大脑活跃度。

4）失智失能的老年人

日常生活技能训练：在护理员或社工的协助下，进行简单的日常生活技能训练，如穿衣、进食等，以增强自理能力。

3.4.2 健身类团康活动策划的操作要领

通过组织健身类的团康活动，让养老机构中的老人都能动起来，让老年人不仅能够保持身体健康、延缓衰老过程，而且能在互动中增进友谊、享受快乐。具体的活动操作要领如下：

1. 活动准备阶段

（1）确定活动目的与主题：明确活动旨在促进老年人的身心健康、增强社交互动，并设定一个积极向上的主题，如"健康乐活，共享夕阳红"。

（2）选择活动地点：根据活动内容和老年人的身体状况，选择一个安全、舒适、设施完备的地点，如户外草坪、多功能活动室等。

（3）制定活动方案：包括活动时间（每日晨起、每日傍晚等）、参与人员（老年人、社工、楼层负责人等）、活动内容、所需物资等详细规划，并安排专人负责各项准备工作。

（4）邀请与通知：通过院内公告、社工传达、楼层广播等方式邀请老年人参与，并提前告知活动的时间、地点和注意事项。

（5）物资准备：根据活动方案，准备必要的物资，如健身道具、茶水、点心、急救包等。

2. 活动开展阶段

（1）签到：每次活动当天，安排专人进行签到，并向到场的老年人致以问候和欢迎。

（2）热身运动：由专业健身教练或志愿者带领老年人进行简单的热身运动，如慢跑、伸展运动等，以活跃身体、预防运动伤害。

（3）团体操练：

① 基础教学：由社工或者聘请的专业教练进行教学教授。

② 分段练习：将所学内容分成几个小节，逐步深入，确保每位老人都能跟上节奏。

③ 集体演练：在教练的带领下，全体参与者一起练习，增强团队协作感。

（4）休息与交流：在游戏间隙，为老年人提供茶水和水果，安排休息时间。鼓励老年人自由交流，分享游戏体验和感受，增进彼此之间的了解和友谊。

（5）健康讲座或分享：邀请专业医生或健康专家为老年人讲解健康保健知识，或邀请老年人分享自己的养生心得和生活故事。

3. 活动结束阶段

（1）总结与反馈：活动结束时，主持人对活动进行总结，感谢老年人的积极参与和配合，并邀请老年人提出宝贵意见和建议。

（2）合影留念：组织全体参与人员合影留念，记录这一美好时刻。

（3）后续跟进：根据老年人的反馈和需求，对活动进行评估和改进，并考虑开展后续的团康活动或志愿服务。

通过以上流程的设计和实施，长期性的老年人团康活动不仅能够提升老年人的身心健康和社交能力，而且能够增强他们的归属感和幸福感。

4. 注意事项

1）活动开始前

（1）身体检查：鼓励老年人在参加活动前进行身体检查，并向医生咨询是否适合参加该活动，特别是患有高血压、冠心病、中风、痴呆等病症的老人应慎重选择。活动组织者需了解参与者的健康状况，以便调整活动内容和强度。

（2）签署责任声明：要求参加活动的老人及其家属代表与活动组织者签署三方责任声明，明确活动中非组织者过失导致的意外责任归属，降低组织者责任风险。

（3）购买保险：为老年人及其家属购买短期保险，防范交通意外、急病等导致的伤残及身故风险。

（4）选择合适的地点：活动地点应安全、舒适，设施完备，方便老年人通行和休息。

（5）物资准备：准备必要的物资，如急救包、饮用水、食物等，确保活动顺利进行。

2）活动过程中

（1）热身运动：活动开始前，组织老年人进行简单的热身运动，预防运动伤害。

（2）合理安排活动：根据老年人的身体状况和兴趣爱好，合理安排活动内容和强度，避免过度劳累。注意活动时间的控制，避免在高温或寒冷的环境中进行剧烈运动。

（3）安全监督：活动过程中，应有专人负责安全监督，确保老年人的人身安全。对于腿脚不便的老年人，应安排专人搀扶或提供轮椅等辅助工具。

（4）饮食注意：提供营养均衡的食物，避免过多摄入高脂肪、高盐或高糖食物。注意食材的新鲜度和烹饪方式，确保食品安全。

（5）心理健康：关注老年人的心理健康，鼓励他们积极参与活动，与他人保持良好的社交关系。如有需要，可安排心理咨询师为老年人提供心理支持。

（6）紧急应对：制定应急预案，明确紧急情况下的应对措施和责任人。准备急救包和必要的医疗设备，以便在紧急情况下进行初步救治。

3）活动结束后

（1）总结反馈：活动结束后，组织者对活动进行总结，收集老年人的反馈意见，以便改进后续活动。

（2）后续跟进：根据老年人的反馈和需求，提供必要的后续服务和支持。

3.4.3 健身类团康活动的案例展示

晨光里的养生之旅
——每日晨起太极操活动

【步骤一：预估阶段】
根据前期的活动评估及策划，制定了如下的活动方案。
【步骤二：计划阶段】

晨光里的养生之旅
——每日晨起太极操活动策划案

一、活动背景与目的

随着老龄化的加剧，养老院成为许多老年人晚年生活的重要场所。为了提升老年人的身体健康水平，增强身体柔韧性、平衡感和心肺功能，同时促进他们之间的交流与互动，特策划"晨光里的养生之旅——每日晨起太极操"活动。此活动旨在通过太极操这一传统而温和的运动方式，帮助老年人增强体质，缓解压力，提升生活质量，营造和谐温馨的养老环境。

二、活动目标

（1）健康养生：通过太极操练习，促进老年人血液循环，增强肌肉力量，提高身体柔韧性。

（2）心理调适：缓解老年人的焦虑、抑郁情绪，增加正面情绪体验，提升心理健康水平。

（3）社交互动：促进老年人之间的交流与互动，增强社区归属感，减少孤独感。

（4）文化传承：传承和弘扬中国传统文化，让老年人在运动中感受文化魅力。

三、活动时间与地点

时间：每日清晨 7:00—8:00（根据季节调整，确保光线充足，空气清新）

地点：养老院户外草坪或宽敞明亮的室内活动室（视天气情况而定）

四、活动内容

表 3.3 活动流程表

进行内容	预估时间	活动内容
热身准备	5 分钟	播放轻松的音乐，进行简单的关节活动操，如颈部旋转、肩部提拉、手腕转动等，预防运动损伤。
太极操教学	40 分钟	基础教学：聘请专业的太极教练，教授简单易学的太极基础动作，如起势、云手、野马分鬃等。 分段练习：将太极操分为几个小节，逐步深入，确保每位老人都能跟上节奏。 集体演练：在教练的带领下，全体参与者一起练习，增强团队协作感。
休息与交流	10 分钟	提供茶水、点心，鼓励老人们分享练习心得，增进彼此了解。
放松整理	5 分钟	进行轻柔的拉伸放松运动，帮助身体恢复到自然状态。

五、活动保障措施

（1）安全保障：确保活动场地无安全隐患，安排专人负责现场秩序与安全监督。

（2）健康评估：活动前对参与老人的健康状况进行简单评估，确保适合参加太极操活动。

（3）专业指导：聘请具有资质的太极教练，确保教学专业、科学。

（4）应急准备：制定应急预案，准备急救包，确保能迅速应对突发状况。

六、宣传与动员

（1）通过养老院内部广播、公告栏、微信群等方式提前宣传活动信息，激发老人参与热情。

（2）组织小型体验课，让未参加过的老人亲身体验太极操的乐趣与益处。

（3）邀请已参与的老人分享心得，发挥榜样作用，带动更多老人加入。

七、评估与反馈

活动结束后，通过问卷调查、面谈等方式收集老人对活动的反馈意见。定期对活动效果进行评估，包括老人的身体状况改善情况、心理满意度等，以便不断优化活动方案。通过精心策划与实施"每日晨起太极操"活动，我们期待为养老院的老人们带来一个健康、快乐、和谐的清晨时光。

【步骤三：筹备阶段】

在筹备养老院每日晨起太极操活动时，需要细致规划并准备多个方面，以确保活动的顺利进行和老年人的良好体验。

一、活动规划

1. 确定活动目标与内容

（1）明确活动旨在提升老年人身体健康、促进社交互动和文化传承。

（2）确定太极操的具体教学内容和难度级别，确保适合老年人的身体状况。

2. 制定时间表与地点安排

（1）确定每日的活动时间（如清晨 7:00—8:00），并考虑季节变化对活动时间的影响。

（2）选择合适的活动地点（户外草坪或室内活动室），确保场地宽敞、明亮、无安全隐患。

3. 邀请专业教练

（1）聘请具有资质和经验的太极教练，确保教学质量和安全性。

（2）与教练沟通教学内容、教学计划和教学方式，确保符合老年人的需求。

二、物资准备

1. 教学器材

（1）准备必要的太极教学器材，如太极扇、太极剑（如适用）等。

（2）确保器材的安全性和适用性，避免对老年人造成伤害。

2. 辅助设备

（1）准备音响设备，用于播放太极操的背景音乐和教学指令。

（2）准备水杯、纸巾等日常用品，为老年人提供便利。

3. 场地布置

（1）根据活动地点进行场地布置，确保场地整洁、无障碍物。

（2）在户外活动时，注意防晒和防蚊措施；在室内活动时，注意通风和照明。

三、人员安排

1. 工作人员

（1）安排专门的工作人员负责活动的签到、组织、协调和安全保障工作。

（2）确保工作人员了解活动流程和注意事项，以便及时应对突发情况。

2. 志愿者

（1）招募志愿者参与活动的协助工作，如引导老年人、提供茶水等。

（2）对志愿者进行必要的培训，确保他们了解活动要求和老年人服务技巧。

四、宣传动员

1. 内部宣传

（1）通过养老院内部广播、公告栏、微信群等方式宣传活动信息，激发老年人的参与热情。

（2）组织小型体验课或示范表演，让老年人亲身体验太极操的乐趣和益处。

2. 外部宣传

如有需要，可以通过社区公告、社交媒体等渠道扩大宣传范围，吸引更多志愿者和关注者参与活动。

3. 宣传推文

晨光里的养生之旅
——×××养老院每日晨起太极操邀请您加入！

清晨的第一缕阳光，是自然最温柔的唤醒。在养老院的温馨角落，我们诚邀您参与一场身心的盛宴——"每日晨起太极操"！

◆ 活动亮点：

健康养生：太极操，古老而智慧的养生之道，让您的身体在柔和的动作中舒展，促进血液循环，增强肌肉力量，提升身体柔韧性。

心灵净化：随着呼吸与动作的协调，心灵得以平静，焦虑与压力在晨风中消散，迎接全新的一天。

社交互动：在这里，您将与志同道合的伙伴们一同练习，分享心得，增进友谊，感受集体的温暖与力量。

文化传承：太极，中华文化的瑰宝，让我们在运动中感受传统文化的魅力，传承与弘扬这份宝贵的遗产。

◆ 活动时间：每日清晨 7:00—8:00，与您相约晨光之中。

◆ 活动地点：养老院户外草坪（晴天）或宽敞明亮的室内活动室（雨天），确保每位参与者都能在舒适的环境中进行练习。

◆ 专业指导：我们聘请了经验丰富的太极教练，将为您带来科学、专业的指导，确保每位参与者都能掌握正确的动作要领。

◆ 加入方式：无须报名，直接前往活动地点即可参与。但为了更好地安排活动，建议提前与养老院工作人员确认。

◆ 温馨提醒：请穿着宽松舒适的运动服装，携带水杯，并根据个人身体状况适量参与。如有任何不适，请立即停止练习并寻求帮助。

让我们在晨光中舞动身体，在太极的韵律中感受生命的和谐与美好。期待在每日的晨起太极操中，与您共同开启健康、快乐的新篇章！

五、健康评估与安全保障

1. 健康评估

（1）在活动前对参与老年人的健康状况进行简单评估，确保他们适合参加太极操活动。

（2）对于有特殊健康需求的老年人，提供个性化的指导和建议。

2. 安全保障

（1）制定应急预案，准备急救包等应急物资，确保能迅速应对突发状况。

（2）安排专人负责现场秩序和安全监督，确保活动过程中的安全稳定。

六、后续评估与反馈

1. 收集反馈

通过问卷调查、面谈等方式收集老年人对活动的反馈意见，了解他们的满意度和需求。

2. 评估效果

（1）对活动效果进行评估，包括老年人的身体状况改善情况、心理满意度等方面。

（2）根据评估结果总结经验教训，为未来的类似活动提供参考和改进方向。

【步骤四：带领阶段】

表 3.4 活动阶段表

活动阶段	主题	活动内容
活动前准备	场地布置	根据活动地点（户外草坪或室内活动室）进行场地布置，确保场地宽敞、明亮、无安全隐患。
		摆放好音响设备，调整好音量，确保音乐能够清晰播放且能使老年人听清。
	物资准备	准备必要的太极教学器材，如太极扇、太极剑（如适用）等，并确保其安全性和适用性。
		准备水杯、纸巾等日常用品，为老年人提供便利。
	人员到位	确保工作人员和志愿者提前到达活动现场，进行签到、组织、协调和安全保障等工作。
		教练需提前到场进行热身准备，确保教学状态良好。
活动开始	签到与热身	老年人到达活动现场后进行签到，工作人员记录参与情况。
		在教练的带领下进行简单的热身运动，如关节活动操等，预防运动损伤。
	太极操教学	教练开始教授太极操的基本动作和套路，注意语速适中、动作示范清晰。
		根据老年人的身体状况和学习进度，适时调整教学内容和难度。
		鼓励老年人积极参与练习，并进行必要的指导和纠正。

续表

活动阶段	主题	活动内容
活动开始	互动与交流	在教学过程中穿插互动环节，如提问、示范、讨论等，提高老年人的参与感和学习兴趣。
		鼓励老年人之间互相交流学习心得和体验，增进彼此的了解和友谊。
活动结束	放松整理	在教练的带领下进行放松整理运动，帮助老年人缓解肌肉紧张和疲劳。
		提醒老年人注意保暖、休息，并及时补充水分。
	反馈收集	通过问卷调查、面谈等方式收集老年人对活动的反馈意见，了解他们的满意度和需求。
		对反馈意见进行整理和分析，为未来的活动改进提供参考。
	清理场地	工作人员和志愿者共同清理活动场地，恢复场地原貌。
		检查并整理教学器材和日常用品，确保无遗漏或损坏。
后续跟进	健康评估	对于有特殊健康需求的老年人，提供后续的健康评估和跟踪服务。
		根据评估结果提供个性化的健康指导和建议。
	活动总结	对活动进行总结和评估，包括活动效果、参与情况、反馈意见等方面。
		总结经验教训，为未来的类似活动提供参考和改进方向。
	宣传推广	通过养老院的内部渠道和外部渠道宣传推广活动成果和亮点。
		吸引更多老年人参与太极操活动，提升养老院的品牌形象和影响力。

通过以上实施过程，尽力确保养老院每日晨起太极操活动的顺利进行和老年人的良好体验。同时，可以为养老院的健康管理和文化建设作出积极贡献。

【步骤五：评估总结阶段】

一、活动概述

本次养老院每日晨起太极操活动自启动以来，已持续运行了一段时间，旨在通过太极这一传统而温和的运动方式，提升老年人的身体健康水平，促进社交互动，并传承中华优秀传统文化。活动期间，我们严格按照既定计划执行，确保了活动的顺利进行。

二、活动成效

老年人在参与太极操后，普遍反映身体更加灵活，肌肉力量有所增强，心肺功能得到改善。部分老年人表示，坚持练习太极操后，睡眠质量提高，精神状态更佳。太极操活动还为老年人提供了一个交流互动的平台，他们在练习的过程中相互帮助、鼓励，增进了彼此之间的了解和友谊。志愿者和工作人员的积极参与，也进一步拉近了与老年人之间的距离，营造了温馨和谐的氛围。通过太极操的教学和练习，老年人在运动中感受到了中华传统文化的魅力，增强了文化自信和民族自豪感。部分老年人表示，他们愿意将太极操这一传统运动方式传授给家人和朋友，共同传承和弘扬中华文化。

三、活动亮点

我们聘请了具有丰富教学经验的太极教练，为老年人提供了专业、科学的指导。教练们耐心细致的教学态度和专业的技能水平，赢得了老年人的高度认可和赞誉。根据老年人的身体状况和学习进度，我们适时调整了教学内容和难度，确保每位老年人都能找到适合自己的练习方式。同时，我们还引入了多种太极操套路和动作组合，增加了活动的趣味性和多样性。

我们为老年人提供了水杯、纸巾等日常用品，并在活动现场配备了急救包等应急物资。同时，工作人员和志愿者全程参与活动组织和服务工作，确保了活动的顺利进行和老年人的安全健康。

四、存在问题与改进建议

尽管大部分老年人对太极操活动表示欢迎和喜爱，但仍有一部分老年人由于身体原因或其他因素未能积极参与。针对这一问题，我们将进一步加大宣传力度，提高老年人的参与意识和积极性。同时，我们也将根据老年人的实际情况和需求，提供更加个性化的服务和指导。

此外，在活动过程中，我们虽然收集了老年人的反馈意见，但反馈机制仍有待完善。未来，我们将建立更加完善的反馈机制，定期收集老年人的意见和建议，并根据反馈结果及时调整教学内容和方式。同时，我们也将加强对教练和工作人员的培训和管理，提高他们的专业素养和服务水平。

五、总结与展望

本次养老院每日晨起太极操活动取得了显著成效，但也存在一些问题和不足。未来，我们将继续总结经验教训，不断完善活动方案和服务机制，努力为老年人提供更加优质、专业的健康管理和文化服务。同时，我们也期待更多老年人能够参与到太极操活动中来，共同享受健康、快乐、和谐的晚年生活。

策划练习

一个新开业的以介护为主的养老机构，现有15位长住老年人，他们多为下肢能力有限或认知障碍轻中度。请你设计一个日常健身类活动的方案，包括健身内容（以图片或视频呈现）。信息不足的地方可自己假设。

项目 4　工作坊活动的策划与组织

任务 4.1　工作坊的概念

4.1.1　工作坊的定义

工作坊（Workshop）是一种以实践性学习和互动交流为主要形式的教学活动。在这种活动中，参与者通常通过实际操作、小组讨论、案例分析等方式，深入学习和探讨特定主题或技能，以达到提升能力和解决问题的目的。适老化老年人工作坊通常由相关专业领域的专家或资深从业者担任导师，通过引导、讲解、示范等方式，帮助老年人掌握相关知识和技能。

4.1.2　老年人工作坊的目的

1. 促进身心健康

随着年龄的增长，老年人可能面临身体机能下降、心理健康问题等挑战。工作坊活动可以通过提供适合老年人的运动、瑜伽、太极等健身课程，以及心理健康讲座、冥想练习等，帮助老年人保持身体健康，缓解压力，提升心理韧性。

2. 增强社交互动

老年人退休后，社交圈子可能会逐渐缩小，导致孤独感和社交隔离。工作坊活动为老年人提供了一个相互交流、结识新朋友的平台，通过共同参与活动，增进彼此之间的了解和友谊，减少孤独感，增强社会联系。

3. 技能提升与知识更新

老年人工作坊还可以提供各种技能培训和知识讲座，如计算机操作、智能手机使用、烹饪技巧、园艺种植等，帮助老年人掌握新技能，跟上时代步伐，保持学习的热情和活力。

4. 促进兴趣爱好的发展

许多老年人有丰富的兴趣爱好，但可能因缺乏机会或平台而难以持续或深入发展。工作坊活动可以围绕老年人的兴趣爱好展开，如书法、绘画、音乐、舞蹈等，为他们提供展示和交流的平台，满足精神文化需求。

5. 提升生活质量

通过参与工作坊活动，老年人可以学习到更多关于健康饮食、家居安全、疾病预防等方面的知识，从而在日常生活中做出更加健康、安全的选择，提升整体生活质量。

6. 增强社区凝聚力

老年人工作坊活动也是社区建设的重要组成部分，通过组织这类活动，可以增强社区对老年人的关注和关怀，促进社区成员之间的相互理解和支持，形成更加和谐、包容的社区氛围。

4.1.3 老年人工作坊的特点

1. 以老年人为中心

（1）需求导向：活动的设计和内容选择都紧密围绕老年人的实际需求和兴趣，确保活动对他们具有吸引力和实用性。

（2）个性化关怀：关注每位老年人的身体和心理状况，提供个性化的指导和支持，确保他们能在舒适的环境中参与活动。

2. 强调安全性与舒适性

（1）安全设施：工作坊会配备必要的安全设施，如无障碍通道、紧急呼叫系统等，确保老年人在活动中的安全。

（2）舒适环境：活动场地布置会考虑老年人的身体条件，如提供充足的休息区域、使用适合老年人身高的家具等，确保他们能在舒适的环境中参与活动。

3. 注重互动与社交

（1）集体参与：通过小组合作、团队竞赛等形式，鼓励老年人之间的互动和交流，增强他们的社交能力和归属感。

（2）情感交流：活动中会设置情感交流环节，如分享会、茶话会等，让老年人有机会分享自己的生活经验和感受，增进彼此之间的了解和情感联系。

4. 强调实践与体验

（1）动手操作：工作坊活动通常包含大量的动手操作环节，如手工艺制作、烹饪课程等，让老年人在实践中学习和体验新知识、新技能。

（2）亲身体验：通过模拟真实场景或提供实际案例，让老年人能够亲身体验和感受所学内容的实际应用和价值。

5. 注重持续性与连贯性

（1）系列课程：适老化老年人工作坊往往会设计一系列相关课程，确保老年人能够系统地学习和掌握某项技能或知识。

（2）跟进服务：活动结束后，会提供一定的跟进服务，如定期回访、线上交流群等，确保老年人能够持续获得支持和帮助。

6. 融合科技与文化

（1）科技应用：随着科技的发展，适老化老年人工作坊会融入一些科技元素，如智能设备的使用、在线学习平台等，帮助老年人适应现代生活。

（2）文化传承：工作坊会注重传统文化的传承和弘扬，通过组织书法、国画、戏曲等传统艺术课程，让老年人感受到文化的魅力和价值。

适老化老年人工作坊活动的特点在于以老年人为中心，注重安全性与舒适性、互动与社交、实践与体验、持续性与连贯性，以及科技与文化的融合，旨在为老年人提供一个全面、丰富、有趣的学习和交流平台。

4.1.4 老年人工作坊活动的种类

1. 健康促进类活动

这类活动主要关注老年人的身体健康，包括健康讲座、养生工作坊、运动课程（如太极、瑜伽、散步俱乐部）等。通过教授健康知识、提供运动指导，帮助老年人增强体质、预防疾病。

2. 技能提升与兴趣培养类活动

开设手工艺制作、烹饪、园艺、书法、绘画、音乐、舞蹈等技能课程，让老年人在兴趣中学习新技能，丰富晚年生活。这些活动不仅能提升老年人的技能水平，而且能激发他们的创造力和想象力。

3. 社交与情感交流类活动

组织茶话会、分享会、聚餐、旅行等社交活动，为老年人提供相互交流和建立友谊的平台。这些活动有助于缓解老年人的孤独感，增强他们的社会联系和情感支持。

4. 认知训练与脑力激发类活动

针对老年人的认知功能，设计记忆游戏、拼图、棋类比赛、读书会等活动。这些活动旨在锻炼老年人的思维能力、记忆力和注意力，预防认知衰退。

5. 心理健康与情绪管理类活动

开设心理健康讲座、心理咨询、冥想课程等，帮助老年人了解心理健康知识，学会情绪管理和压力调节技巧。这些活动有助于提升老年人的心理健康水平，增强他们的心理韧性。

6. 法律援助与权益保护类活动

提供法律咨询、法律援助服务，宣传老年人的合法权益和维权途径。这些活动旨在帮助老年人解决法律问题，维护他们的合法权益。

7. 科技适应与数字融入类活动

随着科技的发展，越来越多的老年人需要学习如何使用智能手机、电脑等数字设备。因此，可以开设科技培训课程，教授老年人如何使用这些设备，以使他们更好地融入数字社会。

8. 志愿服务与社区参与类活动

鼓励老年人参与志愿服务活动，如为社区老人提供陪伴服务、参与环保活动等。这些活动不仅能让老年人感受到自己的价值，而且能增强他们的社会责任感和归属感。

这些活动种类可以根据老年人的具体需求和兴趣进行调整和组合，以提供更加个性化和贴心的服务。

任务 4.2 工作坊的方法

老年人工作坊的举办对于促进老年人身心健康、丰富精神文化生活、增强社交互动、促进社会参与、传承中华优秀传统文化以及推动社会关注与支持等方面都具有重要意义。组织老年人工作坊是一个综合性的过程，需要细致规划和精心准备。

1. 明确目标与定位

（1）需求分析：对目标老年人群体进行需求分析，了解他们的兴趣爱好、健康状况、学习需求等，以便为后续活动设计提供依据。

（2）目标设定：根据需求分析结果，设定明确的工作坊目标，如提升老年人健康水平、丰富精神文化生活、增强社交互动等。

（3）定位明确：明确工作坊的定位，是偏向于健康养生、兴趣培养、技能提升还是社交互动等，以便有针对性地设计活动内容和形式。

2. 活动设计与策划

（1）内容丰富多样：设计多样化的活动内容，包括健康讲座、运动课程、手工艺制作、烹饪、园艺、书法、绘画、音乐、舞蹈等，以满足不同老年人的兴趣和需求。

（2）难度适中：确保活动难度适中，既具有挑战性又能让老年人感到成就感，避免过于简单或复杂导致老年人失去兴趣。

（3）时间安排合理：根据老年人的作息习惯和身体状况，合理安排活动时间，避免过长或过短影响活动效果。

（4）场地选择适宜：选择交通便利、环境舒适、设施完善的场地，确保老年人能够轻松到达并参与活动。同时，考虑场地的无障碍设施，以满足行动不便老年人的需求。

3. 宣传与招募

（1）多渠道宣传：利用社区公告栏、微信群、微信公众号、社区广播等多种渠道进行宣传，提高工作坊的知名度和吸引力。

（2）精准招募：针对目标老年人群体进行精准招募，确保参与者符合工作坊的要求和定位。

（3）明确报名方式：提供清晰的报名方式和流程，方便老年人了解和参与。

4. 人员组织与培训

（1）组建团队：组建一支由工作人员和志愿者组成的团队，负责工作坊的组织、引导、协助等工作。

（2）专业培训：对工作人员和志愿者进行专业培训，确保他们了解活动流程、注意事项和应急处理措施。

（3）明确分工：根据团队成员的特长和优势进行明确分工，确保各项工作顺利进行。

5. 活动实施与监控

（1）签到与接待：设置签到区，为老年人提供便利的签到服务。安排专人负责接待工作，热情迎接老年人并引导他们进入活动区域。

（2）活动引导：工作人员和志愿者应主动引导老年人参与活动，介绍活动内容和规则。关注老年人的参与情况，及时给予帮助和支持。

（3）安全保障：确保活动现场的安全，设置必要的安全警示标志和防护措施。安排专人负责安全巡查工作，及时发现并处理安全隐患。

（4）互动与交流：鼓励老年人之间的互动与交流，营造轻松愉快的氛围。工作人员和志愿者应积极参与互动环节，与老年人建立良好的关系。

6. 反馈与总结

（1）收集反馈：活动结束后，通过问卷调查、访谈等方式收集老年人的反馈意见，了解他们对活动的满意度和改进建议。

（2）总结评估：对活动进行总结评估，分析活动的成功经验和不足之处，为后续工作提供改进方向。

（3）持续改进：根据反馈意见和总结评估结果，不断改进和优化老年人工作坊的活动内容和形式，提升活动质量和效果。

通过以上方法，可以有效地组织老年人工作坊，为老年人提供丰富多彩的活动体验和精神文化生活。

任务 4.3　失能老年人工作坊的开展

4.3.1　辅助器具类活动的基础介绍

对于老年人而言，由于身体功能逐步衰退，自理能力及感知觉、沟通、社会适应等方面的能力显著下降，加上一些疾病后遗症的影响，使得老年人的部分生活能力需要借助辅助器具或他人的帮助才可以得到维持。

功能障碍就像门槛，对小孩子和老年人来说，门槛高就需要协助才能越过去，当然我们可以营造一个无障碍的环境，把门槛拆掉，这样小孩、老年人、年轻人都能生活在这个空间。这也是辅具适配很重要的一个原则："不改变老年人，就改变环境。"

功能障碍是自身损伤和环境障碍两方面造成的。功能障碍不仅包括一些医学诊断上的障碍，而且包括没有达到医学诊断但又有某种轻度或过渡性功能障碍的人，甚至一些健全人在某些情况下也可能成为功能障碍者，比如一个不懂英语的人，去了以英语为母语的国家就会存在交流障碍。

1. 老年辅助器具的定义

老年辅助器具是指能够帮助功能障碍老年人补偿/代偿功能、改善状况、辅助独立的产品统称，包括环境辅类、护理辅助类、自我辅助类，它是康复辅助器具的组成部分。

"辅助"理解为"从旁帮助"，可以是用于预防、护理、代偿、监测、缓解或降低障碍影响的任何产品、器械、设备或技术系统。

2. 老年人辅具的种类

老年人辅具的种类繁多，旨在帮助老年人克服身体机能的下降，提高生活自理能力和生活质量。这些辅具可以按照不同的功能进行分类，主要包括以下几大类：

1）移动辅助类辅具

（1）拐杖：包括手杖、腋杖等，用于提供额外的支持和平衡，帮助老年人在行走时减轻身体的负担。手杖适合单手功能或握力良好、上肢支撑平衡能力良好、下肢支撑力量不充分的老年人；腋杖遵医嘱，并且首次使用要有专业人员指导操作训练。（见图4.1）

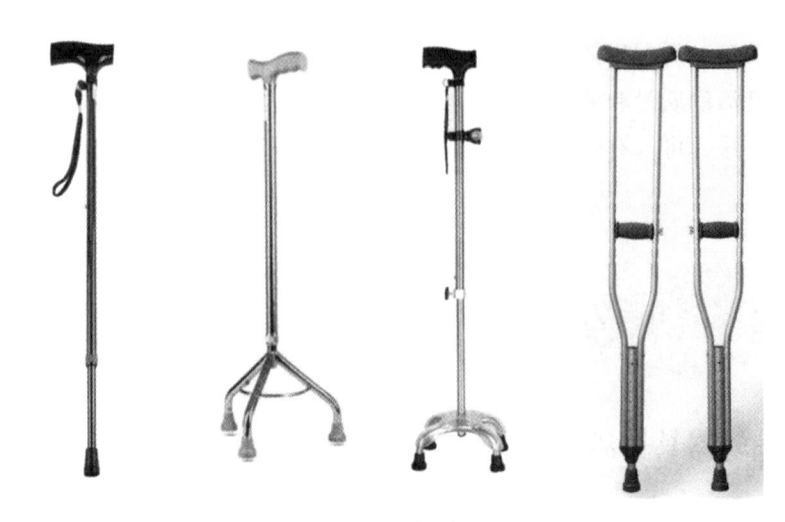

图 4.1　拐杖

（2）助行器：具有框架结构的辅具，如步行架、四轮助行器等，可提供更大的稳定性和支持，适用于需要更多平衡支撑的老年人。（见图 4.2）

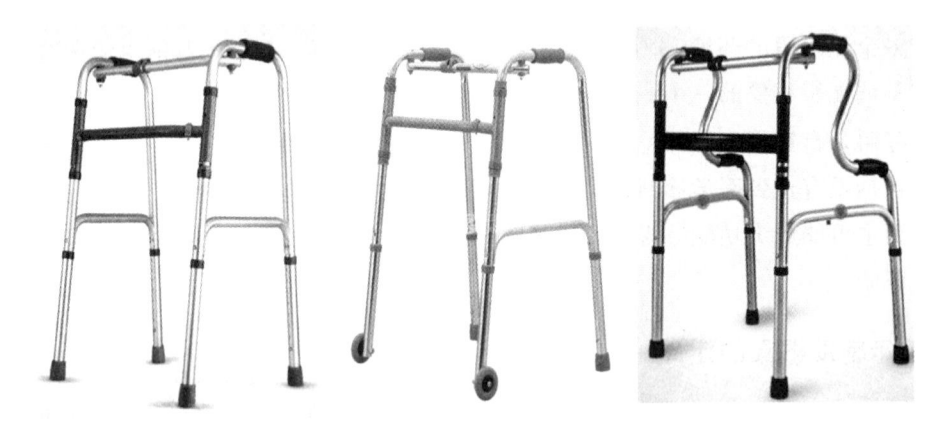

图 4.2　助行器

（3）轮椅：包括手动轮椅和电动轮椅，为行动不便的老年人提供便捷的移动方式。（见图 4.3）

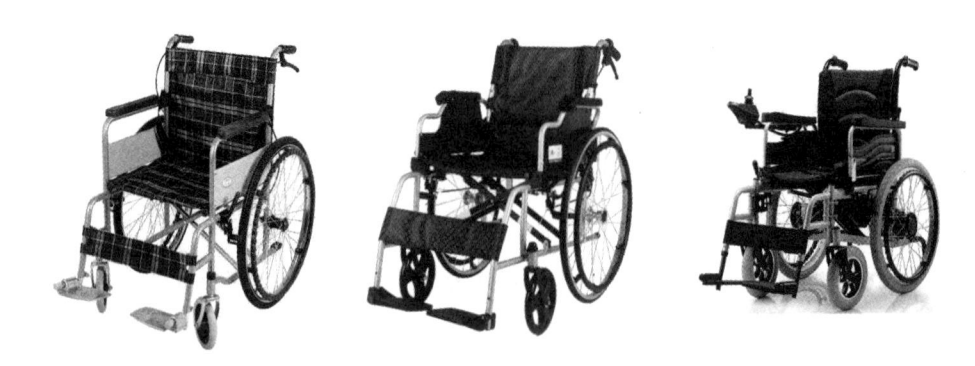

图 4.3　轮椅

轮椅使用的注意事项：
- 上下轮椅时要先关闭刹车，防止轮椅后移导致摔倒。上下轮椅不能直接踩踏板，防止轮椅倾翻。
- 行驶轮椅不能太快，防止前轮遇到小障碍物骤停，导致倾翻。
- 身体尽量贴近靠背，姿势控制不稳者要加安全带或挡板。
- 坐在轮椅上捡地面的东西时，要将刹车、手闸和脚板固定好，防止从轮椅坠下或致使轮椅空翻。

2）生活自理和防护辅助类辅具（见图4.4、图4.5）

（1）马桶增高器：帮助老年人更容易地坐下和站起，减少因下蹲带来的不适。
（2）坐便椅：适用于无法长时间站立或下蹲的老年人，提供舒适的如厕体验。
（3）沐浴椅：放置在浴室中，方便老年人在洗澡时保持平衡，防止滑倒。
（4）防抖餐具：如叉子、勺子、助食筷等，帮助手部颤抖的老年人更好地进食。

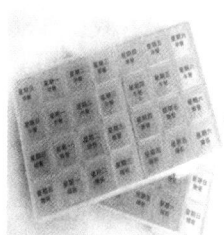

图4.4　扶手、助起立撑架、分时药盒、地脚灯

图4.5　冲凉凳、冲凉椅、挤压水瓶

3）康复护理类辅具

（1）理疗设备：如按摩器、牵引器等，用于促进老年人的康复，缓解肌肉疼痛和僵硬。
（2）助力床：帮助老年人轻松上下床，减少因体力不支引发的意外。
（3）床垫和床栏：提供舒适的睡眠环境，同时防止老年人在睡眠中翻滚或跌落。

4）视觉和听觉辅助类辅具（见图 4.6）

（1）放大镜：帮助有视觉障碍的老年人更清晰地阅读书籍、报纸等。

（2）有声图书：将文字转化为声音，方便视力不佳的老年人阅读。

（3）助听器：改善听力受损老年人的听觉功能，使他们能够更清晰地听到外界声音。

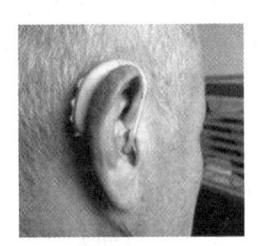

图 4.6　大字牌、助听器、写字板、老人机

5）居家辅助设备

（1）电动扶梯：安装在楼梯上，帮助老年人轻松上下楼梯。

（2）移动餐桌：方便老年人在家中不同位置用餐，减少移动过程中的不便。

（3）墙壁扶手杆：安装在浴室、走廊等易滑倒的地方，为老年人提供额外的支撑。

6）其他辅助器具（见图 4.7）

（1）血压计、血糖仪等个人医疗辅助器具：帮助老年人监测自身健康状况。

（2）矫形器和假肢：为肢体残疾的老年人提供辅助支撑和替代功能。

（3）休闲娱乐辅助器具：如脚踏器、健身球等，帮助老年人在家中进行简单的锻炼和娱乐活动。

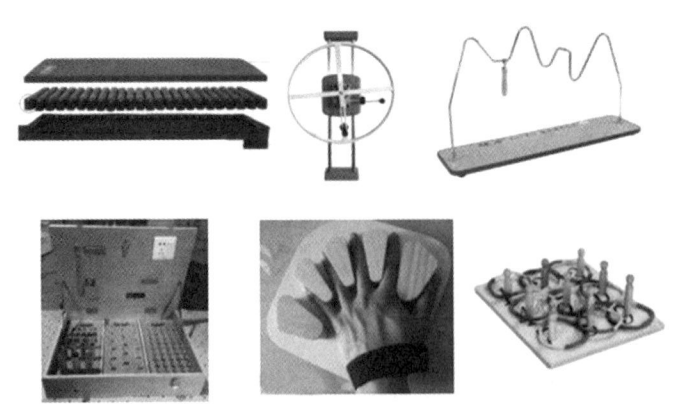

图 4.7　防水床单和体位调节垫、肩关节训练器、上肢协调训练器、
手功能作业箱、分指板、手套圈

3. 常见的辅具类活动

1) 认识和推广辅具的活动

（1）辅具使用安全讲座：这类活动旨在提高老年人及其家属对辅具安全使用的认识，包括如何正确选择、安装、使用和维护辅具，以及如何预防因辅具使用不当导致的伤害。

（2）辅具适配工程师/康复师/医师讲座：邀请专业人士为老年人讲解辅具适配的重要性、流程以及个性化需求满足的方法，帮助老年人找到最适合自己的辅具。

（3）公益适配活动：通过公益性质的活动，为经济困难的老年人提供免费或低成本的辅具适配服务，提高辅具的普及率。

（4）辅具展览：展示各种老年辅具的实物和介绍，让老年人及其家属更直观地了解辅具的种类、功能和使用效果，促进辅具的推广和应用。

2) 掌握辅具使用习惯的活动

（1）安全助行来认证：通过一系列的实践和测试，评估老年人使用助行器具（如拐杖、助行器等）的能力，并颁发认证证书，鼓励老年人安全、自信地使用辅具。

（2）乐活挑战赢奖励：设置一系列与辅具使用相关的趣味挑战，如轮椅上的小游戏、助行器行走比赛等，激发老年人对辅具使用的兴趣和积极性，同时奖励优秀参与者。

（3）轮椅驾校：为使用轮椅的老年人提供专业培训，包括轮椅的驾驶技巧、交通规则、紧急情况处理等，提高他们独立出行的能力。

（4）辅具安全使用知识竞赛、辅具使用情景剧、辅具安全宣传片拍摄活动：这些活动通过不同的形式传播辅具安全使用的知识，增强老年人的安全意识和自我保护能力。

3) 接纳辅具使用的活动

（1）视障棋牌大赛：为视力障碍的老年人提供特殊的棋牌比赛，让他们在使用辅助工具（如大字牌、语音提示等）的情况下享受竞技的乐趣，促进社交和娱乐。

（2）轮椅冰壶/篮球/乒乓球/门球/橄榄球：这些运动不仅让使用轮椅的老年人有机会参与体育活动，增强体质，而且能在团队合作中增进友谊和归属感。经过适当的改编，这些运动能够适应轮椅使用者的需求，确保安全性和趣味性。

综上所述，老年辅具类活动涵盖了从认识到掌握再到接纳的全过程，旨在提高老年人对辅具的认识和接受度，促进他们独立、安全、快乐地生活。

4. 辅具活动的功能

1) 辅导和治疗层面

首先，辅具活动的功能主要体现在为老年人提供关于辅具选择、使用方法和注意事项的指导。通过专业人员的讲解和示范，帮助老年人了解不同辅具的特性和适用场景，从而作出更合适的选择。其次，辅导还包括解答老年人在使用过程中遇到的问题，提供个性化的建议和解决方案。辅具活动具有治疗功能，特别是在康复医学领域。最后，使用特定的康复辅具进行锻炼和训练，可以帮助老年人恢复或改善身体功能，如肌肉力量、关节灵活性、平衡能力等。这些活动通常由康复师或医师指导，根据老年人的具体情况制定个性化的治疗方案。

2）教育和训练层面

辅具活动也是一种教育形式，旨在提高老年人对辅具的认识和使用能力。通过举办讲座、展览、知识竞赛等活动，向老年人普及辅具的种类、功能、使用方法和安全知识，增强他们的自我护理能力。此外，教育还包括培养老年人对辅具的正确态度和价值观，让他们认识到辅具是提高生活质量的重要工具。训练功能主要体现在对老年人使用辅具的技能进行训练和提升。通过模拟真实场景下的使用情境，让老年人在实践中掌握辅具的使用技巧，提高操作的熟练度和准确性。训练还包括对老年人进行心理调适和自信心培养，让他们在使用辅具时更加自信和从容。

3）康乐和游戏层面

辅具活动可以为老年人提供康乐服务，丰富他们的精神文化生活。例如，组织老年人参加轮椅舞蹈、轮椅运动会等娱乐活动，让他们在欢乐的氛围中锻炼身体、增进友谊、享受生活的乐趣。这些活动不仅有助于缓解老年人的孤独感和焦虑情绪，而且能提高他们的生活质量和幸福感。辅具活动中的游戏功能主要体现在通过游戏化的方式激发老年人的兴趣和参与度。设计一些与辅具使用相关的趣味游戏或挑战活动，如轮椅投篮、助行器接力赛等，让老年人在游戏中体验辅具的便利性和趣味性。游戏不仅能让老年人在轻松愉快的氛围中锻炼身体和大脑，而且能增强他们的团队协作能力和竞争意识。

4.3.2 辅具类活动策划的操作要领

辅具类活动策划的操作要领可以归纳为以下几个方面，以鼓励老年人积极参与，确保活动顺利进行。

1. 活动准备阶段

1）需求调研

（1）通过问卷调查、访谈等方式，了解老年人的具体需求和偏好，包括他们日常生活中遇到的困难、对辅具的认知程度以及期望通过工作坊获得哪些知识和技能。

（2）分析调研结果，确定工作坊的主题、内容和形式。

2）场地选择

（1）选择一个宽敞、明亮、无障碍且易于老年人到达的场地，确保场地布置符合老年人的安全需求。

（2）提前检查场地设施，如座椅、照明、通风等，确保它们处于良好状态。

3）物资准备

（1）根据工作坊内容准备所需的辅具样品、教学材料、演示工具等。

（2）确保所有物资安全、卫生，并符合老年人的使用习惯。

4）人员安排

（1）邀请专业的辅具适配工程师、康复师或医师作为讲师，确保他们具备丰富的专业知识和教学经验。

（2）安排足够的志愿者或工作人员，负责现场引导、协助老年人使用辅具、解答疑问等工作。

2. 活动开展阶段

1）开场致辞

由主持人或讲师进行开场致辞，介绍工作坊的目的、意义、内容安排等，营造温馨、亲切的氛围。

2）教学演示

（1）讲师通过实物展示、视频演示等方式，向老年人介绍辅具的种类、功能和使用方法。

（2）鼓励老年人提问和发表意见，增强他们的参与感和自信心。

3）实操练习

（1）在讲师和志愿者的指导下，让老年人亲自动手操作辅具，体验其带来的便利和舒适感。

（2）对老年人进行一对一或小组辅导，解答他们在实操过程中遇到的问题。

4）互动交流

（1）组织老年人进行小组讨论或分享会，让他们交流使用辅具的心得体会和遇到的困难。

（2）鼓励老年人提出改进意见和建议，为后续的辅具研发和推广提供参考。

3. 活动结束阶段

1）效果评估

（1）通过问卷调查、访谈等方式收集老年人对工作坊的反馈意见，评估活动效果。

（2）分析评估结果，总结经验教训，为今后的工作坊活动提供参考。

2）持续服务

（1）为老年人提供后续的咨询和辅导服务，解答他们在使用辅具过程中遇到的问题。

（2）定期举办类似的工作坊活动或讲座，持续提高老年人对辅具的认知和使用能力。

3）宣传推广

（1）通过社交媒体、宣传册等方式宣传工作坊的成果和老年人的积极反馈，吸引更多老年人关注和参与。

（2）与相关机构合作，共同推动辅具在老年人群体中的普及和应用。

老年人辅具类工作坊活动策划的操作要领包括前期准备、活动设计、活动实施和后期跟进四个方面。通过科学合理的策划和实施，可以确保工作坊活动的顺利进行和老年人的积极参与，为老年人的生活带来更多的便利和舒适感。

4. 注意事项

1）内容规划

（1）设计科学合理的课程内容，包括辅具的种类、功能介绍、使用方法演示、注意事项讲解等。

（2）穿插互动环节，如问答、小组讨论、实操练习等，提高老年人的参与度和学习兴趣。

2）时间安排

（1）根据老年人的体力和注意力特点，合理安排活动时间，避免过长或过短导致老年人疲劳或无法充分吸收知识。

（2）留出足够的休息时间，让老年人可以放松身心，交流心得。

3）安全保障

（1）制定详细的安全预案，包括紧急疏散、医疗救助等措施。

（2）在活动现场设置明显的安全标识和提示语，提醒老年人注意安全。

4.3.3 辅具类活动的案例展示

辅具安全使用

【步骤一：预估阶段】

根据前期的活动评估及策划，制定了如下的活动方案。

【步骤二：计划阶段】

"安全助行来认证"活动策划案

一、活动背景

近期，某养老院在举办趣味运动会期间发生一起严重意外事件：参与者 A 在使用助行车时因操作不当导致跌倒，伤势严重，被紧急送往 ICU 救治。经调查，事故原因为参与者 B 在活动过程中不当移动助行车，致使 A 失去平衡摔倒。该事件不仅对当事人造成身心伤害，而且为养老院及相关组织者带来重大危机与舆论压力。

此次事故暴露出部分老年人在辅具使用过程中安全意识不足、操作不规范等问题。为强化老年人辅具使用的安全性，预防类似事件再次发生，特策划开展"辅具安全使用路考"活动，通过理论与实践相结合的方式，帮助老年人掌握助行辅具的正确使用方法，提升安全防范意识，切实保障老年人日常活动安全。

二、活动目的及目标

1. 目的

让老年人形成正确使用轮椅的习惯，提高老年人的安全意识和安全使用辅具的能力，营造安全的环境。

2. 目标（可量化）

（1）50%的参与者通过辅具安全助行认证考试。

（2）80%的参与者通过活动提高安全出行和文明礼让的意识。

三、活动具体安排部分

活动类型：危机干预/环境安全/老年康娱

活动日期及时间：2021年11月18日 14:00—16:30

活动对象及人数：使用移动类辅具的老年人

活动地点：××福利中心养老院一楼中庭

招募及宣传方法：每周活动安排表，在微信群、活动后、楼层探访时宣传，定向邀请

人手编配：统筹_____协助

四、活动内容

表4.1 活动流程表

进行内容	预估时间	活动内容
热身准备	20分钟	布置会场：摆放椅子和路障，领取旗子和计分表，准备大喇叭。 物资：路障、玩偶、旗子、警戒线、计分条、大喇叭等。
签到环节	10分钟	协助者1通知报名老年人下楼参加活动，进行签到、抽签。物资：签到表。
活动开场介绍	5分钟	向全部人员讲解规则，介绍裁判和安全员。每个点位配备一名裁判，裁判需在负责的路段来回巡查，关注老人安全。报名者轮流参与认证考核，当每个点的报名者通过该路段后，裁判登记分数并举旗示意，此时上一点位的人方可出发。安全员负责维护现场安全和秩序，引导结束考核的自驾者回到原位。 相关人员：起步协助者1、曲线协助者2、直角转弯协助者4、直线行驶和掉头协助者3、定点停车统筹者。
助驾考试	10分钟	助驾考试（带保姆/专护的）不用计分条，要求全程不能抬揶轮椅，可以减速不能停车；助驾考试的同事，向自驾自考的老年人讲解规则，让其熟悉流程。 相关人员：统筹者、协助者1、全体裁判。
考核开始	35分钟	协助者1在起点为每位自驾自考的老年人发计分条。自驾者按顺序参与各路段的认证考核，若未通过某一路段的考核，无需停留，直接进入下一个路段继续考核。各点位裁判登记好计分条，交由自驾者并随其前往下一路段，再交给该路段裁判登记后续分数。待所有路段考核认证完毕，统筹者收集全部计分条，交由1人登记与合计分数，最后引导自驾者回到原位。 相关人员：起步协助者1、曲线协助者2、直线转弯协助者4、直线行驶和掉头协助者3、定点停车统筹者。
公布结果	20分钟	公布80分及以上通过认证的名单，改日颁发道路安全行驶证和乐活币；视补考人数和剩余时间的情况进行当场补考或改日补考，协助者1在空白计分条写上补考人并让其开始补考；统筹者呼叫护理员接老年人回去。
整理场地	10分钟	收拾场地，物品归位，物资打包存档等。

【步骤三：筹备阶段】

一、活动筹备日程安排

申购物资→勘场→分工流程表→认证考核及评分说明→宣传→分工会→准备物资及签到表→布置场地→正式活动→统计分数→做证、盖章及过塑→颁发行驶证

二、预计困难及对策

（1）老年人不明白规则：同系列前两次活动讲解辅具安全使用规则和注意事项、前台报名时领取纸质说明、社工现场讲解并作实物示范。

（2）老年人现场直接报名：愿报尽报，现场排号。

（3）因人手不够可能造成的秩序混乱：请医护部派工作安全员参与维持秩序。

（4）因人手不够无法安排拍照：请护工/老年人帮忙拍照。

（5）护工/保姆与轮椅老年人合作报名：对有协助者的附加考核条件。

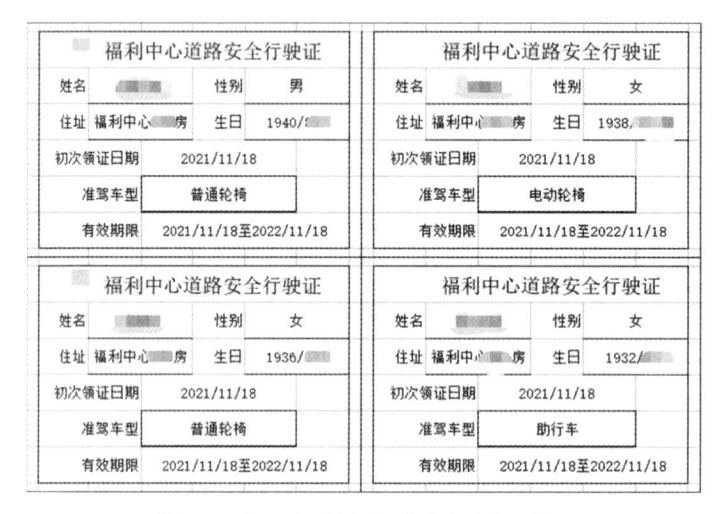

图 4.8　福田福利中心道路安全行驶证

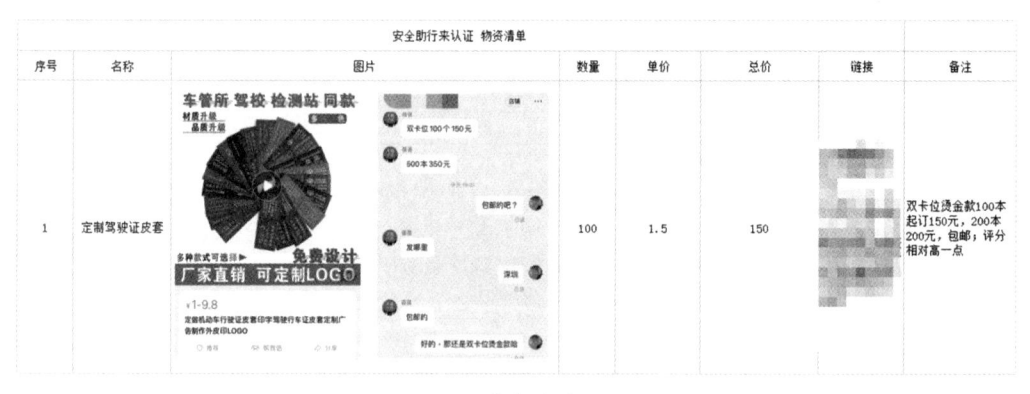

图 4.9　准备内容展示

【步骤四：带领阶段】

过程记录：

整体活动按照原定计划顺利完成。现场参与者身体情况复杂，辅具使用种类和方式不同，认证考核分自驾和助驾，助驾为带保姆或专护的情况，普通轮椅、电动轮椅、助行车都能参与此次认证。现场布置了5个考点，每个考点都有工作员考核评分。

工作员宣读提前发到报名者手上的考核评分说明，给现场报名的人加派说明单张。社工向老年人借了轮椅，与协助者一起演示了一遍考核流程和注意事项，并回答了参与者的提问。提问诸如：请人帮忙推轮椅行不行？用脚行不行？助行器行不行？社工一一回答。

之后社工组织老年人抽签，按抽签顺序每次让三人在起点候场，待前一人通过前面的考核，该处协助者举起旗子后，后面的参与者再出发。有老年人通过观察他人的表现掌握了考核要点和规则，但仍很多老年人在终点停车处不拉刹车，社工逐一宣教并向等候区的老年人强调。有很多轮椅老年人围观活动后，找护理员一起现场报名参加，平时自己能推轮椅走的老年人都把安全带、脚踏弄整齐，像体验游乐园项目一样指挥护工推着他们体验活动，也收获了意外的快乐。有老年人原本因病情恶化坐轮椅活动受限而沮丧，结果能用脚滑行通过考核认证，获得很大的满足感和愉悦感。

图 4.10　活动场地和路线图

图 4.11　活动宣讲场地

【步骤五：评估总结阶段】

过程记录（回顾总结与反思）：

（1）反思：人手不够，应安排好专人拍照及照顾等候区的老年人；通过助驾考核认证者，所颁行驶证应加上协助者名字。

（2）成效评估：评估目标及达成情况，注明测评方法及测评成效。

（3）过程评估：评估活动效果、参与人数与出席率、工作员表现、遇到的困难及处理情况，提出改进建议。

表 4.2　GAS 目标达成量表评估

目标	目标达成情况（-2 至 2 分）				
	可能最差的效果（-2）	比预期较差的效果（-1）	预期效果（0）	比预期更好的效果（1）	最佳效果（2）
一					
二					
整体评分					

表 4.3　活动满意度调查表

活动满意度	得分				
我认为活动的目标达到	1	2	3	4	5
我满意活动的时间安排	1	2	3	4	5
我满意活动的形式	1	2	3	4	5
我满意活动的场地	1	2	3	4	5
我满意活动内容	1	2	3	4	5
我满意工作员的工作表现	1	2	3	4	5
我满意工作员的工作态度	1	2	3	4	5
我十分投入此活动	1	2	3	4	5
我愿意再次参加类似活动	1	2	3	4	5

请根据您的满意程度在评分下面打钩，1 代表非常不满意，5 代表非常满意。

策划练习

1. 结合所学内容，思考和挖掘服务对象需求，要求写出可能的辅具类活动名称，并简单阐述活动目的。

2. 请在××福利中心策划一场辅具类活动，包含至少一种辅具，服务对象情况如下，方案需呈现预估、计划、筹备三个阶段，可邀请社工作协助员或服务对象。

3. 安老院舍新引入康复师团队和一批康复器械，有 30 位存在康复需求的失能老年人，请协调相关资源，策划一场活动，条件不足可自行假设。

4. 失能老年人在日常活动中常常遭受偏见和排挤，因而产生自卑、愤怒和沮丧等不良情绪，据统计有 40 名轻中度失能老年人平时会参与活动，请协调相关资源，策划一场活动，条件不足可自行假设。

任务 4.4　失智老年人工作坊的开展

4.4.1　认知类活动的基础介绍

目前,"痴呆"这个词仍是医学的标准术语,全称叫作"痴呆综合征"。这个词乍一看,容易让人联想起呆滞、愚蠢、笨拙等负面印象,因此,很多病人及家属都不愿意接受这个词,它也阻碍了很多患者及时寻求医疗诊断。所以,从 2000 年开始,全球使用汉字的很多国家和地区纷纷对"痴呆综合征"进行更名。"中国认知症好朋友公益行动"在 2015 年正式启用"认知症"这个词,由于它能够客观地反映痴呆的基本症状,又没有给人以负面印象,还简单好记,成为大众比较认可的叫法。

1. 认知症的定义

认知症指的是一种或者多种认知功能衰退、影响日常生活和工作的症状。它可能是记忆减退、学习能力下降,可能是语言理解和表达出现困难,也可能是判断思考、解决问题的能力下降。当这些症状影响到一个人的日常生活和工作时,就算是患上了认知症。

认知症的成因非常复杂。有遗传风险因素,有生活方式因素,比如抽烟、酗酒、久坐不动、吃垃圾食品、长期处于慢性压力之下等,还有环境因素,比如空气污染、食品风险等。医学研究告诉我们,有 100 多种疾病或医学原因会导致一个人出现脑损伤,进而发展成认知症。

阿尔茨海默病就是最常见的认知症。实际上,60%以上的认知症患者是阿尔茨海默病患者。其他常见的认知症类型包括血管性认知症、路易体认知症、额颞叶认知症等。

养老机构中,对于认知症老人的干预是集院内医生、护士、康复师、营养师、护理员、社工多岗位于一体共同为认知症老年人提供专业服务,通过专业的护理团队、系统性的非药物干预疗法、跨专业的个案计划形成认知症专区非药物干预体系。

认知症老人常见的行为问题有:

(1)语言行为,如讲脏话、重复讲话、咒骂他人。

(2)异常行为,如干扰或重复的动作,收藏、偷藏东西,离家出走,突然的暴力行为等。

(3)其他不适当的行为,如拒绝进食、洗澡、随地大小便等。

常见精神问题有:冷漠、抑郁、焦虑不安、妄想、幻觉等。

2. 与认知症老人相处的注意事项

(1)了解患者现有能力,包括体力和智力状况、自我照顾能力等,以明白其需要。

(2)须明白和经常提醒自己,患者所说的和所做的,并不一定反映的是他们实际的想法和感受,也并非刻意不合作或刻意制造麻烦,而是因疾病所致。

(3)留意患者行为,保持耐心观察,有利于及早制止将会造成伤害的行为。

(4)多采用奖励的方法去鼓励患者正面的行为。

(5)应避免对患者表露出不耐烦或发生争执,以幽默、灵活变通的方法化解难题。

3. 相关量表

1）简易精神状态评价量表（MMSE）

简易精神状态评价量表是一种用于评定老年人认知功能障碍等级的量表，具有简单、易行、效度较理想等优点。不仅用于临床认知障碍检查，而且用于社区人群中痴呆的筛选。简易精神状态评价量表是目前养老机构、医院认知评估的主要量表，但是对于轻度或重度的认知障碍的评估不够精准。简易精神状态评价量表示例见表4.4、表4.5。

表4.4 简易精神状态评价量表（MMSE）示例一

项目	问题	积分					
定向力 （10分）	1.今年是哪一年？ 　现在是什么季节？ 　现在是几月份？ 　今天是几号？ 　今天是星期几？ 2.你住在哪个省？ 　你住在哪个县（区）？ 　你住在哪个乡（街道）？ 　我们现在在哪个医院？ 　我们现在在第几层楼？					1 1 1 1 1 1 1 1 1 1	0 0 0 0 0 0 0 0 0 0
记忆力 （3分）	3.告诉你三种东西，我说完后，请你重复一遍并记住，待会还会问你。（各1分，共3分）			3	2	1	0
注意力须计算力 （3分）	4.100-7=？连续减5次。（93、86、79、72、65。各1分，共5分。若错了，但下一个答案正确，只记一次错误）	5	4	3	2	1	0
回忆能力 （3分）	5.现在请你说出我刚才告诉你让你记住的那些东西。			3	2	1	0
语言能力 （9分）	6.命名能力： 　出示手表，问这个是什么东西。 　出示钢笔，问这个是什么东西。					1 1	0 0
	7.复述能力： 　我现在说一句话。请跟我清楚地重复一遍：四只石狮子。					1	0
	8.阅读能力： 　（闭上你的眼睛）请你念念这句话，并按上面的意思去做！					1	0
	9.三步命令： 　我给您一张纸，请您按我说的去做，现在开始："用右手拿着这张纸，用两只手将它对折起来，放在您的左腿上。"（每个动作1分，共3分）			3	2	1	0
	10.书写能力：要求受试者自己写一句完整的句子。					1	0
	11.结构能力： 　（出示图案）请你照着下面的图案画下来！					1	0

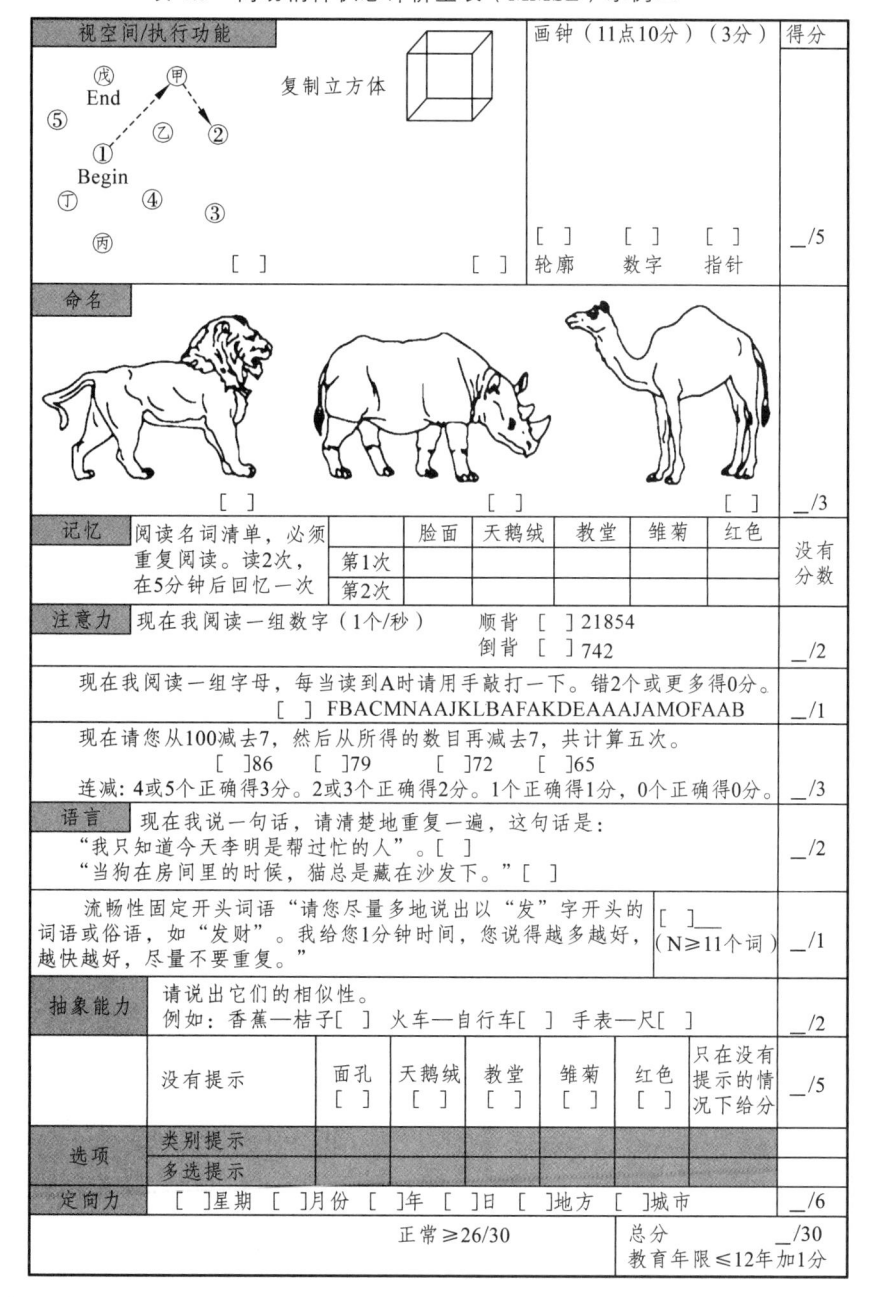

表 4.5　简易精神状态评价量表（MMSE）示例二

视空间/执行功能			画钟（11点10分）（3分）			得分
戊 End ⑤ ① Begin ② ④ ③ 丁 丙 甲 乙 [ ] [ ]	复制立方体		[ ] 轮廓	[ ] 数字	[ ] 指针	__/5
命名						
[ ]		[ ]			[ ]	__/3
记忆	阅读名词清单，必须重复阅读。读2次，在5分钟后回忆一次		脸面	天鹅绒	教堂	雏菊	红色	没有分数
		第1次						
		第2次						
注意力	现在我阅读一组数字（1个/秒）		顺背　[ ]21854 倒背　[ ]742					__/2
	现在我阅读一组字母，每当读到A时请用手敲打一下。错2个或更多得0分。 　　　　[ ]　FBACMNAAJKLBAFAKDEAAAJAMOFAAB							__/1
	现在请您从100减去7，然后从所得的数目再减去7，共计算五次。 　　　　[ ]86　　[ ]79　　[ ]72　　[ ]65 连减：4或5个正确得3分。2或3个正确得2分。1个正确得1分，0个正确得0分。							__/3
语言	现在我说一句话，请清楚地重复一遍，这句话是： "我只知道今天李明是帮过忙的人"。[ ] "当狗在房间里的时候，猫总是藏在沙发下。"[ ]							__/2
	流畅性固定开头词语"请您尽量多地说出以"发"字开头的词语或俗语，如"发财"。我给您1分钟时间，您说得越多越好，越快越好，尽量不要重复。"						[ ]___ (N≥11个词)	__/1
抽象能力	请说出它们的相似性。 例如：香蕉—桔子[ ]　火车—自行车[ ]　手表—尺[ ]							__/2
		没有提示	面孔 [ ]	天鹅绒 [ ]	教堂 [ ]	雏菊 [ ]	红色 [ ]	只在没有提示的情况下给分	__/5
选项	类别提示							
	多选提示							
定向力	[ ]星期　[ ]月份　[ ]年　[ ]日　[ ]地方　[ ]城市							__/6
	正常≥26/30				总分 教育年限≤12年加1分			__/30

2）蒙特利尔认知评估量表（MoCA）

蒙特利尔认知评估量表是一个用来对认知功能异常进行快速筛查的评定工具。包括了注意与集中、执行功能、记忆、语言、视结构技能、抽象思维、计算和定向力8个认知领域的11个检查项目。总分30分，≥26分表示正常。其敏感性高，覆盖重要的认知领域，测试时间短，适合临床运用。但其也受教育程度的影响，文化背景的差异、检查者使用MoCA的技巧和经验、检查的环境、被试者的情绪及精神状态等均会对分值产生影响，对于轻度认知功能障碍的筛查更具针对性。

此量表的测试内容过于西化,且对于受测者文化程度要求过高,弥补了 MMSE 的粗犷,但影响结果的变量过多。

3)长谷川痴呆量表(HDS)

日本学者长谷川和夫创制了老年痴呆检查量表(Hastgaw Dementia Scale),至今已和简易精神状态评价量表(MMSE,示例见表 4.6)等共同成为当今世界上使用最为广泛的老年痴呆初筛工具之一,它的主要用途是用于群体的老年人调查。HDS 是在日本民族社会文化背景基础上编制的,故在一定程度上更适合我国等东方民族的老年人群使用。

但应注意,现在我们所用的量表,在临床上只具有参考价值,在日常工作中也只能作为大概的参考,具体认知状况还是由其表现和评估人员的经验判断。

表 4.6 长谷川痴呆量表(HDS)(中译版)

指导语:这是一个他评量表,医生通过提问的方式对被试进行评定,对被试说明"下面我要问你一些非常简单的问题,测验一下你的注意力和记忆力,请你不要紧张,尽力完成"。

项目内容	分数	分数
1.今天是几月几号(或星期几)?(任意一个回答正确即可)		
2.这是什么地方?		
3.您多大岁数?(±3年为正确)		
4.最近发生了什么事情?(请事先询问知情者)		
5.您出生在哪里?		
6.中华人民共和国的成立时间是什么?		
7.一年有几个月(或一个小时有多少分钟)?(任意一个回答正确即可)		
8.我国现任总理是谁?		
9.计算100−7。		
10.计算93−7。		
11.请倒背下列数字:6−8−2。		
12.请倒背下列数字:3−5−2−9。		
13.先将烟、火柴、钥匙、表、钢笔五样东西摆在受试者前,令其说一遍,然后把东西拿走请受试者回忆。 (1)完全正确−3.5　　(2)正确4项−2.5　　(3)正确3项−1.5 (4)正确2项−0.5　　(5)正确1项或完全错误−0		

注:文化程度为必输项。

长谷川痴呆表(HDS)虽只有11项,但包括了常识、识记、记忆、计算与定向5个方向的测试,总分为32.5分。
HDS>30.2为正常;
22~30.5之间为亚正常;
10.5~21.5为可疑痴呆;
0~10为痴呆。
在实践应用中发现,只有严重痴呆才会在10分以下。实践应用还发现,本表用于测试健康人时,受教育程度越低,得分越少。因此,用HDS评定是否痴呆,不同文化程度的标准应该有所区别,不要完全用上述得分标准轻易地下诊断。

4. 认知症专区的环境打造

认知症专区应保持环境明亮、光线无遮挡,在生活照片墙的设置中加入令人愉快的色彩背景,同时摆放一些老物件,搭建旧时代场景,利于失智老年人缅怀并建立安全感。(见图 4.12)

图 4.12 认知症专区的环境打造

5. 认知类活动的功能

1）认知功能提升

（1）脑力刺激：认知类活动，如记忆训练、逻辑推理、问题解决等，能够为老年认知症患者提供持续的脑力刺激，有助于维持和促进其认知功能，包括记忆、思考、分类、排序、解决问题等能力。

（2）延缓衰退：通过定期参与认知类活动，可以显著减缓认知功能的衰退速度，帮助患者保持较高的认知水平。

2）情绪与心理改善

（1）缓解焦虑与抑郁：认知症老人常伴随情绪不稳、淡漠或抑郁等心理问题。参与认知类活动可以转移注意力，缓解负面情绪，提升患者的情绪状态。

（2）提升幸福感：成功完成认知类活动任务，如记住一些信息、回答出一些问题等，能给予患者成就感，从而提升其幸福感。

3）社交与人际关系改善

（1）增强社交互动：认知类活动往往需要在团队或小组中进行，这有助于促进患者与他人的交流与互动，增强社交能力。

（2）建立归属感：通过参与集体活动，患者可以感受到自己仍然是社会的一部分，有助于建立归属感和自尊心。

4）生活质量提升

（1）丰富生活内容：认知类活动为老年认知症患者提供了多种多样的活动选择，有助于丰富其日常生活内容，减少无聊和孤独感。

（2）提高生活自理能力：一些日常生活类活动，如穿衣、做饭等，虽然对于重度认知症患者可能较为困难，但对于轻度和中度患者来说，适当参与这些活动有助于提高其生活自理能力。

5）健康促进

（1）促进身体健康：某些认知类活动，如手指操、健身球等，不仅可以锻炼大脑，而且能促进身体的协调性和灵活性，有助于保持身体健康。

（2）减少并发症：通过参与认知类活动，患者可以更好地管理自己的行为和情绪，减少因认知障碍导致的意外和并发症的发生。

6. 认知类活动的主要类型

老年认知症活动的主要类型多种多样，旨在帮助患者保持和提高其认知能力和生活质量。

1）认知训练活动

（1）目的：通过特定的训练活动，帮助认知症老人保持和提高其认知能力和思维能力。

（2）活动形式：包括日历活动、记忆游戏、问题解决活动等。例如，观察和描述照片、解决数学题和谜题等。

（3）效果：这些活动能够直接刺激大脑的认知区域，有助于延缓认知衰退。

2）创意艺术活动

（1）目的：通过艺术创作，鼓励认知症老人发挥创造力和想象力，改善情绪，促进心理健康。

（2）活动形式：包括绘画、手工制作（如制作贺卡、剪纸、烘焙、插花等）、音乐活动（如唱歌、跳舞、演奏乐器）等。

（3）效果：艺术创作能够激发患者的兴趣和热情，提供一种表达和宣泄的途径，有助于缓解焦虑和抑郁情绪。

3）物理活动

（1）目的：通过适度的身体运动，帮助认知症老人保持身体健康和灵活性，同时促进心理健康。

（2）活动形式：包括散步、太极、瑜伽、普拉提等轻度运动。这些活动可以在户外进行，增强与大自然的联系，呼吸新鲜空气，享受阳光。

（3）效果：物理活动不仅能够改善患者的身体状况，还能够通过运动带来的愉悦感调节情绪。

4）记忆复健活动

（1）目的：通过特定的记忆训练，帮助认知症老人保持和提高其记忆力和学习能力。

（2）活动形式：包括口头记忆训练（如古诗词背诵）、听力训练（如听力测试）、视觉刺激（如观看纪录片）等。

（3）效果：这些活动能够针对记忆功能进行专项训练，有助于延缓记忆衰退。

5）社交活动

（1）目的：通过社交互动，增加认知症老人的社会联系和人际交往，减少孤独感和焦虑感。

（2）活动形式：包括小组讨论、社交游戏（如卡片游戏、纸牌游戏等）、音乐会、座谈会等。

（3）效果：社交活动能够提供一种归属感和支持感，有助于提升患者的心理健康和生活质量。

6）日常生活类活动

（1）目的：通过参与日常生活活动，帮助认知症老人保持生活自理能力和日常功能。

（2）活动形式：包括做家务（如摆桌子、扫地、洗碗、配菜、洗衣服等）、做菜、购物等。

（3）效果：这些活动能够让患者感受到自己的价值和能力，增强自信心和自尊心。

7）功能操和手指操

（1）目的：通过特定的体操和手指活动，改善认知症老人的认知功能、睡眠、力量和柔韧性等。

（2）活动形式：包括健脑益脑手指操、口腔操、预防跌倒保健操等。

（3）效果：这些操类活动简单易行，可以在家中进行，有助于促进患者的身心健康。

7. 认知类活动的形式

（1）个案形式：一对一干预，一次针对一板块，根据个案目标设计频次。

（2）小组形式：在上课、训练（8人以内）时，将组织情况相似、干预需求相似的老年人分为一组，制定干预目的与分次目标，能明确干预到认知，有前后对比。

（3）小型活动：多为体育类（20人左右），做操、玩球等需要的专业人员不多，但能让更多老人参与进来。

4.4.2 认知类活动策划的操作要领

1. 明确活动目标

在策划老年认知症活动时，首先要明确活动的目标。这些目标可以包括提高认知症老人的认知能力、改善情绪与心理、增强社交互动、提升生活质量等。明确的目标有助于指导后续的活动设计和实施。

2. 选择合适的活动类型

根据活动目标，选择合适的活动类型。活动类型应多样化，以满足不同认知水平和兴趣爱好的认知症老人的需求。常见的活动类型包括认知训练活动、创意艺术活动、物理活动、记忆复健活动、社交活动等。

3. 设计有趣且适合的活动内容

活动内容应设计得既有趣又符合认知症老人的能力水平。可以通过使用生活中的小道具（如塑料袋、矿泉水瓶、乒乓球等）来延展出多种游戏活动，如记忆游戏、手指操、手工制作等。同时，活动内容应具有一定的挑战性，以激发老人的兴趣和积极性。

4. 注重活动的互动性和参与性

老年认知症活动应注重互动性和参与性。通过设计团队游戏、小组讨论等形式，鼓励老人与他人进行交流和互动。在活动过程中，主持人和工作人员应及时予以动作、行为上的示范，帮助老人理解活动要求，并协助他们完成活动任务。

5. 确保活动安全

任何活动的举行都必须确保参加者的安全。在策划老年认知症活动时，应充分考虑环境安全、道具安全、食物安全和行为安全等因素。工作人员在活动举行前应模拟活动举行过程，排除安全隐患，并制定应急措施以应对可能出现的意外情况。

6. 关注老人的情绪和心理变化

在活动过程中，应密切关注老人的情绪和心理变化。对于出现焦虑、抑郁等负面情绪的老人，应及时给予安抚和疏导。同时，通过活动的成功完成和积极的反馈，提升老人的自信心和自尊心。

7. 做好活动评估和反馈

活动结束后，应做好活动评估和反馈工作。通过问卷调查、访谈等方式收集参与者的意见和建议，了解活动的效果和不足之处。根据评估结果对活动进行改进和优化，为后续的活动策划提供参考。

8. 联动多方资源

在策划老年认知症活动时，可以联动多方资源共同举办。例如，与社区、医院、养老院等机构合作，邀请专业人士参与活动的策划和实施。通过联动多方资源，可以形成宣传合力，提高活动的知名度和影响力。

老年认知症活动策划的操作要领包括明确活动目标、选择合适的活动类型、设计有趣且适合的活动内容、注重活动的互动性和参与性、确保活动安全、关注老人的情绪和心理变化、做好活动评估和反馈以及联动多方资源等方面。通过遵循这些操作要领，可以策划出既有效又受欢迎的老年认知症活动。

4.4.3　认知类活动策划的案例展示

认知启航，乐享晚年
——认知症专区认知能力提升工作坊

【步骤一：预估阶段】
根据前期的活动评估及策划，制定了如下的活动方案。
【步骤二：计划阶段】

认知启航，乐享晚年
——认知症专区认知能力提升工作坊策划方案

一、活动背景与目标
鉴于认知症对老年人生活质量的严重影响，本工作坊旨在通过一系列精心设计的活动，帮助认知症老人提升注意力、记忆力和问题解决能力，促进他们的身心健康，增强社交互动，提高生活质量。

二、活动目标
（1）注意力训练：增强老人的注意力集中能力。
（2）记忆训练：帮助老人保持和提高记忆力。
（3）问题解决训练：提升老人的逻辑思维和决策能力。

三、活动内容及时间表
活动时间：连续两周，周一至周五，每天上午10:00至下午4:00

表4.7　活动内容表

活动阶段	活动时间和活动项目	活动内容
第一天：启动日	上午10:00—10:30 开幕式及团队建设	互动环节：破冰游戏（如姓名接龙、快速问答），让老人相互熟悉，建立团队感。
	上午10:30—11:00 注意力训练：视觉追踪游戏	互动环节：增设"双人合作追踪"项目，一位老人描述移动方向，另一位根据指令进行跟踪行动，以此增强双方的沟通与合作。
	下午2:00—2:45 记忆训练：故事复述	互动环节：故事接龙，老人轮流添加故事情节，增强记忆与创造力。
第二天至第四天：深化训练与互动	上午10:00—10:45 注意力训练：数字记忆游戏（快速展示数字序列，老人需通过团队讨论或"传话"方式复述）	互动环节：增设"记忆接力"活动，小组内成员依次添加信息，最后一人总结汇报。
	上午11:00—11:30 茶歇与自由交流	互动环节：设置"记忆角落"环节，展示老人带来的老照片或纪念品，分享背后的故事。
	下午2:00—3:00 问题解决训练：日常生活情景模拟	互动环节：增加"角色互换"环节，让老人体验不同的社会角色，增进理解和同理心。
	下午3:00—3:45 创意艺术活动	互动环节：小组合作完成一幅画或一个手工艺品，促进团队合作与创意碰撞。

续表

活动阶段	活动时间和活动项目	活动内容
第五天：总结与反馈	上午 10:00—11:00 成果展示与分享	互动环节：设置"我最得意的瞬间"分享会，鼓励老人分享活动中最难忘的瞬间或学到的新技能。
	上午 11:00—11:30 小组竞赛	互动环节：进行一场轻松的团队竞赛如"记忆挑战赛"或"创意比拼"，增加活动趣味性和参与度。
	下午 2:00—3:00 闭幕式及表彰	总结活动成果，表彰积极参与的老人和团队，颁发"最佳团队""最佳创意"等奖项。
	下午 3:00—4:00 感恩茶话会	互动环节：设置"感恩墙"，让老人写下对同伴、工作人员或家人的感谢之情，增进情感交流。

四、活动资源

（1）场地：认知症专区内的多功能活动室。

（2）设备：大屏幕投影仪、音响设备、图片卡片、道具（如购物篮、商品模型、绘画材料等）。

（3）人员：专业护理人员、志愿者、活动组织者。

五、活动宣传与招募

（1）宣传方式：通过养老机构内部广播、海报、传单以及社交媒体等方式宣传活动信息。

（2）招募对象：认知症专区内的老人及其家属、护理人员和志愿者。

（3）招募时间：活动前一周开始招募，确保有足够的人员参与。

六、活动评估与改进

（1）活动评估：通过老人参与度、注意力集中情况、记忆能力和问题解决能力的观察与记录，以及老人的反馈意见，对活动效果进行评估。

（2）持续改进：根据活动评估和老人的反馈意见，不断优化活动内容和形式，提高活动效果和质量。

通过以上活动策划方案及时间表，我们期待为认知症老人提供一个丰富多彩、有益身心的活动平台，帮助他们保持和提高认知能力，享受更加充实和快乐的晚年生活。

【步骤三：筹备阶段】

一、明确活动目标与内容

（1）确定活动目标：明确活动旨在提升认知症老人的注意力、记忆力和问题解决能力，同时促进他们的社交互动和身心健康。

（2）规划活动内容：根据活动目标，设计具体的认知训练、创意艺术、物理活动、记忆复健和社交互动等环节，确保内容丰富多样，符合老年人的认知特点。

二、场地与设备准备

（1）选择场地：确保活动场地位于认知症专区内，具有足够的空间和设施，如多功能活动室、户外花园等，以满足不同活动的需求。

（2）布置场地：根据活动需要布置场地，包括设置座椅、摆放活动道具、调整照明和通风等，确保环境舒适安全。

（3）准备设备：采购或借用必要的设备，如大屏幕投影仪、音响设备、图片卡片、绘画材料、运动器材等，确保活动顺利进行。

三、人员招募与培训

（1）招募志愿者：通过社区广播、社交媒体等渠道招募有兴趣和经验的志愿者，参与活动的组织与实施。

（2）培训志愿者：为志愿者提供必要的培训，包括认知症常识、沟通技巧、活动流程和应急处理等，确保他们能够胜任工作。

（3）组建专业团队：邀请认知科学专家、医生、心理咨询师等专业人士参与活动，提供专业指导和支持。

四、宣传与招募

（1）制定宣传方案：通过海报、传单、社交媒体等多种渠道宣传活动信息，吸引认知症老人及其家属的关注和参与。

（2）宣传推文：

认知启航，乐享晚年
——认知症专区认知能力提升工作坊即将启幕！

亲爱的长辈们，是时候唤醒我们内心的智慧之光，一起踏上这场认知探索之旅了！

【活动时间】连续两周，周一至周五，上午10:00至下午4:00

【活动地点】我们温馨的养老机构认知症专区

【活动亮点】
- 注意力大挑战：视觉追踪、数字记忆，让思维如闪电般敏捷！
- 记忆宝藏岛：故事接龙、图片记忆，唤醒沉睡的记忆宝藏！
- 问题解决小能手：日常生活情景模拟，让您在轻松中锻炼逻辑思维！
- 创意无限工坊：绘画、手工，用色彩和形状描绘心中的世界！

【特别互动环节】

破冰游戏，打破隔阂，建立温馨团队！

记忆接力，团队协作，共创记忆奇迹！

感恩墙，写下您的感激之情，传递温暖与爱意！

团队竞赛，智慧与创意的碰撞，争夺最佳荣誉！

【参与福利】

精美纪念品，记录您的精彩瞬间！

表彰证书，表彰您的积极参与与卓越表现！

【报名方式】请尽快与我们的工作人员联系，名额有限，先到先得哦！

让我们携手，用爱与智慧，为认知症长辈们打造一个充满欢笑、挑战与成长的乐园！期待在活动中见到每一位充满活力的您！

（3）招募参与者：明确招募对象，制订招募计划，确保有足够的参与者参与活动。

五、制定活动日程与流程

（1）制定时间表：根据活动内容，制定详细的时间表，包括每日活动安排、时间节点和负责人等。

（2）设计活动流程：根据时间表，设计活动的具体流程，包括开场致辞、活动介绍、互动环节、成果展示和闭幕式等。

六、物资准备与采购

（1）列出物资清单：根据活动需要，列出所需物资的清单，包括活动道具、奖品、纪念品等。

（2）采购物资：根据清单采购物资，确保物资充足且质量可靠。

七、应急预案制定

（1）风险评估：对活动过程中可能出现的风险进行评估，如老年人突发疾病、意外受伤等。

（2）制定应急预案：针对可能出现的风险，制定详细的应急预案，包括紧急救援流程、联系方式和应对措施等。

八、活动前检查与调试

（1）场地检查：在活动开始前，对场地进行全面检查，确保设施完好、环境整洁。

（2）设备调试：对活动所需的设备进行调试，确保设备正常运行。

通过以上筹备工作，可以确保养老机构中认知症专区内提升认知能力主题工作坊的顺利进行，为认知症老人提供一个有益身心健康的活动环境。

【步骤四：带领阶段】

整个工作坊的活动持续2周，实行过程中包含如下环节。

一、活动签到与入场

在活动开始前，设置签到区，由工作人员负责签到，并发放活动手册或日程表，以便老人和家属了解活动安排。志愿者或工作人员引导老人及其家属有序入场，于预先安排好的位置就座。

二、开场致辞与活动介绍

由活动负责人或嘉宾开场致辞，介绍活动背景、目的和意义，对参与者的到来表示欢迎和感谢。详细介绍活动的流程、内容、注意事项等，确保每位参与者都对活动有清晰的了解。

三、认知训练环节

1. 注意力训练

（1）通过视觉追踪游戏、数字记忆游戏等方式，训练老人的注意力集中能力。

（2）注意观察老人的反应和参与度，适时调整游戏难度和节奏。

2. 记忆训练

（1）采用故事复述、图片记忆、瞬时记忆和短时记忆测试等方法，帮助老人提升记忆力。

（2）鼓励老人积极参与，通过复述、回忆等方式巩固记忆内容。

3. 问题解决训练

（1）设计日常生活情景模拟，如购物、烹饪等，让老人在模拟环境中解决问题。

（2）通过小组讨论、角色扮演等方式，增强老人的逻辑思维和决策能力。

四、创意艺术环节

绘画与手工制作

（1）提供绘画材料、手工工具等，鼓励老人发挥创造力，进行绘画或手工制作。

（2）志愿者或工作人员可以给予适当的指导和帮助，确保老人能够顺利完成作品。

五、运动与体能锻炼环节

轻度运动

（1）根据老人的身体状况，设计适合的运动项目，如散步、太极、体操等。

（2）强调运动的安全性和适度性，避免剧烈运动对老人造成伤害。

六、互动与交流环节

1. 茶歇与自由交流

（1）设置茶歇时间，提供茶点和小吃，让老人和家属有机会自由交流。

（2）鼓励老人分享自己的故事和经历，增进彼此之间的了解和感情。

2. 团队竞赛与游戏

（1）组织团队竞赛或游戏，如记忆接力、创意比拼等，增强团队合作和竞争意识。

（2）通过游戏和竞赛，让老人在轻松愉快的氛围中提升认知能力。

七、成果展示与反馈收集

1. 成果展示

邀请老人展示自己的绘画作品、手工艺品或分享在活动中的收获和感悟。通过展示环节，让老人感受到自己的进步和成就。

2. 反馈收集

向老人和家属发放问卷或进行口头访谈，收集他们对活动的意见和建议。认真听取反馈意见，为后续活动的改进提供参考。

八、闭幕式与总结

（1）对活动进行总结和回顾，感谢所有参与者的努力和付出。

（2）颁发纪念品或证书，表彰积极参与和表现突出的老人和团队。

（3）根据活动反馈和老人需求，制订后续跟进计划，如定期回访、提供后续训练等。保持与老人和家属的沟通联系，关注他们的身心健康状况。

图 4.13　计算：引导计算+训练注意力+适时鼓励获得成就

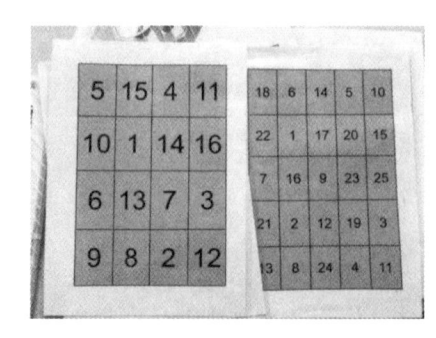

图 4.14　序列训练（注意力）：数字排序、时间排序、空间排序

图 4.15　缅怀（记忆力）：回忆往事+积极引导+获得正面情绪

【步骤五：评估总结阶段】

一、优点

本次认知症专区认知能力提升工作坊在全体参与者、志愿者以及工作人员的共同努力下圆满结束。活动旨在通过一系列精心设计的认知训练、创意艺术、运动锻炼和互动交流环节，为认知症老人提供一个积极向上的学习和交流平台，促进他们的认知能力提升，同时增强社交互动和身心健康。

活动涵盖了注意力训练、记忆复健、创意艺术、体能锻炼等多个方面，确保了老人在不同领域都能得到锻炼和提升。通过团队竞赛、自由交流、成果展示等环节，增强了老人之间的互动和合作，营造了温馨和谐的氛围。邀请了认知科学专家、医生、心理咨询师等专业人士参与活动，为老人提供专业指导和支持，确保了活动的科学性和有效性。

活动结束后，我们收到了许多老人和家属的积极反馈，他们表示通过参与活动，老人的认知能力得到了明显提升，同时也收获了快乐和成就感。

经过一系列认知训练，许多老人在注意力、记忆力和问题解决能力等方面都有了不同程度的提升。运动锻炼和创意艺术环节不仅锻炼了老人的身体，还缓解了他们的精神压力，有助于改善身心健康状况。活动为老人提供了一个与其他同龄人交流互动的机会，增强了他们的社交能力和归属感。通过活动，家属们更加了解了认知症老人的需求和挑战，增强了他们对老人的理解和支持。

二、不足

部分环节时间安排较为紧凑，导致部分老人未能充分参与。未来在策划活动时应合理规划时间，确保每个环节都能得到充分展开。由于参与老人的认知状况存在差异，未来活动可考虑提供更多个性化的服务和指导，以满足不同老人的需求。虽然志愿者们表现积极，但在某些方面仍需加强培训，以提高服务质量和效率。

本次工作坊不仅为认知症老人带来了实质性的帮助和提升，而且为我们积累了宝贵的经验和教训。我们将继续总结经验，不断改进和完善活动方案，为更多认知症老人提供优质的服务和支持。同时，我们也期待未来能有更多的人关注和支持认知症事业，共同为认知症老人创造一个更加美好的生活环境。

策划练习

> 1. 请设计一次以认知症活动为主题的工作坊，内容包含活动策划、活动准备、活动执行步骤等一系列完整的内容。
> 2. 如果你是一名养老机构的社工，你要怎样与认知症老人相处？

任务 4.5 老年志愿者培育工作坊的开展

4.5.1 老年志愿者培育活动的基础介绍

老年志愿者是为老服务的重要力量。一方面，老年志愿者凭借其经验优势和时间优势，能够提供更具亲和力的志愿服务，尤其是在情感支持、经验传承等方面能够发挥独特作用。另一方面，老年志愿者通过参与志愿服务，能够充实自身生活，提升社会参与感，促进身心健康。社会工作者和养老从业人员通过培育老年志愿者，实现了老年志愿服务的可持续发展。

1. 老年志愿者培育活动的定义

老年志愿者培育活动是指在老年工作中，对志愿者进行管理和培训的活动，通过规划、组织、带领、评估等一系列措施，激发志愿者的潜能，提升服务能力，确保服务效率和效益。

老年志愿者培育活动在老年工作中扮演着至关重要的角色，它不仅是提升志愿服务质量的关键环节，而且是促进院舍和社区和谐、增强院舍和社区凝聚力的重要途径。

2. 老年志愿者培育活动的功能

1）提升老年志愿者的服务意识和能力

培育活动能够增强老年志愿者的社会责任感和使命感，使他们深刻理解到志愿服务的社会价值和意义，更加积极地参与到社会活动中去。培育活动会为老年志愿者提供必要的培训，包括服务技巧、沟通方式、团队协作等，以提高他们的服务能力和水平。

2）促进老年志愿者的身心健康

参与志愿服务活动可以促进老年志愿者的身体活动，增强体质，减少因缺乏运动而导致的健康问题。志愿服务为老年人提供了一个与他人交流、结识新朋友的平台，有助于缓解孤独感和抑郁情绪，提升他们的心理健康水平。

3）实现老年人的自我价值

老年志愿者在志愿服务中能够发挥自己的经验和专长，为他人提供帮助，重新定位自身的价值，增强自信心和成就感。老年志愿者作为社区中的智库，拥有丰富的人生经验和专业知识，他们可以通过志愿服务传承自己所掌握的技能和知识，为社区的发展和进步贡献自己的力量。

4）加强院舍和社区的凝聚力

老年志愿者通过参与社区志愿服务活动，能够增进邻里间的交流和沟通，增强社区的凝聚力，构建和谐的社区环境。老年志愿者的积极行动和无私奉献精神，能够激励更多年轻人参与到志愿服务中来，形成良好的社会风尚。

5）推动社会和谐与发展

老年志愿者通过志愿服务活动，可以为社会提供力所能及的帮助和支持，解决一些社会问题或缓解社会矛盾。他们的行动和付出能够传递出积极向上的社会价值观，弘扬正能量，促进社会的和谐与发展。

3. 老年志愿者培育活动的主要类型

1）知识技能培训类

针对老年人的兴趣和特长，提供如护理、急救、心理健康咨询等专业技能的培训，使他们在志愿服务中能够发挥更大的作用。

2）社区互助类

引入"时间银行"机制，鼓励老年人参与志愿服务，并将他们的服务时间存入"银行"，以便在将来需要时获得他人的服务。这种机制有助于激发老年人的参与热情，并促进社区内的互助氛围。

3）项目策划类

鼓励老年人参与志愿服务项目的策划和实施，发挥他们的智慧和经验，为社区带来更多的创新和活力。

4.5.2 老年志愿者培育活动策划的操作要领

1. 活动策划

进行老年志愿者培育活动的规划，需要从多个维度进行细致考虑，以确保活动能够顺利、有效地开展，并满足老年人、机构以及志愿者的需求。

1）需求评估

（1）老年人需求：

① 身心健康需求：评估老年人对于健康锻炼、疾病预防、心理慰藉等方面的需求。

② 社交娱乐需求：了解老年人对社交活动、文化娱乐、兴趣小组等的兴趣与参与度。

③ 生活辅助需求：分析老年人是否需要日常生活照料、购物协助、技术支持等服务。

（2）机构需求：

① 服务提供能力：评估机构在组织志愿者活动方面的资源和能力，包括人力、物力、财力等。

② 服务质量提升：了解机构如何通过志愿者活动提升服务质量，如增加服务项目、提高服务效率等。

③ 品牌与形象建设：探讨如何通过志愿者活动增强机构的社会影响力，树立良好品牌形象。

（3）志愿者需求：

① 参与动机：了解志愿者参与活动的动机，如个人成长、社会贡献、技能提升等。

② 培训与发展：评估志愿者对于培训、学习新技能、获取证书等方面的需求。

③ 激励与认可：探索如何有效激励志愿者，提升他们的归属感和成就感。

2）设定老年志愿者发展管理目标

（1）数量目标：设定一定时期内招募的老年志愿者数量目标。

（2）质量目标：确保老年志愿者具备一定的专业素养和服务能力，能够胜任分配的任务。

（3）参与度目标：提高老年志愿者的活动参与度和积极性，确保活动的持续性和稳定性。

（4）成效目标：通过老年志愿者活动，实现老年人生活质量的提升、机构服务质量的改善以及社区和谐氛围的营造。

3）经费管理

（1）经费筹集：

① 政府资助：积极争取政府相关部门的财政拨款和项目资助。

② 社会捐赠：通过企业赞助、个人捐赠、基金会支持等方式筹集资金。

③ 自筹资金：通过志愿服务项目的收费、义卖、赞助等方式自筹部分经费。

（2）经费使用：

① 人力成本：包括志愿者培训师资费用、管理人员工资等。

② 物资成本：购买活动所需的器材、设备、材料等。

③ 场地租赁：租用活动场地、会议室等产生的费用。

④ 宣传推广：制作宣传资料、举办宣传活动等产生的费用。

（3）经费监管：

① 建立健全财务管理制度：确保经费使用的合法合规性。

② 定期审计与公示：定期对经费使用情况进行审计，并向社会公示，接受监督。

③ 优化资源配置：根据实际需求合理分配经费，避免浪费和重复投入。

老年志愿者培育活动的规划需要从需求评估、设定老年志愿者发展管理目标和经费管理三个方面入手,确保活动的针对性和实效性。同时,还需要注重活动的持续性和创新性,不断总结经验教训,优化活动方案,以更好地满足老年人、机构以及老年志愿者的需求。

2. 活动组织

组织志愿者培育活动是一个系统而细致的过程,需要通过以下环节进行执行。

1)制定规章制度

(1)明确宗旨与目的:阐述志愿者服务的宗旨、目标和意义,强调志愿服务的社会价值和个人成长的重要性。

(2)志愿者权利义务:明确志愿者的权利,如获得培训、表彰等;同时明确志愿者的义务,如遵守纪律、服从安排、尊重服务对象等。

(3)管理机制:设立志愿者管理机构,负责志愿者的招募、培训、考核、激励等工作,并制定相应的管理流程和制度。

(4)安全保障:为志愿者提供必要的安全保障措施,如购买保险、提供安全培训等,确保志愿者在服务过程中的安全。

2)招募及甄选

(1)招募老年志愿者:

① 多渠道宣传:通过社区公告、网络平台、社交媒体等多种渠道发布招募信息,扩大招募范围。

② 明确招募条件:根据服务项目的需求,明确老年志愿者的年龄、健康状况、兴趣爱好、技能特长等招募条件。

(2)甄选老年志愿者:

① 面试与评估:对报名者进行面试,了解其服务意愿、沟通能力、团队协作能力等,并进行初步评估。

② 建立志愿者档案:为入选的志愿者建立个人档案,记录其基本信息、服务经历、培训情况等。

3)分组分工

(1)分组:

① 根据特长分组:根据老年志愿者的兴趣、特长和服务项目的需求,将老年志愿者分为不同的服务小组,如健康咨询组、文艺演出组、生活照料组等。

② 设立小组长:每个小组设立一名小组长,负责小组的日常管理和协调工作。

(2)分工:

① 明确职责:为每位老年志愿者分配具体的职责和任务,确保每个人都清楚自己的工作内容和要求。

② 灵活调整:根据服务项目的实际情况和老年志愿者的能力变化,灵活调整分工,确保服务的顺利进行。

4）制定工作流程

（1）需求调研：在服务开始前，对服务对象的需求进行调研，了解他们的具体需求和期望。

（2）制订服务计划：根据调研结果，制订详细的服务计划，包括服务内容、时间、地点、人员分工等。

（3）实施服务：按照服务计划开展志愿服务活动，确保服务的顺利进行和质量的提升。

（4）反馈与评估：服务结束后，及时收集服务对象的反馈意见，对服务效果进行评估和总结。

5）培训与提升

（1）开展培训：

① 基础知识培训：对老年志愿者进行志愿服务基础知识、沟通技巧、团队协作等方面的培训。

② 专业技能培训：针对老年工作的特点，根据服务项目的需求，对老年志愿者进行专业技能培训，如健康咨询、急救知识、老年心理学、文艺表演、沟通技巧、生活照料等。

③ 安全培训：为老年志愿者提供必要的安全培训，如急救知识、自我保护技能等。

④ 实践演练：通过模拟服务场景、案例分析等方式，让老年志愿者在实践中学习和成长，提升应对复杂情况的能力。

（2）提升与激励：

① 定期复训：定期组织老年志愿者进行复训和更新知识技能的培训。

② 表彰与奖励：对表现突出的老年志愿者进行表彰和奖励，激发他们的积极性和归属感。

③ 提供发展平台：为老年志愿者提供参与更多志愿服务项目和提升个人能力的机会和平台。

通过以上步骤的组织和实施，可以有效地促进志愿者培育活动的顺利开展和持续发展。

3. 带领与指导

1）导师制度

为老年志愿者配备经验丰富的导师或领队，进行一对一或小组指导，帮助志愿者解决在服务过程中遇到的问题。

2）现场指导

在志愿服务活动现场，导师或领队应密切关注志愿者的表现，及时给予反馈和建议，确保服务质量。

4. 评估与反馈

1）效果评估

通过问卷调查、访谈等方式，收集老年群体对志愿服务的反馈意见，评估志愿服务的效果和满意度。

2）志愿者评估

对老年志愿者的表现进行评估，包括服务态度、专业技能、团队协作能力等方面，为后续的表彰和激励提供依据。

3）持续改进

根据评估结果，总结经验和教训，对老年志愿者培育活动进行持续改进和优化，提升整体服务水平和效率。

5. 注意事项

老年志愿者在服务过程中需要特别注意安全问题，具体主要包括以下几个方面。

1）身体健康与自我保护

（1）健康评估：在参与志愿服务前，老年志愿者应接受身体健康评估，确保自身健康状况适合参与相应的服务活动。

（2）适度原则：根据自身的体力和健康状况，选择适合的服务项目和强度，避免过度劳累。

（3）防护措施：在服务过程中，应佩戴必要的防护用品，如手套、口罩等，以保护自身安全。

2）交通安全

（1）出行方式选择：尽量选择安全、便捷的出行方式，如公共交通工具或家人接送。

（2）遵守交通规则：在出行过程中，严格遵守交通规则，注意交通安全。

（3）紧急应对：了解并掌握基本的交通安全知识和应急处理方法，如遇到交通事故或紧急情况，能够迅速作出正确反应。

3）服务环境安全

（1）了解环境：在服务前，了解服务场所的环境和设施情况，熟悉安全出口、消防器材等位置。

（2）风险评估：对服务过程中可能遇到的安全风险进行评估，并采取相应的预防措施。

（3）遵守规定：在服务过程中，严格遵守服务场所的规章制度和安全要求，不擅自进入危险区域或进行危险操作。

4）沟通与协作

（1）有效沟通：与服务对象、其他老年志愿者及工作人员保持良好的沟通，及时传达需求和反馈问题。

（2）团队协作：在团队服务中，积极与团队成员协作配合，共同完成服务任务。

（3）求助与支持：遇到困难和问题时，及时向团队成员、负责人或相关机构求助。

5）心理健康与情绪管理

（1）保持积极心态：在服务过程中，保持积极乐观的心态，以积极的心态面对挑战和困难。

（2）情绪管理：学会管理自己的情绪，避免将负面情绪带入服务中影响服务质量或自身健康。

（3）心理支持：如遇到心理困扰或压力过大的情况，及时寻求心理支持或咨询专业机构。

4.5.3 志愿者培育活动小组的案例展示

我是"大忙人"志愿者培育活动

【步骤一：预估阶段】

根据前期的活动评估及策划，制定了如下的活动方案。

【步骤二：计划阶段】

"我是大忙人"老年人志愿者培育活动策划案

一、活动背景与目的

随着社会的老龄化趋势日益显著，老年人群体在社会中扮演着越来越重要的角色。为了充分发挥老年人的社会价值和潜能，增强他们的社会参与感和幸福感，特策划"我是大忙人"老年人志愿者培育活动。本活动旨在通过一系列精心设计的志愿服务项目和积分激励机制，激发老年人的志愿精神，促进他们的身心健康，同时为社会贡献正能量。

二、活动目标

（1）激发热情：激发老年人参与志愿服务的热情和兴趣，让他们感受到自己仍然能为社会作出贡献。

（2）技能提升：通过培训和实践，提升老年人的志愿服务技能，增强他们的自信心和成就感。

（3）社交互动：为老年人提供一个交流互动的平台，使他们能够相互支持，增进彼此的友谊。

（4）社会贡献：通过老年人的志愿服务活动，为社会带来实际帮助和正面影响。

三、活动对象

社区内身体健康、有意愿参与志愿服务的老年人。

四、活动内容

1. 志愿服务岗位设置

（1）报刊管理员：负责院内报刊的整理、分发工作。

（2）保健操带操员：带领其他老年人进行日常保健操锻炼。

（3）图书管理员：协助管理图书室的书籍借阅、归还和整理工作。

（4）广播员：负责院内广播节目的播报，传递信息、播放音乐等。

（5）园丁：参与院内绿化带的维护、花草种植等工作。

2. 志愿者培训

（1）基础培训：介绍志愿服务理念、岗位职责、安全知识等。

（2）技能培训：根据岗位需求，提供针对性的技能培训，如保健操教学、园艺知识等。

3. 积分系统

（1）积分获取：每完成一次志愿服务任务，根据任务难度和服务时长获得相应积分。

（2）积分应用：积分可用于兑换日常生活用品、书籍等，或作为参与特定活动的优先权。

（3）积分展示：设立积分排行榜，定期公布积分排名，表彰优秀志愿者。

4. 特色活动

（1）乐活币兑换日：每月设定特定日期为乐活币兑换日，老年人可用积分兑换心仪物品。

（2）志愿服务分享会：定期举办分享会，邀请老年人分享志愿服务心得和体验，增进彼此的了解。

（3）山区捐书活动：鼓励老年人用积分兑换书籍并捐赠给山区儿童，传递知识与爱心。

五、活动实施步骤

（1）宣传动员：通过社区公告、微信群、口头通知等方式宣传活动内容，招募志愿者。

（2）报名筛选：收集报名信息，根据老年人的身体状况和兴趣爱好进行岗位分配。

（3）培训准备：制订培训计划，准备培训材料，邀请专业讲师或志愿者导师。

（4）正式培训：按照计划进行基础培训和技能培训，确保老年人掌握岗位所需技能。

（5）志愿服务实践：组织老年人开展志愿服务活动，实施积分管理，定期反馈服务情况。

（6）总结表彰：活动结束后进行总结会议，表彰优秀志愿者，收集反馈意见，为下次活动作准备。

六、预期效果

（1）老年人积极参与志愿服务活动，增强社会责任感和归属感。

（2）老年人通过志愿服务提升自我价值和幸福感，促进身心健康。

（3）社区内形成尊老敬老、互助友爱的良好氛围。

（4）志愿服务项目得到有效实施，为社会带来实际帮助和正面影响。

【步骤三：筹备阶段】

一、招募与筛选志愿者

1. 发布招募信息

（1）通过社区公告、微信群、社交媒体等多种渠道发布招募信息，广泛宣传活动的意义和目的，吸引老年人的关注和参与。

（2）明确招募条件，如年龄、身体状况、兴趣爱好等，以便筛选出合适的志愿者。

2. 报名与筛选

（1）收集报名信息，包括姓名、联系方式、健康状况等基本信息。

（2）根据报名信息，结合活动需求进行筛选，确保志愿者能够胜任所分配的志愿服务岗位。

二、制订活动与预算计划

1. 制订活动计划

（1）制定详细的活动时间表，包括培训时间、志愿服务实践时间、特色活动时间等。

（2）安排活动地点，确保场地能够满足活动需求，并提前做好场地布置和准备工作。

（3）分配工作人员职责，确保每个环节都有专人负责，保证活动的有序进行。

2. 制订预算计划

（1）根据活动内容和规模，制订详细的预算计划，包括培训费用、物资费用、场地费用等。

（2）寻求资金支持，如向社区申请经费、争取企业赞助等，确保活动资金充足。

三、筹备物资与设备

1. 培训物资

（1）准备培训所需的教材、讲义、视频等教学资料。

（2）准备培训场地所需的音响、投影仪等设备，确保培训效果。

2. 志愿服务物资

（1）根据志愿服务岗位需求，准备相应的物资和设备，如园艺工具、图书管理设备、广播器材等。

（2）准备志愿服务所需的服装、标识等物品，增强志愿者的归属感和责任感。

（3）准备乐活币，以及兑换的各种生活用品的样品。

四、制定应急预案

1. 安全预案

（1）制定安全预案，确保活动现场的安全和秩序。

（2）配备急救设备和药品，以防突发情况发生。

2. 应急措施

（1）设立应急预案小组，负责处理活动中的突发情况和紧急事件。

（2）制定应急通信方案，确保信息畅通无阻。

五、宣传与动员

1. 活动宣传

（1）制作活动宣传海报、横幅等宣传材料，张贴在社区显眼位置。

（2）利用社交媒体等渠道进行线上宣传，扩大活动影响力。

2. 志愿者动员

（1）组织志愿者动员大会，介绍活动内容和意义，激发志愿者的参与热情。

（2）对志愿者进行分组和分工，明确各自的任务和职责。

六、培训与指导

1. 志愿者培训

（1）组织志愿者参加基础培训和技能培训，提升他们的志愿服务技能和专业素养。

（2）邀请专业讲师或志愿者导师进行授课和指导，确保培训效果。

2. 现场指导

（1）在志愿服务实践过程中，安排专人进行现场指导和监督，确保志愿服务活动的顺利进行。

（2）及时解决志愿者在志愿服务过程中遇到的问题和困难。

【步骤四：带领阶段】

"我是大忙人"老年人志愿者培育活动实施过程

一、启动阶段

1. 邀请养老院领导、社工、志愿者参加启动式

（1）养老院领导发表致辞，强调老年人志愿者对社会的重要性及本次活动的意义。

（2）社工介绍活动流程、志愿者岗位设置及积分系统规则。

2. 志愿者分组与岗位分配

（1）根据志愿者的兴趣爱好、身体状况及岗位需求进行分组。

（2）明确各岗位的职责、工作时间及要求，确保每位志愿者都能胜任所分配的岗位。

二、培训阶段

1. 基础培训

（1）举办志愿者基础知识培训，包括志愿服务理念、志愿者精神、服务礼仪等。

（2）通过讲座、视频教学等方式，让志愿者对志愿服务有更深入的了解。

2. 技能培训

（1）根据岗位需求，开展专业技能培训。例如，对于报刊管理员，培训其报刊整理、分发技巧；对于保健操带操员，培训其保健操教学方法等。

（2）邀请专业讲师或志愿者导师进行授课，确保培训的专业性和有效性。

3. 团队建设

（1）组织团队建设活动，如团建活动、破冰游戏等，增强志愿者之间的凝聚力和团队协作能力。

（2）引导志愿者制定团队名称、口号等，增强团队归属感。

三、实践阶段

1. 志愿服务实践

（1）志愿者根据分配的岗位，在养老院内开展志愿服务活动。

（2）社工定期监督志愿服务活动的开展情况，确保活动的顺利进行。

（3）志愿者需按时签到、签退，记录服务时长和表现情况。

2. 积分管理

（1）根据志愿者的服务时长、质量及贡献度，给予相应的积分奖励。

（2）设立积分排行榜，定期公布积分排名情况，激发志愿者的积极性和竞争意识。

3. 反馈与改进

（1）定期收集志愿者的反馈意见，了解他们对活动的满意度和建议。

（2）根据反馈意见，及时调整活动内容和方式，确保活动的持续改进和优化。

四、表彰阶段

1. 总结会议

（1）举办总结会议，回顾活动历程，总结经验和教训。

（2）邀请志愿者分享志愿服务心得和感受，增进彼此之间的了解和交流。

2. 表彰大会

（1）对表现优秀的志愿者进行表彰和奖励，颁发荣誉证书或纪念品。

（2）邀请养老院领导、社工参加表彰大会，共同见证志愿者的荣誉时刻。

3. 成果展示

（1）制作活动成果展示板或视频，展示志愿者的服务成果和风采。

（2）将成果展示在社区显眼位置或通过网络平台进行宣传，扩大活动影响力。

通过以上实施过程，"我是大忙人"老年人志愿者培育活动能够有效激发老年人的志愿精神和社会责任感，提升他们的志愿服务技能和团队协作能力，为养老院带来积极的影响和贡献。

【步骤五：评估总结阶段】

在"我是大忙人"老年人志愿者培育活动的总结中，主要任务是巩固活动成果，总结经验教训，并为未来类似活动提供参考。

首先，通过问卷调查、访谈等形式，收集志愿者对活动的整体感受、收获、建议等，这有助于了解活动的实际效果和志愿者的满意度；收集养老院的老年人、受益者等对活动的反馈，了解他们对志愿服务的评价和期望，这有助于未来更好地满足社区需求。此外，根据活动目标，对活动效果进行全面评估，包括志愿服务时长、服务质量、对养老院的影响力等多个方面，再通过量化指标和定性分析相结合的方式，客观评价活动成果。

其次，将活动过程中的所有资料、数据、反馈意见等进行整理和分析，撰写详细的总结报告。报告应包含活动背景、目标、实施过程、效果评估、经验教训及未来展望等内容。

再次，通过院里会议、媒体等渠道，分享活动成果和经验。这不仅可以提升院里对志愿服务的认可度和支持度，而且可以为其他组织机构提供借鉴和参考。此外，根据活动期间的积分系统组织积分兑换活动。志愿者可以用积累的积分兑换生活用品、书籍或其他奖励，增加他们的参与感和获得感。

最后，探讨并建立老年人志愿者服务的长效机制，确保志愿服务活动的持续性和稳定性。可以考虑成立志愿者协会或小组，定期组织和开展志愿服务活动。为志愿者提供持续的培训和支持，帮助他们不断提升志愿服务技能和专业素养。同时，关注志愿者的身心健康和生活状况，给予必要的关怀和帮助。将志愿服务与养老院发展相结合，鼓励志愿者参与养老院的治理、文化建设等方面的工作。通过志愿服务促进院里和谐、增强大家团结凝聚力。

策划练习

> 请写出志愿者培育活动计划，计划应包含招募及甄选、分工及培训、实践及评估三个板块，列出可能的困难和对策。

项目 5　小组活动的策划与组织

任务 5.1　老年小组活动的概念

5.1.1　老年小组工作的概念

小组工作是社会工作的方法之一。在社会工作者的带领下，小组成员通过相互支持、充分互动与分享，激发自身能力和潜能，改善态度和行为，进而解决个人、群体、社区及社会层面的问题，推动个人、小组和社区的成长发展，助力实现社会和谐、公平和公正发展。

老年小组工作是指在工作者的引导与支持下，通过组织具有相似背景、兴趣或需求的老年人，利用小组互动的过程，促进成员之间的情感交流、资源共享与互助合作。通过系统化的活动设计与引导，激发老年组员的潜能与主体性，强化其社会功能，改善其认知、情绪与行为状态，进而提升其生活质量与社会参与度。

老年小组工作的核心在于通过小组动力激发个体与群体层面的积极变化，不仅仅关注个体问题的缓解与功能恢复，更强调小组成员间的互助性关系建构，以及对社区资源的整合与运用。在老龄社会背景下，老年小组工作有助于回应老年人面临的孤立、功能退化、角色丧失等挑战，促进老年人心理健康与社会融合，推动社会公平与包容性发展。

5.1.2　老年小组工作的功能

1. 康复（Rehabilitation）

在老年小组中，康复功能主要体现在帮助老年组员应对和恢复因年龄、疾病或生活事件而产生的情绪、行为、态度和价值观的变化。通过小组互动和专业干预，老年人能够在支持性环境中恢复或改善身心健康。例如，心理康复小组帮助老年人应对失落感、孤独感和焦虑等情绪问题，成瘾治疗小组则帮助有依赖性行为的老年人逐步恢复健康生活方式。康复型小组通常具有较强的干预性和专业导向性，旨在通过集体支持、情感疏导和专业治疗帮助老年人恢复到较为稳定的心理和情感状态。

2. 能力建立（Capacity Building）

老年小组的能力建立功能侧重通过教育、技能培训和自我反思，帮助组员提升意识和自信心，促进其身心健康的发展。在小组互动过程中，老年人能够通过学习新技能、获取知识和体验社会参与，增强对自身能力的认知和信任。通过能力建立，小组成员可以提高处理日常生活问题的能力，并为其独立生活提供支持。例如，健康管理小组可以通过教育和培训提升老年人对慢性病管理的知识，增强其健康自我管理能力。

3. 矫正（Correction）

对于一些老年人群体而言，可能存在行为、价值观或社会适应问题。在老年小组中，矫正功能通过协助组员改变不符合社会规范的行为，帮助其重新建立符合社会价值的行为模式。矫正不仅包括行为上的修正，而且包括情感和社会适应的改善。例如，通过心理辅导和行为矫正，帮助有冲突或不良习惯的老年人更好地适应群体生活和社会规范。

4. 社会化（Socialization）

社会化功能在老年小组中尤为重要，特别是对于面临孤独或社会隔离的老年人群体。通过小组互动，老年人可以学习和提升社会规范、人际交往技巧和情感沟通能力，逐步建立起归属感和社会认同感。小组能提供一个安全、包容的环境，帮助老年人恢复社交网络，改善与他人的关系。例如，社区活动小组可以通过集体活动增进老年人之间的互动和友谊，帮助他们重建与社会的联系。

5. 预防（Prevention）

预防功能在老年小组中尤为关键，特别是针对老年群体可能面临的健康问题、心理困扰或社会适应问题。通过小组中的经验分享和互助学习，老年人能够提前识别可能出现的问题，并通过群体支持获得有效的应对策略。例如，通过开展健康教育小组，老年人能够了解如何预防老年性疾病、如何保持心理健康等，从而减少老年人群体中常见问题的发生。

6. 社会运动（Social Action）

在老年小组中，社会运动功能的发挥可以通过鼓励老年人参与社会公益、倡导老年人权益等方式来实现。通过组织社会行动，老年人可以在小组中学会领导、参与和决策，发挥社会责任感，提升个人的社会影响力。例如，老年人积极参与社区志愿者活动，帮助其他有需要的人，能提升其社会责任感和社会价值。

7. 问题解决（Problem Solving）

问题解决功能是老年小组工作的核心功能之一。小组通过民主决策、集体讨论的方式，帮助组员识别个人问题，并共同寻求解决方案。在小组过程中，组员可以分享自己的困境，借助其他组员的经验和智慧，找到切实可行的解决方法。无论是健康问题、家庭问题还是心理困扰，老年小组都能够提供一个互动平台，帮助成员们共同面对并解决问题。

8. 社会价值（Social Values）

老年小组工作鼓励组员通过参与社会活动和互帮互助，体现自己的社会价值。通过社会实践和集体行动,老年人能够获得成就感和自我实现感,增强自信心和归属感。在小组内,成员之间的相互支持与帮助有助于提升他们的社会价值感,使其能够感受到自己在社会中的重要性和贡献。例如,老年人通过参与公益活动,提升了自身的社会价值感,同时也获得了来自群体的认可与尊重。

5.1.3 老年小组工作的特征

1. 目标明确,模式多样

老年小组工作始终以清晰而具体的目标为指引,不同类型的小组根据服务对象的需要与发展阶段设定差异化目标。成长型小组关注促进自我实现与社会参与,支持型小组旨在提供情感支持与心理慰藉,教育型小组以技能提升与知识传播为主,治疗型小组则关注心理困扰的缓解与认知功能的改善。目标的明确性有助于增强小组成员的参与感、方向感和成效感。

2. 以组员关系网络为基础

老年小组建立在工作者与组员、组员与组员之间交织而成的关系体系之上。在这一体系中,虽然社会工作者担任引导、促进与支持的角色,但更为重要的是激发组员间的相互互动与支持。通过平等、信任、开放的交流环境,老年组员能够在彼此分享、倾听与共鸣中重建社会连结,减少孤独感与社会隔离感,形成稳定而积极的社会支持网络。

3. 依托小组动力推动积极转变

老年小组工作充分运用小组动力(Group Dynamics)机制,通过分享(Sharing)、分担(Burden-Sharing)、支持(Supporting)、教育(Educating)、矫正性体验(Corrective Emotional Experience)等过程,促使组员在情感、认知与行为上发生积极变化。小组动力不仅是促进个体成长的内在驱动力,而且是重塑老年人自我认同与社会功能的重要手段。

(1)分享:引导组员开放自我,分享个人的生命经验、情感体验与面临的挑战,增强组员间的相互理解与情感联结。

(2)分担:鼓励组员彼此倾听与分担生活压力与情绪负担,减轻孤独感与心理负担,构建互助性的支持网络。

(3)支持:在小组内营造安全、接纳与鼓励的氛围,使老年人能够感受到来自同伴与工作者的情感支持与肯定。

(4)教育:通过知识普及、技能训练与经验交流,促进老年人在健康管理、社会适应、心理调适等方面能力的提升。

(5)矫正性体验:在安全的小组环境中,通过重新经历和修正以往负面的关系模式或情感体验,帮助老年组员修复内心创伤,重建积极的人际关系与自我认同。

4. 兼具过程性与方法性功能

小组工作既是一种动态的发展过程,又是达成老年组员改变的重要介入方法。在小组各发展阶段(形成期、冲突期、规范期、成熟期、结束期)中,工作者需有意识地引导小组动力的演变与转化，使组员在过程中逐步体验归属感、信任感、自我效能感的建立，并通过结构化与非结构化的活动方法，实现行为、情绪和认知层面的实质性提升。

5. 强调成员的主体性与能动性

老年小组工作强调尊重组员的主体性与自主参与，通过鼓励组员共同设定目标、参与决策、承担小组角色与责任，激发老年人的能动性与内在潜能。老年人不再是被动接受服务的对象，而是小组成长与发展的共同建构者，这种主体性体验有助于增强其自尊感、价值感与生活掌控感。

6. 兼顾个体成长与群体发展

老年小组工作关注个体的心理与社会功能提升，同时也重视小组作为一个社会系统的整体发展。通过促进组员间的互动与合作，老年小组不仅实现个体层面的改变，而且能够增强小组整体的凝聚力、责任感与归属感，进一步延伸至社区层面，促进社区活力与社会资本的积累，推动老龄友好型社会环境的建构。

5.1.4 老年小组工作的类型

1. 成长性小组

1）成长性小组的定义

成长性小组是以促进老年人个人发展、适应新角色或学习新技能为目标的小组活动。这类小组注重老年人的能力提升、社会适应和自我价值实现，帮助他们在退休后找到新的生活意义。

2）成长性小组的特点

（1）教育性：通过课程、培训或互动学习，提升老年人的知识或技能（如智能手机使用、健康管理）。

（2）适应性：帮助老年人适应退休、空巢等生活变化，减少心理落差。

（3）互动性：鼓励组员交流经验，形成互助学习氛围。

3）成长性小组的适用场景

成长性小组适用于退休适应、新技能学习（如电脑、摄影）、代际交流（如老年人与青少年共同活动）等场景。例如，开展"银龄学堂"活动、健康讲座、手机使用课程，帮助老年人适应数字化生活；开展"代际沟通小组"活动，组织老年人与青少年一起学习传统文化（如书法、剪纸），促进跨代交流。

2. 治疗性小组

1）治疗性小组的定义

治疗性小组是针对老年人特定心理、情绪或行为问题，通过专业干预（如心理咨询、认知训练）进行改善的小组活动。这类小组通常由社工、心理咨询师或医护人员带领，具有明确的治疗目标。

2）治疗性小组的特点

（1）专业性：由具备心理学或医学背景的带领者指导，采用科学方法（如认知行为疗法）。

（2）针对性：聚焦特定问题，如抑郁、焦虑、认知衰退等。

（3）结构化：活动设计有固定流程，如情绪管理训练、记忆锻炼等。

3）治疗性小组的适用场景

治疗性小组适用于轻度认知障碍（MCI）干预、丧偶或空巢老人的心理调适、慢性病患者的情绪管理等场景。例如，开展"情绪疗愈小组"活动，通过艺术治疗（绘画、音乐）帮助老年人缓解孤独和抑郁；开展"记忆加油站"活动，为早期认知症老人提供脑力训练游戏，延缓认知衰退。

3. 支持性小组

1）支持性小组的定义

支持性小组是为面临相似挑战（如疾病、丧亲、照护压力）的老年人提供情感支持和经验分享的平台。这类小组不强调治疗，而是通过同伴互助减轻心理负担。

2）支持性小组的特点

（1）情感共鸣：组员因共同经历（如失独、慢性病）形成信任关系。

（2）非评判性：鼓励自由表达，不强制解决问题，重在倾听与陪伴。

（3）长期性：通常定期聚会（如每周一次），形成稳定的支持网络。

3）支持性小组的适用场景

支持性小组适用于慢性病患者的互助、丧偶老人的心理支持、认知症家属的照护经验交流等场景。例如，开展"忆路同行"家属互助小组活动，组织认知症患者的照护者分享护理技巧，缓解照护压力；开展"乐龄茶话会"小组活动，组织独居老年人定期聚会，倾诉生活烦恼，减少孤独感。

4. 社会行动小组

1）社会行动小组的定义

社会行动小组是鼓励老年人参与社区事务、倡导社会改变的小组形式。通过集体行动，老年人可以发挥余热，推动适老化环境改善或社会公益事业。

2）社会行动小组的特点

（1）倡导性：聚焦公共议题（如无障碍设施、老年权益）。

（2）赋权性：老年人主导调研、提案或志愿服务，增强社会参与感。

（3）合作性：与社区、政府或社会组织联动，实现实际改变。

3）社会行动小组的适用场景

社会行动小组适用于社区适老化改造、老年志愿者服务、公共政策倡导等场景。例如，开展"无障碍倡导队"活动，组织老年人调研社区坡道、电梯等问题，向居委会提出改进方案；开展"银龄志愿者团队"活动，组织老年人参与社区垃圾分类、治安巡逻等公益服务。

5.1.5 老年小组工作的发展阶段

老年小组工作的过程通常遵循小组发展的经典五阶段模式，即形成期、冲突期、规范期、成熟期与结束期。每一阶段都呈现出不同的动力特点、组员需求与工作策略，社会工作者需要根据小组发展的阶段性特征，灵活调整介入方法，促进小组顺利发展并达成既定目标。

1. 形成期

1）特　征

形成期是小组刚刚建立的初期，组员彼此之间尚不熟悉，普遍存在期待与焦虑并存的心理状态。老年组员可能因过往生活经历、身体机能变化或社会退缩而对新环境持防备或迟疑态度。

2）小组动力表现

（1）依赖社会工作者的引导与结构安排。

（2）组员之间互动频率低，交流较为表面化。

（3）渴望了解他人，同时害怕被拒绝或暴露弱点。

3）工作者策略

（1）制定清晰的目标和小组契约，建立安全感。

（2）设计轻松的破冰活动，降低组员间的陌生感。

（3）鼓励初步的自我介绍和经验分享，建立初步的信任关系。

2. 冲突期

1）特　征

随着关系逐渐发展，组员在个性、需求及价值观等方面的差异开始显现，容易出现矛盾、误解或竞争。老年组员可能因角色定位模糊、认知差异、过往权威经验等而产生意见冲突或抵触情绪。

2）小组动力表现

（1）成员间出现不同意见、争执或隐性对抗。

（2）质疑小组目标或社会工作者权威。

（3）小集团、边缘化现象可能出现。

3）工作者策略

（1）以接纳和尊重的态度处理冲突，引导正向表达情绪与需求。
（2）帮助组员澄清角色与期待，强化共同目标感。
（3）引导组员学习冲突管理和问题解决技能，转化矛盾为成长契机。

3. 规范期

1）特　征

经历冲突期的磨合后，小组逐步建立起明确的规范与行为标准。组员之间的关系趋向稳定，信任感与归属感增强。老年组员逐渐熟悉小组运作，开始认同小组规则与价值观。

2）小组动力表现

（1）小组内形成一致的规范与期望。
（2）组员之间相互支持、包容，合作意愿增强。
（3）小组凝聚力明显提高，互动更为自然、真诚。

3）工作者策略

（1）巩固小组规范与积极互动模式，强化正向行为。
（2）鼓励组员自主管理小组事务，逐步减少对工作者的依赖。
（3）引导组员探索更深层次的情感与经验分享，深化小组关系。

4. 成熟期

1）特　征

小组进入高度功能化阶段，组员能有效合作，积极达成小组目标。老年组员在此阶段通常表现出较强的主体性、自信心与互助精神，能够自发支持彼此成长与改变。

2）小组动力表现

（1）高效沟通与合作，积极达成小组任务。
（2）情感交流深度增加，形成深厚的同伴关系。
（3）成员自主性增强，自我效能感提升。

3）工作者策略

（1）进一步激发组员的潜能，支持其在小组中实现自我成长。
（2）鼓励组员将小组中学到的技能与经验迁移到现实生活中。
（3）减少直接干预，更多作为促进者与资源连接者存在。

5. 结束期

1）特　征

当小组目标完成，或时间周期结束时，小组进入结束期。老年组员面对分离时，可能伴随留恋、失落甚至焦虑等复杂情绪。结束不仅仅是关系的告别，更是对成长历程的回顾与整合。

2）小组动力表现

（1）成员表达对小组的依恋与惜别情绪。
（2）回顾小组旅程，肯定个人与集体的成长。
（3）开始关注未来计划与资源链接。

3）工作者策略

（1）引导组员回顾小组经历，总结个人收获与变化。
（2）正面处理分离情绪，鼓励组员保持积极的社会联系。
（3）帮助组员规划未来的个人发展路径，衔接其他社区资源或新的小组参与机会。

任务 5.2 小组活动的方法

小组有一个生命发展周期，小组组员从彼此陌生、不熟悉，到彼此支持和理解，可以分为开始阶段、发展阶段、冲突阶段、结束阶段。相应地，小组工作阶段也可以分为筹备期、初期、中期、末期。

5.2.1 小组活动筹备期

1. 制订小组目标

小组活动的目标应当由小组负责人、养老机构工作人员及社区工作者共同协商制定，需充分考量老年人的实际需求和生活状况。在制定适老小组活动目标时，采用SMART原则能确保目标清晰、可行且可评估，从而提高小组活动的有效性和成功率。SMART原则具体指以下五个方面：

1）目标必须是具体的（Specific）

目标应明确、清晰，避免模糊或笼统的表述，能回答"做什么""为什么做""谁参与"等问题。例如，"通过每周1次的社交活动，减少独居老人的孤独感，促进其与社区其他成员的互动。"

2）目标必须是可以衡量的（Measurable）

目标需有可量化的指标或观察标准，以便评估进展和成效。常用测量工具有问卷调查、参与率记录、行为观察表等。例如，"在3个月内，使80%的组员通过抑郁量表（GDS-15）测试得分降低20%。"

3）目标必须是可以达到的（Attainable）

目标应切合实际，考虑老年人的身体条件、兴趣和资源限制，以及时间、预算、成员能力、场地支持等因素，避免目标设置得过高或过低。例如，"通过2次课程，帮助组员掌握微信视频通话和健康码使用。"

4）目标必须和其他目标具有相关性（Relevant）

目标需与老年人需求、养老机构服务宗旨或资源紧密关联，避免脱离实际。例如，"开展慢性病自我管理小组，帮助高血压患者掌握日常监测和饮食控制方法。"

5）目标必须具有明确的截止期限（Time-based）

目标的设定必须有明确的时间节点，避免无限期拖延，增强行动紧迫性。例如，"在8周内，通过每周两次的太极拳训练，使组员平均步态稳定性提升15%。"

2. 招募小组成员

1）招募的方式

针对老年人特点，推荐采用以下招募方式：

（1）社区定点宣传：在老年活动中心、社区卫生站等场所设置宣传展板。

（2）入户走访：由社区工作者上门向独居老人介绍活动。

（3）子女协助：通过家属微信群等渠道传播活动信息。

（4）老带新推荐：鼓励已参与活动的老人引荐同伴。

（5）适老化宣传材料：使用大字号、简单明了的宣传单页。

2）甄选的因素

甄选老年组员时需重点考虑老年人的以下因素：

（1）健康状况：评估行动能力、慢性病情况等。

（2）兴趣爱好：确保与活动主题相匹配。

（3）社交意愿：优先选择有较强参与意愿的老人。

（4）家庭支持：了解家属是否支持参与。

3. 组建小组

1）组建原则

（1）同质性优先：年龄、身体状况相近，便于活动安排。

（2）能力互补：注意搭配不同特长的老人。

2）组建要点

（1）小组规模：小组的规模大小会影响小组中老年人的沟通行为。一般而言，小组的理想人数是7~9人，在这个范围内，工作人员有能力关注到个别老年人，而且易于安排小组内容，老年人彼此之间也能得到充分的回馈与支持。小组人数太多，会导致沟通不充分，难以形成小组凝聚力；问题探讨流于表面，不够深入；甚至因工作人员照顾不当给老年人造成伤害。

（2）活动时长：小组活动要预设时间限制，这样做的好处，一是老年人清楚自己会有多少时间来完成个人所关注的事项；二是老年人会较为珍惜他们所拥有的、有限制的时间；三是为老年人提供了适度的紧张，可以积极推动他们投入小组。而决定时限的因素，包括小组的性质、组员的年龄因素等。一般而言，对于老年人，每节小组活动控制在60~90分钟为宜。

（3）活动频率：较常见的小组聚会密度是每周开展 1 节小组活动。固定时间便于记忆。

（4）小组类型：小组依据中途是否能新增组员而分为开放式小组和封闭式小组。开放式小组允许新人的加入，认为这样能给小组带来新的挑战，但很难出现凝聚力，例如医院病友小组。封闭式小组的组员是固定的，组员间有较强的信任和凝聚力。一般情况下，老年人小组活动推荐封闭式小组，有利于老年人之间建立稳定关系和信任感。

3）注意事项

（1）活动场地要符合无障碍标准。
（2）首次活动前进行健康评估，并配备急救药品。
（3）准备老花镜、助听器等辅助设备。
（4）安排足够的志愿者协助。
（5）为行动不便者安排接送。
（6）预留家属联系方式。

4. 协助老年人了解小组活动

1）沟通方法

（1）个别面谈：针对听力或理解力较弱的老人进行一对一讲解。
（2）家属说明会：邀请子女或照护者共同参与说明。
（3）示范体验：安排简短的活动示范环节。
（4）图文手册：制作大字体、带图示的活动说明手册。
（5）往期活动展示：播放往届小组活动的视频片段。

2）沟通要点

（1）使用简单直白的语言反复说明活动内容。
（2）重点强调安全保障措施，消除老人顾虑。
（3）预留充足问答时间，耐心解答每个问题。
（4）提供试参与机会，让老人体验后再决定。
（5）记录每位老人的特殊需求（如是否需要接送）。

5.2.2 小组活动初期

1. 主要工作任务

（1）让小组组员相互认识。
（2）澄清小组目标。
（3）介绍小组运作以及组员如何从参加小组工作中受益。
（4）说明组员可能面对的问题及解决的方法。
（5）讨论保密的需要及建立小组的基本守则。
（6）了解组员对小组的期待或者存在的焦虑。
（7）向组员解释清楚工作者自己的角色。

2. 小组活动初期阶段的特点

1）趋 避

趋避指老年人由于对陌生群体的不信任、担心活动无意义或自身能力不足（如记忆力、体力），表现出对参与小组活动既感兴趣又犹豫的心理与行为表现。例如，愿意报名但首次聚会迟到或找借口缺席；坐在角落观察他人，不主动融入；口头表示"试试看"，但行动上保持距离。

面对老年人的趋避心理，工作者需耐心引导，强调小组的轻松性和非评判性；通过破冰游戏（如自我介绍接龙）降低心理门槛。

2）焦 虑

老年人由于对社交场合的适应能力下降，害怕被排斥或"出丑"，表现出焦虑的心理与行为表现。例如，反复询问活动流程或规则；表现出身体紧绷、搓手、频繁喝水等小动作；对他人评价敏感（如担心"说错话"）。

工作人员需要向老年人说明活动规则（如发言自由，无需完美），并采用结构化活动（如固定流程）增强安全感。

3）客 套

初期阶段，信任还未建立，老年人倾向于维持社交距离。例如，成员间礼貌性寒暄（如"您身体真好""孩子孝顺吗"），但回避真实感受；对话停留在社会惯例话题（天气、健康），避免深入交流。

工作人员可以设计需要合作完成的简单任务(如共同拼图)，通过行动而非语言促进互动；工作人员还可以运用自我暴露的沟通技巧（如分享个人趣事），鼓励开放性表达。

4）沉 默

老年人因为性格内向或听力/语言能力受限，或是担心观点不被接纳（如代际差异）等原因，表现出沉默的行为特点，例如，被动等待工作人员指令；不主动发言；小组讨论中出现冷场，仅少数人回应问题。

工作人员可以采用轮流发言制（如传递话筒），或是使用视觉辅助工具（图片、道具）降低语言依赖。

5）依赖领导者

老年人习惯权威引导或对自主决策缺乏信心，导致老年人在小组初期过于依赖领导者。例如，频繁向领导者寻求确认（如"这样对吗？""接下来做什么？"）；成员间互动少，仅回应领导者提问。

工作人员可以采取逐步赋权的策略，例如让老年人投票选择下次活动主题，增强老年人的信心；还可以采取促进老年人互助的策略，增强老年人之间的互动。

5.2.3 小组活动中期

1. 主要工作任务

（1）促进老年人之间的相互认同。

（2）以解决冲突、帮助组员加强对己对人的认识为工作介入的焦点。

（3）解决小组成员间的冲突，引导和参与小组结构重组。

（4）社会工作者更多地承担好协调者、协助者和辅导者的角色。

2. 小组活动中期阶段的特点

1）组员个人的内在心理冲突

它主要是指组员在面对小组或小组冲突时的矛盾心理。常见矛盾心理有：在面对小组时，既想融入小组，又担心自己在小组中会受到伤害；既想表现自己，却又怕招来别人的非议；在面对小组冲突时，既想干预，又怕引火烧身；既想化解冲突，却又不知从何下手。

2）组员之间的冲突

第一类冲突属于观点冲突，主要是因为组员对活动内容、小组规则或决策方式持不同看法。例如，一部分组员认为"应该多讨论健康问题"，一部分组员认为"应该多组织娱乐活动"。第二类冲突属于性格摩擦，例如，外向者主导讨论，内向者感到被忽视；细节控与随性派因做事方式产生矛盾。第三类冲突属于资源争夺，例如座位安排、发言机会、工作人员的关注度等资源。第四类冲突属于价值观冲突，因为生活经历和文化差异等因素导致价值观不一致。例如，一部分老年人认为"节俭最重要"，而一部分老年人则主张"享受生活"。

3）小组中出现次小组

因为兴趣相投（如都爱唱歌）、背景相似（如同为退休教师）等因素，部分组员自然形成联盟，在小组内部形成更小团体的次小组。次小组易造成排他性互动，例如次小组成员在小组时间内私下交谈，忽视其他成员；也容易对抗主小组，例如联合抵制工作人员或其他组员的提议（如"我们几个都觉得这个活动没意思"）。

次小组的出现，一方面能提供安全感，促进深度交流（如慢性病老人组内分享治疗经验），另一方面可能破坏小组整体凝聚力，导致资源分配不公（如次小组垄断发言机会）。

3. 小组活动中期阶段工作的态度和方法

1）态　度

（1）包容。它主要是指社工要平静地接受小组中客观存在着的冲突和次小组等现象，要协助组员恰当与合理地处理冲突和次小组问题，以及由此引起的组员的情绪波动。

（2）冷静与理性。冷静是指克制和不冲动。理性是指公正、客观、无偏见。

2）方　法

（1）帮助组员澄清自己的价值观。在实务工作中，帮助组员澄清价值观实际上是指，让组员明白每个人都可以拥有不同于他人的价值观，帮助组员修正其价值观偏差。也就是说，社工要通过一定的方法和技巧，去肯定、强化和改变组员的价值观。

（2）增进组员对自我的理解。利用角色互换、角色冲突和冲突处理策略练习、焦点回归等方式，来增强组员对自我和他人的了解。

① 色互换：指让对立的双方相互扮演对方的角色，并通过演绎、再现双方的对立或者沟通的具体情境及其过程，使冲突最终得到化解的矛盾解决方法。

② 色冲突：指先由社工拟定一个配合小组情境发展的剧本，其中包括若干引起矛盾和冲突的情境，然后安排组员扮演不同的角色，并在节目结束后让组员共同讨论观感（对角色的偏爱程度、角色扮演的感受、对相互对立角色的看法，以及如何消除矛盾等）。

③ 突处理策略练习：指让部分组员扮演各种冲突处理策略的角色，以练习该角色的冲突处理模式，而其他组员则扮演观察者的角色。练习结束后，组员们可以通过讨论的方式，对不同的冲突处理策略模式进行反馈和分享。

④ 点回归：指把问题抛给小组成员，让他们自己解决自己的问题，即社工通过启发与示范性的表达方式，鼓励组员就相关问题发表不同的看法，并通过讨论，最终使组员们在该问题上达成共识。

⑤ 他方法：压制，由社工或小组领导者通过强制性的手段解决矛盾；多数人决定的原则；协商与妥协；退却。

4. 小组成熟阶段的特点

1）小组成熟阶段的特点

（1）组员达到最理想的沟通状态。老人们能够清楚地理解其他老人的说话内容，以及某个老人对某些问题的态度和反应，甚至提前知道该老人将要说些什么；当个别老人说了一些错话，或者做了一些错事时，其他老人会抱着宽容和理解的态度来对待；老人们讨论的内容和话题变得比较宽泛，大部分老人在每一次聚会时都能够分享他人的问题、感受、想法和经验。

（2）小组形成了最有效的管理模式和解决冲突的方法。

（3）小组的凝聚力空前增强。老人们对小组的认同感空前增强；老人之间的信任感和依赖感空前增强。

（4）小组的权力结构趋于稳定。

（5）小组有足够的能量达成目标。小组的目的和目标变得十分清晰，并接近于达成；制定更高的小组奋斗目标。

（6）老人与工作人员之间的关系更加和谐。

2）小组成熟阶段的工作方法

（1）对小组进行引导。它是指工作人员通过对小组提出建议和忠告等方式，协助和引导小组向既定的目标迈进，并最终实现小组的任务目标。

① 忠告：指在小组开展活动前，工作人员向组员提出原则性的建议和要求，并根据自己以往的经验，提醒组员们注意活动中可能出现的问题和应该注意的事项。

② 咨询：指工作人员对来自组员的疑虑和困惑等问题进行及时的解答，并最大限度地为组员们提供有用的信息。

（2）为小组提供支持。激发小组的内在动力，鼓励小组自我管理、自我约束；帮助组员解决互动中出现的问题；帮助组员解决互动所需要的各种资源。

（3）适当地开展小组互动游戏。包括依赖游戏、探索自我游戏、自我表达游戏等。

5.2.4 小组活动后期

1. 小组后期的工作任务

小组后期的工作目标就是巩固和整合小组工作的成果，协助组员把在小组中学习到的经验、能力和行为等，运用到组员的日常生活中去，使组员带着自己的最大收获和积极的情绪体验，愉快、有成就感地离开小组。

工作人员在小组后期的工作任务，主要集中在下述两个方面：

1）评估小组目标的实现情况

（1）小组工作的效果和效率。

（2）小组目标的达成情况。

（3）小组的动力情况。

（4）小组过程中有何特殊事件，以及处理情况如何等。

2）了解和处理组员有关分离的情绪和感受

（1）鼓励老人将内心的真实感受充分地表达出来。

（2）帮助老人正确地认识小组结束的积极意义，引导他们对离组后的生活作出妥善的安排，鼓励他们把关注的焦点集中在对未来生活的美好憧憬上。

2. 小组后期的工作技巧

1）离别的准备

（1）预告小组结束的时间，督促组员尽快地达成小组目标。其中，帮助组员达成目标任务是小组工作的核心内容：其一，帮助组员回顾和梳理他们在小组中的成长历程与收获；其二，要求组员通过自评的方式，对自己的目标达成情况进行总结和评估。

（2）提升组员独立解决问题的信心与能力。通过创造和设置虚拟条件的办法，让组员学会正确地去适应不具支持性的环境条件，有意识地培养组员理智地分析、判断和独立处理问题的能力。

（3）弱化小组对组员的吸引力和影响力。引导组员回顾和总结他们在小组中的收获，指出他们已经得到了他们期望在小组中得到的东西；减少小组的聚会频率；与组员们讨论他们为什么不再需要小组；鼓励组员运用已学到的方法和技巧独立地解决问题，等等。

（4）帮助组员了解组外的社会资源。包括组员已有的社会支持网络资源，如家人、同学、朋友、社区等，以及其他社会资源，如义工、福利和慈善机构等。

2）离别情绪的处理

离别情绪处理主要是指工作人员对老人在小组的结束期出现的正面和负面的情绪波动进行恰当的处理。离别情绪处理的重点是老人负面情绪的处理，而处理老人负面情绪的目的，主要是协助老人正确地认识和面对小组分离的客观事实，提升老人运用自己的能力和资源去适应新环境的信心。

在实务工作中，针对老人不同的离别情绪反应，工作人员可以采用不同的方法。

（1）逃避和否定类的离别情绪：工作人员可以通过适当的肯定和揭露的方式加以疏导和化解。

（2）沮丧与失落类的离别情绪：工作人员最佳的介入方法是，与老人一起回顾大家在小组中的成长历程和收获的小组经验，提升老人应对组外环境的信心，鼓励老人大胆地回归社会。

（3）不满与愤怒类的离别情绪：工作人员应通过以退为进的方法加以化解，即工作人员对老人的不满与愤怒，除了要表现出适度的宽容和谅解外，还应该在老人的情绪平静下来后，通过个别辅导和协助组员制订组后计划等方式，提升老人的自信，进一步缓解其离组后独自面对生活的恐惧和压力。

（4）行为倒退（退化）：工作人员除了要与老人讲清楚小组解体的客观原因外，还应该通过引导组员正确地认识外部世界，为老人提供组后支持资源等方式，提升老人适应组后社会生活的信心，帮助老人舒缓和减轻紧张、失落与不安全的感觉。

3）处理最后的离别

（1）经验回顾。经验回顾的具体方法和技巧主要有：

① 让老人轮流介绍自己在小组中的收获与感受；
② 通过角色扮演或成果展示，再现小组过程中的重要事件；
③ 让老人相互讨论和总结对方的收获与进步；
④ 把小组历程划分为若干个阶段，并由老人讨论和总结各个阶段的学习经验与成果。

（2）收集意见。它主要是指收集老人对小组和工作人员的工作，以及老人个人成长等方面的认识、看法和建议。

收集意见的主要方法是请老人填写团体意见反馈表，或者请老人通过语言形式，对小组和工作人员的工作进行评价，提出意见等。

（3）离别与祝福。

4）小组结束后的跟进服务

（1）转介。作为跟进工作中的重要一环，转介在这里是指在小组活动结束后，工作人员把还存在其他服务需要的老人转送到其他服务机构，以便其在新的服务机构中得到相关帮助的工作过程。

（2）建立自助网络。它是指工作人员在小组活动结束之前，帮助老人了解其自身存在的可供利用的支持性资源，并以此为基础，帮助老人建立组后支持性的自助网络的工作。

（3）探访。工作人员在小组活动结束一段时间后对老人进行探访，既是组后跟进服务的一项重要内容，又是巩固小组成果的关键环节。

任务 5.3　音乐类小组活动的开展

5.3.1　音乐治疗活动的基础介绍

不可否认,"音乐使生活更美好"已成为大多数人的共识。已有研究显示,音乐有助于心理健康,因为它可以降低血压和心率,减少血液中压力荷尔蒙的分泌。同时,它也具有一定的社会功能属性,能够促进人与人之间的交往,增进社会关系。音乐甚至可以改善我们的耐力,给富有挑战性的活动增添乐趣。

1. 音乐治疗活动的定义

1) 音乐治疗的定义

音乐治疗（Music Therapy）1944 年在美国密歇根州立大学正式成为学科。经半个多世纪的发展,音乐治疗已成为一门成熟完整的边缘学科,已经确立的临床治疗方法多达上百种,并形成了众多的理论流派。在美国有近 80 多所大学设有音乐治疗专业,培养学士、硕士和博士学生。美国有大约 4000 多个国家注册的音乐治疗师在精神病医院、综合医院、老年病医院、儿童医院、特殊教育学校和各种心理诊所工作。从 20 世纪 70 年代开始,音乐治疗传入亚洲,在日本和中国台湾较大的医院都设有专门的音乐治疗师。

由于音乐治疗（Music Therapy）是一门年轻的应用学科,涉及学科广泛,应用领域庞杂,流派思想丰富,因此从音乐治疗学的发展状况来说,并没有一个统一的学科定义标准。这是因为音乐治疗学毕竟是比较年轻的学科,还因为不同国家、不同民族的音乐治疗师受不同的文化、历史、经济、政治、医疗条件等多方面因素的影响,加上各国专家开展音乐治疗的领域及治疗方法的不同,所以产生了不一致的定义。简单地说,音乐治疗就是一种运用一切音乐活动的各种形式,包括听、唱、演奏、律动等各种手段对人进行刺激与催眠并用声音激发身体反应,使人达到健康目的的治疗方式。

2) 音乐治疗学的基本要素

音乐治疗学作为一门综合性疗法,其核心在于通过音乐元素促进个体的身心健康和康复。其基本要素包括：

（1）有明确治疗需求的病人。音乐治疗的首要前提是存在一个具有明确治疗需求的病人。这些需求可能涉及情绪问题（如焦虑、抑郁）、行为障碍（如孤独症、多动症）、认知功能下降（如老年痴呆）、生理疾病（如心脏病康复）等多个方面。病人必须愿意参与治疗,并对音乐有一定的接受度,这是治疗成功的基础。

（2）一位受过训练的音乐治疗师。音乐治疗师是治疗过程中的关键人物,他们不仅需要具备音乐方面的专业知识和技能,而且需要接受系统的心理学、医学等相关培训,以便能够根据病人的具体情况制定个性化的治疗方案。音乐治疗师需要掌握多种音乐治疗技术和方法，如即兴演奏、歌曲讨论、音乐投射聆听等，并能够灵活运用这些技术来引导病人参与治疗过程。

（3）一段有目标导向的音乐历程。音乐治疗并非简单地听音乐或唱歌，而是一段有明确目标和导向的音乐历程。治疗师会根据病人的治疗需求制定具体的治疗目标，如改善情绪状态、提高社交能力、促进身体康复等。在治疗过程中，治疗师会引导病人通过参与各种音乐活动（如唱歌、演奏乐器、创作音乐等）来实现这些目标。这些活动往往具有层次性，从简单的聆听、模仿到复杂的创作和即兴演奏，逐步深入病人的内心世界，促进其心理和生理的康复。

（4）音乐素材。音乐素材是音乐治疗的重要组成部分，包括各种类型的音乐作品、乐器以及音乐创作工具等。治疗师会根据病人的治疗需求和个人喜好选择合适的音乐素材。例如，对于情绪低落的病人，治疗师可能会选择轻快、欢快的音乐作品来激发其积极情绪；对于需要提高社交能力的病人，治疗师可能会通过组织集体音乐活动来促进其与他人之间的互动和交流。此外，治疗师还可能会根据治疗进程和病人的反馈对音乐素材进行调整和优化，以确保治疗效果的最大化。

（5）一份有关治疗效果的评估。评估是音乐治疗不可或缺的一环。治疗师需要通过定量和定性的方法对治疗效果进行评估，以了解治疗是否达到了预期目标，并根据评估结果对治疗方案进行调整和优化。定量评估方法包括使用标准化的心理测量工具（如情绪量表、自尊量表等）来测量病人在治疗前后的变化；定性评估方法则侧重于观察和记录病人在治疗过程中的行为和情绪表达，以及治疗师与病人之间的互动和关系。评估结果不仅有助于治疗师了解治疗效果，而且能为未来的音乐治疗实践提供宝贵的经验和参考。

3）音乐治疗的原则

音乐治疗是心理治疗的一种方法手段，因此它应遵守与一般心理治疗相同的一些治疗原则，如保密原则、交友原则等。除此之外，音乐治疗还有一些特殊的治疗原则。

（1）循序渐进原则。音乐治疗要根据来访者的心理特点，循序渐进地播放音乐。循序渐进包括两个方面：一是从音乐选择的角度来看，要循序渐进。如引导悲伤情绪的音乐有轻度、中度和重度之分。选择音乐一般从轻度音乐开始，逐渐过渡到中度悲伤音乐。二是从播放音量的角度来看，音量也要逐渐增大，让来访者逐渐适应。

（2）学习与启发原则。学习与启发原则是指在进行音乐治疗时，对不懂音乐的来访者进行教育和引导，向来访者介绍有关音乐创作的背景和音乐家所要表达的意境。在治疗前，可以先尝试让来访者听一段音乐，用心体验音乐的意境。如果来访者听不懂音乐的意境，心理治疗师应作一些解释，帮助来访者理解音乐含义。

（3）体验原则。体验原则指在治疗中让来访者根据音乐所营造的氛围，用心体验自己的情绪或感受。

4）音乐治疗的方法

音乐治疗是指运用与音乐相关的手段，即听、唱、演奏、创作、律动、音乐的其他艺术形式等方法技术，使被治疗者达到健康的目的。

音乐治疗方法可分为接受式、即兴式、再创造式音乐治疗。其中接受式音乐治疗的方法包括聆听、歌曲讨论、音乐引导想象等。即兴音乐治疗包括器乐即兴、口头即兴等。再创造式音乐治疗包括歌曲创作、乐曲创作、音乐心理剧等。

2. 音乐治疗活动的功能

1）心理与情绪层面

（1）情绪调节与改善。音乐治疗能够帮助老年人缓解焦虑、抑郁等负面情绪，通过音乐的旋律和节奏带来愉悦和放松的感觉，从而改善情绪状态。特别是针对抑郁的老年人，音乐治疗能带来心灵上的抚慰，让他们感受到温暖和希望，减轻心理压力。

（2）心理安全感与自尊感。音乐治疗活动为老年人提供了一个安全、包容的环境，让他们在音乐中表达自己的情感和想法，从而增强心理安全感。同时，老年人能够通过参与音乐活动取得一定的成就，提升自尊感，增强自信心。

2）认知与记忆层面

（1）增强现实感与自我感知。音乐治疗能增强老年痴呆患者的现实感，提供真实性信息，从而改善他们的自我感知和独立性。让老年人聆听或演唱与当前时间、季节、环境、事件有关的歌曲，有助于改善他们的思维混乱现象。

（2）改善记忆功能。音乐能刺激老年人的长期记忆，改善短期记忆和其他认知功能。熟悉的旋律和歌词能够唤起老年人的记忆，帮助他们保持和恢复记忆力。

3）社交与互动层面

（1）促进社交互动。音乐治疗活动为老年人提供了一个社交互动的平台，通过合唱、乐器合奏等形式，让他们与他人建立联系，增强社交能力。共同参与音乐活动有助于老年人建立新的友谊，减少孤独感。

（2）情感表达与共鸣。音乐是一种无声的语言，能够唤醒老年人心灵深处的记忆和情感。通过音乐，他们可以表达自己的情感和想法，与他人产生共鸣。这种情感表达和共鸣有助于老年人感受到生活的美好和意义。

4）生理与健康层面

（1）促进身体健康。音乐治疗可以刺激老年人的大脑和身体，活化脑细胞，改善认知和运动功能。通过参与音乐活动，老年人可以锻炼身体，提高身体素质和免疫力。

（2）延缓老化。音乐治疗对老年人具有延缓老化的作用。通过音乐的刺激和训练，老年人的大脑和身体可以保持一定的活力和功能水平。

5）特定场景应用

在养老院和康复中心等场所，音乐治疗活动已成为重要的康复手段之一。通过为老年人量身定制音乐治疗方案，帮助他们改善心理状态、增强认知功能、促进社交互动等。

音乐治疗在临终关怀方面，包括疼痛管理、心理疏导等也有突出贡献。国外专门的临终关怀音乐治疗师的工作就是根据医院或社区的需求到指定地点给病人做音乐治疗。生老病死是人类逃不开的宿命，但国内的教育环境总是在教人们如何更好地生存，对死亡的话题避讳不谈。如果生命注定会消逝，那么研究如何"善终"其实就和讨论好好活着一样有意义。音乐对于人在精神和心灵方面的提升能起到极大的疗愈作用，这甚至是医疗手段都无法比拟的。

综上所述，适老化音乐治疗活动在心理与情绪、认知与记忆、社交与互动以及生理与健康等多个层面都具有显著的功能和作用。这些功能不仅有助于老年人的身心健康和全面发展，而且能提高他们的生活质量和幸福感。

3. 音乐治疗活动的主要类型

1）唱歌活动

（1）音乐教室：提供专业的声乐教学，帮助老年人学习唱歌技巧，提升音乐素养。

（2）全民 K 歌：利用现代科技手段，如手机 App，让老年人随时随地享受唱歌的乐趣，增强自我表达能力。

（3）歌友会：组织志同道合的歌友聚会，共同分享歌曲，增进友谊，减少孤独感。

（4）红歌赛：通过演唱红色经典歌曲，激发老年人的爱国情怀和集体荣誉感。

（5）主题 K 歌会：围绕特定主题（如节日、季节、电影音乐等）进行 K 歌，增加活动的趣味性和参与感。

2）音乐游戏

（1）节奏游戏活动：通过简单的节奏游戏，锻炼老年人的反应能力和协调能力，同时增加活动的互动性和趣味性。如击鼓传花游戏、节奏篮球、节拍传递等。

（2）我爱改歌词活动：鼓励老年人发挥创造力，改编歌曲歌词，表达个人情感和观点，提升自我表达和创新能力。

3）舞蹈活动

（1）广场舞：作为广受欢迎的群众文化活动，广场舞能够锻炼身体，增强心肺功能，同时促进邻里间的交流和互动。

（2）健身操：结合音乐进行的全身运动，适合不同身体条件的老年人参与，提高身体素质和免疫力。

（3）手语舞、杯子舞：这些特色舞蹈形式不仅锻炼了身体，而且增加了学习的乐趣和成就感。

（4）歌舞表演、主题舞会：为老年人提供展示自我的平台，增强自信心和社交能力。

4）音乐律动

（1）身体打击乐：利用身体部位发出声音，与音乐节奏相结合，培养老年人的节奏感和身体协调性。

（2）手势舞、韵律操：通过简单的手势和动作，跟随音乐节奏舞动，提升身体的灵活性和音乐感知能力。

5）器乐表演

（1）钢琴、非洲鼓、打击乐、二胡、小提琴、空灵鼓等表演：为老年人提供多样化的乐器学习机会，满足他们对音乐的热爱和追求。

（2）视力障碍音乐小组、失能失智鼓圈小组、乐知吾心音乐小组：针对特殊需求的老年人群体，通过音乐活动进行康复训练和情感交流，提高生活质量。

6）音乐欣赏

（1）音乐沙龙：小范围的聚会形式，围绕特定音乐主题或作品进行深入探讨和分享，提升音乐鉴赏能力。

（2）音乐会/音乐剧欣赏：组织老年人观看现场音乐会或音乐剧，享受高质量的音乐表演，提升艺术修养和审美水平。

（3）音乐放松指导语：结合音乐进行放松训练，帮助老年人缓解压力、改善睡眠、提升心理健康水平。

这些音乐类适老活动不仅丰富了老年人的精神文化生活，而且促进了他们的身心健康和社交互动，是老年人生活中不可或缺的重要组成部分。

5.3.2　音乐治疗活动策划的操作要领

1. 前期准备阶段

1）了解老人情况

在活动开始前，需要详细了解参与老人的身体状况、心理状况、音乐偏好及特殊需求，以便制定个性化的音乐治疗方案。

2）选择合适音乐

根据老人的喜好和需要，选择不同类型的音乐，如古典音乐、流行音乐、民族音乐等，确保音乐既能引发老人的情感共鸣，又能达到治疗目的。

3）准备必要设备

提前准备好播放设备（如音响、耳机）、乐器（如手铃、木鱼等适合老年人的简单乐器）以及其他辅助工具（如椅子、垫子等），确保活动顺利进行。

4）营造舒适环境

确保治疗环境光线明亮柔和、空气清新，并可以摆放一些花草植物，以增加环境的生机和舒适度。

5）设计游戏和互动环节

设计音乐游戏和互动环节，促进老年人之间的交流和合作。鼓励家庭成员参与音乐活动，与老年人共同享受音乐的乐趣，并增进家庭成员之间的情感联系。

2. 活动开展阶段

1）问候与热身

以统一问候的歌曲或简单的自我介绍开始活动，帮助老人放松心情，融入治疗氛围。热身环节可以做一些简单的音乐游戏或心理游戏，增强老人的积极情绪体验。

2）主体治疗

（1）音乐欣赏：组织老人集体欣赏不同类型的音乐，通过音乐的旋律和节奏调动老人的情绪，缓解负面情绪。

（2）音乐表演：邀请专业音乐人士或志愿者进行音乐表演，鼓励老人参与合唱或乐器表演，增加社交互动和参与感。

（3）音乐治疗技术：运用音乐回忆、歌词讨论、音乐绘画等技术，帮助老人回忆美好时光，增强认知能力和记忆力。

（4）音乐与运动结合：组织老人进行音乐健身操、舞蹈等活动，通过音乐的节奏和动作锻炼身体，提高平衡和协调能力。

3. 活动结束阶段

1）分享与反馈

活动结束时，带领老人分享自己的感受和体验，鼓励老人之间相互交流，增强归属感。同时，治疗师应给予积极的反馈和鼓励，增强老人的自信心和自尊心。

2）收集反馈

向老年人和家庭成员收集对活动的反馈意见，以便不断改进和优化音乐治疗计划。根据反馈意见调整活动内容和形式，以满足老年人的需求和期望。

3）定期评估

对老年人的情绪、心理健康、认知功能和身体协调能力进行定期评估，以了解音乐治疗的效果。观察老年人在活动中的参与程度和与他人的交流情况，评估其社交互动的改善情况。

4. 注意事项

1）安全第一

在整个活动过程中，要时刻关注老人的身体状况，确保活动在安全的环境下进行。对于行动不便的老人，应提供必要的辅助和支持。

2）尊重差异

尊重每位老人的个性和需求，避免强迫老人参与不喜欢的活动。对于有特殊需求的老人，应制定个性化的治疗方案。

3）持续观察

定期观察老人的情绪变化和心理健康状况，及时调整音乐治疗方案，确保治疗效果。

4)专业培训

带领老人进行音乐治疗活动的工作人员应接受专业培训,掌握音乐治疗的基本知识和技能,确保活动的专业性和有效性。

通过遵循以上操作要领,养老院中的音乐治疗活动可以更好地促进老人的身心健康,提高他们的生活质量。

5.3.3 音乐治疗活动小组的案例展示

看见音乐,让爱发声!
——视力障碍音乐小组"团结就是力量"

【步骤一:预估阶段】

福利中心的视障老年人主要是后天发生的视力障碍,由于身体条件受限,缺乏安全感,行动有较高的跌倒风险,社会参与和人际交流的机会较一般老年人少。本着助人自助的理念,按照小组工作方法,配合乐器和音乐疗法,视障老年人可以锻炼以其他感觉替代视觉,训练使用工具的技能,以音乐表达自我,增强信心,恢复安全感,拥有自助能力。

【步骤二:计划阶段】

看见音乐,让爱发声!
——视力障碍音乐小组活动策划方案

一、活动背景与目标

在老龄化社会背景下,视力障碍老年人面临着更多的挑战与孤独感。本活动旨在通过"看见音乐,让爱发声"这一主题,运用音乐疗法的力量,帮助视力障碍老年人以音乐为桥梁,探索非视觉世界的美好,增强自我效能感,促进社交互动,重拾生活乐趣与信心。

二、活动对象

(1)人数:6名视力障碍老年人。

(2)特征:年龄较大,视力受限,但对音乐有基本兴趣或愿意尝试。

(3)视力障碍小组成员实际情况:共6位老人,其中4位仅剩光感,2位视物困难,行动力受限、被动、孤独、没安全感。6位老人具体情况如下。

老年人A:青光眼

老年人B:白内障手术失败

老年人C:白内障

老年人D:糖尿病性白内障

老年人E:眼底黄斑性病变

老年人F:青光眼、阿尔兹海默症

三、活动时间与形式

(1)时间:每周1~2次,每次1.5~2小时,共持续10周。

(2)形式:封闭式音乐干预小组,确保每位老年人都能得到充分的关注与参与。

四、活动阶段规划

表 5.1 活动阶段表

阶段	目标	内容
初期阶段（第1~2节）破冰与认知建立	目标：让老年人相互认识，了解活动目的，建立信任关系	①自我介绍与分享：鼓励老年人用语言或声音表达自我。 ②音乐初探：播放不同类型的音乐，引导老年人通过听觉感受音乐情绪。 ③小组讨论：分享视力障碍带来的挑战与感受，共同制定小组规则与期望。
中期转折期（第3~5节）：音乐游戏与乐器学习	目标：通过游戏激发兴趣，学习基础乐器演奏，提升手眼（或手耳）协调能力	①音乐游戏：如"音乐接龙""节奏模仿"等，增强节奏感与反应能力。 ②乐器教学：从简单的非洲鼓、锣、沙锤开始，逐步教授演奏技巧。 ③分组练习：根据老年人兴趣与进度分组，进行小组内合奏练习。
后期成熟期（第6~8节）：情绪疏导与成果展示	目标：通过音乐表达情感，促进情绪疏导，展现学习成果	①情绪音乐创作：引导老年人根据个人经历创作或改编音乐，表达内心感受。 ②合奏排练：加强团队合作，优化合奏效果，准备登台表演。 ③模拟表演：在小组内部进行模拟表演，增强舞台感与自信心。
结束阶段（第9~10节）：自我接纳与未来展望	目标：巩固成果，促进自我接纳，规划未来生活	①成果展示会：邀请家人、朋友及社区人士观看老年人的乐队表演，给予鼓励与认可。 ②自我反思：引导老年人分享参与活动的感受与变化，增强自我认同。 ③后续规划：讨论如何保持音乐爱好，建立长期支持网络，如定期聚会、参加社区演出等。

五、预期效果与评估

1. 效果

（1）60%的老年人能够熟练使用非洲鼓、锣、沙锤等乐器演奏乐曲并伴唱。

（2）80%的老年人在小组中获得归属感与认同感，通过音乐分享经历，建立深厚友谊。

（3）显著提升老年人的自信心与社交能力，减轻因视力障碍带来的心理压力。

2. 评估

（1）通过观察记录、小组讨论反馈、家属与社区评价等多种方式，综合评估活动效果。

（2）定期收集老年人的自我评估报告，了解个人成长与变化。

（3）在活动结束后进行总结会议，收集反馈意见，为未来类似活动提供参考。

【步骤三：筹备阶段】

在筹备"看见音乐，让爱发声！"视力障碍音乐小组活动的过程中，筹备阶段的工作至关重要，它直接关系到后续活动的顺利进行和最终效果。以下是筹备阶段需要做的具体工作：

一、明确活动目标与定位

（1）确定活动主题：明确活动以"看见音乐，让爱发声"为主题，旨在通过音乐疗法帮助视力障碍老年人。

（2）设定活动目标：包括提升老年人的自信心、社交能力，促进情绪疏导，以及通过音乐表达自我等。

二、组建筹备团队与分工

（1）成立筹备小组：选拔具有组织能力、音乐素养和关爱精神的成员组成筹备小组。

（2）明确职责分工：根据团队成员的特长进行分工，如负责活动策划、宣传推广、物资采购、场地布置、乐器教学等。

三、市场调研与需求分析

（1）了解目标群体：深入了解视力障碍老年人的需求、兴趣爱好及身体状况，确保活动内容的适宜性。

（2）调研音乐疗法：研究音乐疗法在视力障碍人群中的应用效果，选择适合的音乐类型和乐器。

四、制订详细的活动计划

（1）活动时间与地点：确定每周的活动时间、频率及持续周期，选择安全、舒适、便于老年人到达的场地。

（2）活动内容与流程：根据活动阶段规划（初期、中期、后期、结束阶段），制定详细的活动内容与流程，包括音乐游戏、乐器教学、情绪疏导、成果展示等环节。

（3）物资采购与布置：根据活动需求采购所需的乐器、音响设备、教学资料等物资，并进行场地布置。

五、宣传推广

制定宣传方案：通过社区宣传栏、社交媒体、口头传播等方式进行活动宣传，提高知晓度。

六、制定应急预案与安全管理措施

（1）应急预案：针对可能出现的紧急情况（如老年人身体不适、乐器损坏等）制定应急预案，确保活动顺利进行。

（2）安全管理措施：加强场地安全管理，确保活动现场无安全隐患；对参与者进行安全教育，提高自我保护意识。

七、培训与演练

（1）团队培训：对筹备团队成员进行音乐疗法知识、乐器教学技巧、活动策划与执行等方面的培训。

（2）活动演练：在正式活动前进行模拟演练，检查活动流程是否顺畅、物资是否齐全、人员分工是否合理等。

八、持续评估与改进

（1）活动评估：在活动过程中和结束后进行持续评估，收集参与者、家属及社区的反馈意见。

（2）总结改进：根据评估结果总结经验教训，对活动方案进行优化改进，为未来的类似活动提供参考。

通过以上筹备阶段的工作，可以确保"看见音乐，让爱发声！"视力障碍音乐小组活动的顺利进行和最终效果。

【步骤四：带领阶段】

一、小组发展阶段

表 5.2　小组发展阶段工作人员做法

阶段	工作人员应对
初期阶段	妥善应对组员表现出的模糊回应、抗拒态度及沉默状态
中期转折期	协调冲突，协助组员重构小组，把控目标和进程
后期成熟期	维持良好互动，促进目标实现
结束阶段	处理离别情绪，协助组员保持小组经验

二、小组发展过程

音乐疗法通过改变人的情绪来改变人的认知。

表 5.3　小组发展阶段老人情绪变化

阶段	老人情绪变化
初期阶段（1~2 节）	面临视障、衰老的困难，感觉到压力和负担，认为自己做不到
中期转折期（3~5 节）	进行音乐游戏、乐器学习
后期成熟期（6~8 节）	情绪转好，感觉自己能做到
结束阶段（9~10 节）	接纳自己、自我调节、重拾信心

三、服务成效

83%的视障老年人学会用非洲鼓、锣、沙锤演奏乐曲，且能够边演奏边演唱。

根据社工提问和观察，100%的组员在小组中收获认同和归属，分享疾病和经历，合奏乐曲，组建乐队，登台表演，向他人展示自我。远超预期的目标，非常完美地完成了此次活动任务。

【步骤五：评估总结阶段】

经过数周的精心筹备与实施，"看见音乐，让爱发声！"视力障碍音乐小组活动圆满落下帷幕。此次活动不仅仅为视力障碍老年人提供了一个展示自我、享受音乐的平台，更在他们心中埋下了希望与自信的种子。

一、活动亮点回顾

（1）创意独特的主题："看见音乐，让爱发声"这一主题富有创意，通过音乐这一无国界的语言，让视力障碍老年人感受到了生活的美好与希望。

（2）精心设计的活动内容：活动从初期的破冰游戏到中期的乐器学习，再到后期的情绪疏导与成果展示，每个环节都紧密相连，逐步推进，让老年人在轻松愉快的氛围中学习、成长。

（3）专业的教学团队：我们邀请了具有丰富教学经验的音乐老师和志愿者，他们耐心细致地指导老年人学习乐器，用爱心和耐心陪伴他们渡过每一个难关。

（4）温暖的社区支持：活动得到了社区内各界人士的大力支持，包括场地提供、物资捐赠等，为活动的成功举办提供了有力保障。

二、活动成效显著

（1）技能提升：经过几周的学习，83%的视力障碍老年人成功掌握了非洲鼓、锣、沙锤等乐器的演奏技巧，并能够在演奏过程中自信地演唱歌曲。

（2）情绪改善：音乐疗法在活动中的应用效果显著，许多老年人在参与活动后情绪得到了明显的改善，变得更加开朗、乐观。

（3）社交增强：活动为视力障碍老年人提供了一个交流互动的平台，他们通过分享音乐、经历与感受，建立了深厚的友谊，增强了社交能力。

（4）自信重塑：在舞台上展示自己的音乐才华，让老年人感受到了前所未有的成就感与自信，这种自信将伴随他们继续前行。

三、经验与反思

（1）成功经验：活动的成功离不开团队的紧密合作与无私奉献，以及社区的大力支持。同时，活动内容的精心设计和教学方法的灵活运用也是关键所在。

（2）反思与改进：虽然活动取得了显著的成效，但在实施过程中也存在一些不足之处。例如，部分老年人在初期阶段对乐器学习感到吃力，需要更加耐心细致地指导；此外，活动的宣传推广力度还可以进一步加强，以吸引更多视力障碍老年人的参与。

四、展望未来

"看见音乐，让爱发声！"不仅仅是一次短暂的活动，更是一个长期的关怀计划。我们期待在未来继续为视力障碍老年人提供更多丰富多彩的活动与机会，让他们在音乐的陪伴下享受更加美好的生活。同时，我们也呼吁社会各界关注这一群体，共同为他们营造一个更加包容、和谐的社会环境。

策划练习

> 请根据以下背景预估老年人和小组情况，策划音乐小组。
> 1. 配偶离世可能带来漫长的失落和哀伤，近三个月院舍有7位老年人经历丧偶之痛，无法适应，部分老年人连续两周抑郁沮丧，其他条件可自行假设。
> 2. 已知7名轻度认知障碍老年人喜欢音乐，肢体能力和表达能力较好，但存在注意力不集中、空间定向障碍、记忆力减退等问题，条件不足可自行假设。

任务 5.4　园艺类小组活动的开展

5.4.1　园艺治疗活动的基础介绍

随着生活节奏加快，工作压力增加，人们越来越容易出现各种心理问题。因此，懂得在适当的时候调节生活、放松身心显得十分重要。园艺治疗作为一种新鲜的心理辅助疗法，开始被越来越多的人认识和尝试。

事实上，利用植物来调节情绪和辅助治疗并不是现代人的发明。早在古埃及时代，利用植物实现治疗效果的方式就已经被认同，当时的医生会让情绪波动的病人漫步花园，借以稳定情绪。

到了近现代，随着人们对这种情绪治疗方法的深入研究，美国园艺治疗协会将园艺辅助治疗（Horticultural Therapy）定义为，通过园艺活动，如花卉及蔬果种植、干花手工艺、治疗性园景设计等，使参与者在社交、情绪、身体、认知及精神等方面获得好处的心理辅助治疗方式。

1. 园艺治疗活动的定义

园艺治疗，不同于物理治疗或化学药物治疗，是一种辅助性的治疗方法（职能治疗、代替医疗），患者通过实际接触和运用园艺材料、维护美化植物和庭院等方式活动身体，享受这一过程，在接触自然环境的过程中自然而然地纾解压力与复健心灵。目前园艺疗法运用在一般疗育和复健医学方面，例如精神病院、教养机构、老人和儿童中心、医疗院所或社区。

老年人园艺治疗活动是一种针对老年人群体的特殊疗法，社工或专业人员通过引导老年人参与植物的栽植、园艺操作、美术活动等过程，舒缓老年人的情绪压力，改善老年人的专注力、训练手眼协调能力等。这种疗法强调老年人在活动中的参与感和责任感，通过亲自照料植物，体验生命的成长与变化，从而获得身心的愉悦和满足。

2. 园艺治疗活动的目的

使老年人觉察内在动力，提高观察力、专注力和执行力，改善肢体协调能力，刺激感官，创造积极的情绪体验，促进社会交流与互动，改善生活质量。

3. 园艺治疗活动的功能

1）促进身心健康

（1）园艺活动如种植、浇水、除草等需要身体力行，有助于老年人进行适度的体力活动，增强肌肉力量、提高灵活性和耐力。

（2）与自然界的亲密接触可以减轻压力、缓解焦虑和抑郁情绪。观察植物的生长过程，体验生命的奇迹，能够提升老年人的幸福感和满足感。

2）促进情感表达与疗愈

（1）植物可以成为老年人情感的寄托，通过照料植物，老年人可以表达自己的关爱、耐心和责任感。

（2）园艺活动为老年人提供了一个安全的空间，让他们可以通过与植物的互动来释放内心的负面情绪，如孤独、无助等。

3）增进社交互动与人际关系

（1）园艺治疗活动常常以团体形式进行，为老年人提供了与其他人交流互动的机会，有助于建立新的友谊和社交网络。

（2）在园艺活动中，老年人可以分享自己的种植经验、园艺技巧以及生活中的点滴，增进彼此之间的了解和信任。

4）提升认知能力

（1）园艺活动涉及植物学、园艺学等多方面的知识，老年人在学习过程中可以锻炼自己的记忆力和学习能力。

（2）在照料植物的过程中，老年人需要关注植物的生长状况，作出浇水、施肥等决策，这有助于提升他们的注意力和决策能力。

5）增强自我实现与成就感

（1）看到自己亲手种植的植物茁壮成长、开花结果，老年人会获得极大的成就感和满足感，这种积极的体验有助于提升他们的自信心和自尊心。

（2）园艺活动为老年人提供了一个实现自我价值的平台，通过不断努力和付出，他们可以在园艺领域取得一定的成就，感受到自己仍然是有用的人。

老年人园艺治疗活动在促进身心健康、促进情感表达与疗愈、增进社交互动与人际关系、提升认知能力以及增强自我实现与成就感等方面都发挥着重要的作用。这些功能共同构成了园艺治疗对老年人全面健康的积极影响。

4. 园艺治疗活动的主要类型

1）室内园艺活动

（1）简易种植：在室内进行简易的种植活动，如盆栽植物的养护、小型蔬菜或花卉的种植等。这些活动可以在家中、医院或养老院的专门活动场所进行，需要注意室内的光线、温湿度和土壤条件是否适宜植物生长。

（2）手工艺品制作：利用植物材料制作各种手工艺品，如标本制作、花艺设计、盆景创作等。这些活动不仅可以锻炼老年人的动手能力，而且能激发他们的创造力和想象力。

（3）花卉摆设：学习如何摆放和布置花卉，以提升居住或活动空间的美感和氛围。老年人可以根据自己的喜好和审美，将花卉和植物搭配成各种美观的景致。

2）室外园艺活动

（1）花卉种植：在户外种植各种花卉，如观赏花卉、药用花卉等。老年人可以参与播种、育苗、移植、收获等全过程，感受植物生长的魅力。

（2）蔬菜种植：种植蔬菜不仅能提供新鲜的食材，而且可以让老年人享受收获的喜悦。他们可以根据自己的口味和喜好选择种植种类，并学习如何管理蔬菜的生长。

（3）药材种植：对于对中药材感兴趣的老年人，可以种植一些常见的药用植物，如薄荷、金银花等。这不仅可以增加他们的知识储备，而且能让他们亲身体验到中药材的种植和采集过程。

3）团体园艺活动

（1）游戏与互动：组织老年人参与园艺相关的游戏和互动活动，如植物认知游戏、园艺知识竞赛等。这些活动可以增加游戏趣味性，提升老年人的参与感，促进老年人之间的交流和互动。

（2）户外教学：组织老年人参观植物园、花展等园艺产业相关场所，进行户外教学。这不仅可以让他们学习到更多的园艺知识，而且能让他们感受到大自然的美丽和神奇。

（3）集体园艺项目：组织老年人共同参与一些大型的园艺项目，如社区绿化、屋顶花园建设等。这些项目可以培养老年人的团队合作精神和社会责任感，让他们感受到自己的价值和贡献。

老年人园艺治疗活动的类型多样且富有创意，旨在通过园艺活动促进老年人的身心健康，提高老年人的社会交往能力。这些活动不仅可以让老年人享受到园艺的乐趣，获得成就感，而且能提高他们的生活质量和幸福感。

5.4.2 园艺治疗活动策划的操作要领

1. 明确活动目标与主题

（1）确定目标：明确园艺治疗活动旨在提高老年人的身心健康水平，缓解压力，增强社交互动，提升生活满意度等。

（2）选定主题：根据季节、节日或特定需求（如春季播种、夏季花卉观赏、秋季收获、冬季修剪等）设定活动主题，使活动更具吸引力和针对性。

2. 确定参与对象与规模

（1）参与对象：主要面向社区中的老年人，特别是退休老年人、轻中度失能失智老年人、价值感低或轻度抑郁的老年人等。

（2）参与规模：根据场地、资源及活动需求，合理确定参与人数，一般建议在 8~12 人之间，以确保活动效果和安全。

3. 选择适宜场地与设施

（1）场地选择：选择宽敞、通风、阳光充足的地方，如公园、社区广场、学校操场或社区活动中心等，确保场地安全、舒适且具有足够的空间进行园艺活动。

（2）设施准备：根据活动需要，准备足够的园艺工具（如铲子、剪刀、水壶等）、座椅、水源、肥料、花卉种子或幼苗等基础设施，确保活动顺利进行。

4. 制定详细活动流程

（1）活动宣传与招募：通过社交媒体、园艺治疗相关网站、养老院或社区公告板等途径发布活动信息，设定报名期限和方式（如电话、邮件或在线报名），确保参与者信息的准确收集。

（2）活动准备：在活动前进行场地布置、工具分发、植物材料准备等工作，确保活动现场整洁有序，工具齐全且安全可用。

（3）活动开展：

① 破冰游戏：通过小游戏或互动环节拉近参与者之间的距离，建立友好的活动环境。

② 园艺技能培训：邀请专业园艺治疗师或园艺师进行园艺技能培训，包括植物种植、养护、修剪等基本技能。

③ 分组实践：根据参与者的兴趣和能力进行分组，进行园艺活动实践。如种植花卉、蔬菜或制作园艺手工艺品等。

④ 成果展示与分享：鼓励参与者展示自己的园艺成果，进行分享和交流，增强参与者的成就感和自信心。

5. 注重活动评估与反馈

（1）在活动开展过程中，观察参与者的表现、情绪变化及活动效果等，记录活动的亮点和不足，以便后续总结和改进。

（2）通过问卷调查、前后对比法等方法评估活动效果。通过问卷调查了解参与者对园艺活动的感受、收获以及对活动的建议和意见，分析活动的优点和不足，总结经验教训，优化园艺治疗活动方案，不断丰富和完善园艺治疗活动内容；通过对比活动前后参与者的心理和生理状况变化，评估活动成效，鼓励参与者提出意见和建议。

6. 注意事项

（1）要配合服务对象的状况、能力和需要；要配合治疗目标，达到治疗效果。

（2）尽量选用植物为介入媒体，让服务对象感受植物的力量，以生命影响生命。植物应选择无毒、无危险性、容易栽种的种类。

（3）园艺治疗重视操作和体验，借着与植物接触，让服务对象获得身心的益处。以一小时的小组聚会为例，建议操作部分约45分钟，余下的时间可用作反思和分享，让服务对象体会活动的寓意或象征意义，作出反思、分享感受。

5.4.3 园艺治疗活动小组的案例展示

绿意盈心，乐享园艺
——认知家庭老年人园艺之旅

【步骤一：预估阶段】

根据前期的活动评估及策划，制定了如下的活动方案。

【步骤二：计划阶段】

认知家庭园艺小组活动策划案

一、活动背景与目的

随着老龄化社会的深入发展，养老院成为众多老年人安享晚年的重要场所。针对认知功能有所下降的老年人（如阿尔茨海默病患者、轻度认知障碍者等），园艺活动被证明是一种有效的非药物干预方式，能够促进身心健康，增强社交互动，提升生活质量。通过组织园艺小组活动，为养老院内的认知家庭老年人提供一个亲近自然、动手实践、交流互动的平台，助力其认知功能恢复，增进情感交流，享受美好晚年。

二、活动主题

"绿意盈心，乐享园艺——认知家庭老年人园艺之旅"

三、活动目标

通过园艺活动刺激老年人的感官，促进记忆力、注意力及空间感知能力的提升。适量活动促进老年人身体机能的恢复，改善睡眠质量，减少久坐带来的健康问题。在园艺活动中增进老年人间的友谊，促进家庭成员与老年人之间的情感联系。让老年人感受到成就感和自我价值，增加生活乐趣和满足感。

四、活动时间与地点

（1）时间：每周固定时间（如周三下午），持续数周或数月（如6次，每周一次），根据老年人的反馈和效果调整。

（2）地点：养老院内的园艺区或设有良好通风和光照条件的室内空间。

五、活动内容设计

（1）入门指导：首次活动进行园艺基础知识介绍，包括植物种类、种植技巧、养护要点等，确保老年人安全参与。

（2）主题园艺活动：

① "长长韭韭"：种植易成活的韭菜，观察其生长过程，体验收获的喜悦。

② "感受自然"：组织户外散步，观察院内植物，进行植物认知游戏，增强对自然的感知。

③ "驱蚊香囊"：手工制作驱蚊香囊，利用天然材料，提升动手能力，同时享受香氛疗愈。

④ "品味花草"：举办花草品鉴会，通过嗅觉感受不同花草的香气，促进感官刺激。

⑤ "品味收成"：收获季节，组织老年人品尝自己种植的蔬菜或花卉茶，享受劳动成果。

⑥ "萌芽希望"：每次活动结束时，种下新的种子或幼苗，寓意希望与未来，鼓励老年人保持积极心态。

六、物资准备与人员安排

（1）物资准备：种子、幼苗、花盆、土壤、肥料、园艺工具、安全防护装备、展示板、相机等。

（2）人员安排：

① 组织者：养老院工作人员，负责整体策划与协调。

② 园艺导师：邀请专业园艺师或志愿者，提供技术指导。

③ 辅助人员：志愿者团队，协助老年人进行园艺活动，确保安全。

④ 医疗支持：医护人员现场待命，应对突发情况。

七、评估与反馈

（1）过程评估：观察老年人在活动中的参与度、情绪变化及身体状况，及时调整活动方案。

（2）效果评估：通过问卷调查、访谈等方式收集老年人及其家属的反馈，评估活动效果。

（3）持续改进：根据评估结果，不断优化活动内容和形式，确保活动长期有效运行。

八、总结与展望

通过"绿意盈心，乐享园艺"园艺小组活动，我们期待为养老院内的认知家庭老年人带来一个充满生机与希望的晚年生活。我们相信，在园艺的世界里，老年人不仅仅能够享受到自然的馈赠，更能在动手实践中找回自信与快乐，与家人和社会建立更加紧密的联系。未来，我们将继续探索更多适合老年人的园艺活动形式，为他们的晚年生活增添更多色彩与活力。

【步骤三：筹备阶段】

一、活动规划与设计

1. 确定活动目标与主题

（1）明确活动的核心目的，如促进老年人认知功能、身体健康、情感交流及生活质量的提升。

（2）设计具有吸引力的活动主题，如"绿意盈心，乐享园艺"。

2. 制定活动方案

（1）制定详细规划活动的时间、地点、内容、流程等。

（2）设计多样化的园艺活动，如种植、养护、品鉴、分享等，以满足不同老年人的兴趣和需求。

二、物资准备

1. 园艺物资

种子、幼苗、花盆、土壤、肥料等园艺必需品，以及园艺工具，如铲子、水壶、剪刀等，确保安全易用。

2. 安全防护装备

为老年人准备手套、遮阳帽等防护用品，以防受伤或日晒。

3. 辅助工具

相机、展示板等，用于记录活动瞬间和展示园艺成果。

三、人员安排与培训

1. 组织者与工作人员

（1）明确活动负责人及工作人员的具体职责。

（2）安排足够数量的志愿者或工作人员，确保活动顺利进行。

2. 园艺导师

邀请专业园艺师或具有丰富园艺经验的志愿者作为导师，为老年人提供技术指导。

3. 医疗支持

确保有医护人员现场待命，以应对可能出现的突发情况。

4. 培训与演练

（1）对所有参与人员进行活动流程、安全注意事项及应急处理等方面的培训。

（2）进行一次或多次的模拟演练，确保活动当天能够高效有序地进行。

四、场地布置与安全检查

1. 场地布置

（1）根据活动方案布置园艺区或室内空间，确保环境整洁、通风良好、光照充足。

（2）设置清晰的标识和指示牌，引导老年人有序参与活动。

2. 安全检查

（1）对活动场地进行全面检查，排除安全隐患。

（2）确保园艺工具、防护装备等物资完好无损，且符合安全标准。

五、宣传与动员

1. 宣传材料制作

制作活动海报、宣传册等宣传材料，介绍活动目的、内容、时间、地点等信息。

2. 动员与邀请

（1）通过养老院内部通知、家属沟通等方式，动员老年人积极参与活动。

（2）向社会公开招募志愿者或合作伙伴，共同支持活动开展。

（3）宣传推文：

【"绿意盈心，乐享园艺——认知家庭老年人园艺之旅"活动盛启！】

在这个温馨的季节里，我们诚邀您一同见证养老院中一场别开生面的园艺盛宴——"长长韭韭，自然之约"园艺小组活动！这不仅仅是一场与自然的亲密对话，更是一次心灵的疗愈之旅，专为认知家庭的老年人精心打造。

想象一下，在温暖的阳光下，老年人亲手播种下韭菜种子，见证它们从一粒粒微小的种子，到破土而出，直至郁郁葱葱的整个过程。这不仅仅是对生命力的见证，更是对耐心与希望的培育。

每一次触摸泥土，每一次浇水施肥，都是与自然最直接的交流。我们希望通过这些简单的园艺活动，让老年人在忙碌与喧嚣之外，找到一片属于自己的宁静之地，感受大自然的恩赐与美好。

夏日炎炎，蚊虫增多，我们将带领老年人动手制作驱蚊香囊，不仅实用环保，而且能在制作过程中增进彼此间的情感交流，让这份手作的温度伴随整个夏天。

我们还将组织花草品鉴会，让老年人在花海中漫步，通过嗅觉感受大自然的芬芳，识别每一种花草的香气与特性，享受一场独特的香氛疗愈之旅。

当辛勤耕耘换来满园硕果时，我们将共同庆祝这份来之不易的收获。无论是亲手种植的蔬菜还是花卉，都将化作桌上的一道道美味或房间里的一抹亮色，让老年人在品尝与观赏中感受满满的成就感与幸福感。

每一次的园艺活动，都是一次新的"萌芽"。我们希望通过这些活动，不仅锻炼老年人的肢体协调能力，而且在小组互动中帮助他们察觉并修正沟通和相处模式，促进心灵成长与蜕变。

让我们携手并进，在园艺的世界里，为认知家庭的老年人创造一个充满爱、希望与活力的晚年生活！期待您的加入，共同见证这份绿色奇迹的诞生！

活动时间：2024年7月1日至2024年8月31日

活动地点：养老院大型活动室（暂定集合地）

如您报名请到活动室找社工（小王老师），联系电话：×××××××××××，期待叔叔阿姨的参与！

六、预算制定与物资采购

1. 预算编制

根据活动规模和需求编制详细的预算计划，包括物资采购、人员费用、场地租赁等各项开支。

2. 物资采购

（1）按照预算计划采购所需的园艺物资、安全防护装备等物品。

（2）确保采购过程公开透明，遵守相关法律法规和规定。

七、风险评估与应对预案

1. 风险评估

对活动过程中可能出现的风险进行评估和预测，如老年人跌倒、植物过敏等。

2. 应对预案

制定详细的应对预案和应急处理流程，确保在出现突发情况时能够迅速有效地进行处置。

【步骤四：带领阶段】

表5.4　活动阶段表

阶段	任务	具体内容
活动开始前准备	场地布置	根据活动方案提前布置好园艺区或室内空间，确保环境整洁、通风良好、光照充足。
		摆放好花盆、土壤、种子、工具等园艺物资，并设置清晰的标识和指示牌。
	人员到位	组织者、工作人员、园艺导师及医疗支持人员提前到达现场，做好准备工作。
		确保所有参与人员明确自己的职责和任务。
	签到与安全检查	老年人及其家属签到，发放活动手册或指南。
		对老年人进行简单的健康检查，确保他们适合参与园艺活动。
活动开场	欢迎致辞	组织者开场致词，介绍活动目的、流程、注意事项等。
		强调活动的安全性和趣味性，鼓励老年人积极参与。
	热身活动	进行简单的热身运动或小游戏，如手指操、拍拍操等，活跃气氛，让老年人放松身心。
具体活动实施	分组与分配任务	根据老年人的兴趣和身体状况进行分组，每组分配一名园艺导师或志愿者负责指导。
		明确每组的任务和目标，如种植特定植物、进行养护工作等。
	园艺操作	在园艺导师的指导下，老年人开始进行园艺操作，如播种、浇水、施肥、修剪等。

175

续表

阶段	任务	具体内容
具体活动实施	园艺操作	导师需耐心讲解每个步骤的要点和注意事项,确保老年人正确操作并享受过程。
	互动与交流	鼓励老年人之间互动交流,分享种植经验、趣事或感受。
		设置讨论环节或问答时间,解答老年人在园艺过程中遇到的问题。
	记录与展示	用相机记录老年人的活动瞬间和园艺成果。
		定期举办成果展示会或分享会,让老年人展示自己的作品并分享心得。

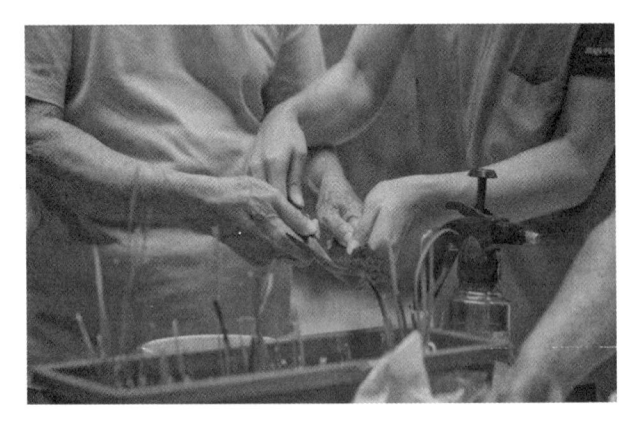

图 5.1 老年人进行园艺操作

图 5.2 活动种植的成果

一、活动总结与反馈

1. 总结分享

在活动结束前组织总结分享环节,邀请老年人分享自己的收获和感受。园艺导师或组织者对活动进行总结点评,肯定老年人的努力和成果。

2. 收集反馈

通过问卷调查、访谈等方式收集老年人及其家属的反馈意见。对反馈意见进行整理和分析,为下一次活动提供改进建议。

3. 感谢与告别

与老年人及其家属告别并感谢他们的参与和支持,提醒老年人注意后续的养护工作和注意事项。

二、后续跟进

1. 养护指导

提供园艺养护的后续指导服务,确保老年人能够正确养护自己的植物。设立咨询热线或微信群等沟通渠道,解答老年人在养护过程中遇到的问题。

2. 持续活动

根据老年人的兴趣和需求,定期举办类似的园艺活动或相关主题活动。鼓励老年人参与社区内的其他活动,扩大社交圈子,丰富晚年生活。

【步骤五:评估总结阶段】

表 5.5　园艺活动干预效果表

小组	干预效果				
	社交	认知	情绪	肢体	创意
长长韭韭	√	√	√	√	√
感受自然	√	√		√	
驱蚊香囊	√	√		√	√
品味花草	√	√	√		
品味收成	√	√	√	√	
萌芽希望	√	√	√	√	√

一、活动执行情况

活动自筹备以来,得到了养老院管理者、老年人及其家属的积极响应和支持。在精心策划与组织下,活动顺利展开并圆满结束。活动过程中,我们为老年人提供了丰富的园艺体验,包括种植、养护、品鉴、分享等多个环节,让老年人充分感受到了园艺的乐趣与成就感。

二、活动成效

1. 社交能力整体提升

活动中,老年人通过团队合作、相互帮助,增进了彼此之间的友谊与信任。他们在共同的园艺任务中交流心得、分享趣事,有效提升了社交能力和沟通能力。许多老年人表示,在活动中结识了新朋友,感受到了集体的温暖与关怀。

2. 认知能力整体改善

园艺活动对老年人的认知能力产生了积极影响。通过种植、养护等实践操作,老年人需要运用记忆力、注意力及空间感知能力,这些活动有效刺激了大脑功能,促进了认知能力的提升。部分老年人在活动结束后表现出更好的记忆力、注意力和判断力。

3. 情绪状态大部分改善

园艺活动为老年人带来了愉悦和放松的心情。在亲近自然、动手实践的过程中,他们感受到了生命的活力与希望，有效缓解了焦虑、抑郁等负面情绪。许多老年人表示，在参与园艺活动后，心情变得更舒畅、性格变得更开朗了。

4. 肢体活动大部分增强

园艺活动需要老年人进行适量的身体活动，如播种、浇水、修剪等。这些活动不仅锻炼了老年人的肢体协调性和灵活性，而且增强了他们的体质和耐力。部分老年人表示，在参与园艺活动后，身体状况有所改善，更加愿意参与其他形式的身体锻炼。

5. 半数老人创造力被激发

特别值得一提的是，个别老年人在活动中展现出了非凡的创造力。他们不仅按照传统方法种植和养护植物，而且尝试创新园艺设计、制作园艺装饰品等。这些创意作品不仅美化了环境，而且丰富了老年人的精神生活，让他们感受到了自我价值的实现与提升。

三、总结

本次"绿意盈心，乐享园艺"活动取得了显著成效，老年人在社交能力、认知能力、情绪状态及肢体活动等方面均得到了不同程度的改善。未来，我们将继续探索更多适合老年人的园艺活动形式和内容，不断优化活动方案和服务流程，为老年人提供更加优质、贴心的服务。同时，我们也期待更多的社会力量关注和支持养老事业，共同为老年人创造一个更加美好、温馨的晚年生活环境。

策划练习

设计老年园艺治疗小组计划书（至少6节），包含总目标、分节安排（时间、目标、内容）、人员分工、物资清单及干预功能。另附设计思路说明和实操注意事项。要求简明清晰，突出治疗性与适老化。

1. 有8名老年人长期受慢性病折磨，由于没有好的治疗或缓解办法，产生悲观厌世情绪，生活只剩下不停向人诉说自己的病痛，条件不足可自行假设。

2. 有8名轻度认知障碍老年人肢体能力和表达能力较好，但存在注意力不集中、空间定向障碍、记忆力减退、睡眠障碍等问题，条件不足可自行假设。

任务 5.5 缅怀类小组活动的开展

5.5.1 缅怀治疗活动的基础介绍

缅怀疗法（又叫回忆疗法、回想疗法）以埃里克森的发展模型为基础，该模型认为，人生回想在个人晚年会自然产生，这种回忆会是普遍积极或是普遍消极的，因而其结果将会是自我整合或绝望。在个案治疗中，由治疗师帮助个体进行这种已存在的自我分析，以使其更为自觉和有效；在团体治疗中可以使用老照片、电视、电台、广播等帮助患者进行人生回想。有关缅怀疗法的有效的研究很少，有报告指出，患者一般喜欢参与缅怀团体，而且在参与缅怀疗法治疗以后，其自尊和生活满意度都有所提高，但没有什么证据能够证明该方法比其他的团体活动更有效。

1. 缅怀治疗活动的定义

"缅怀",是指我们重温过去的事件及经验,重新感受该事件所带给我们的喜怒哀乐。缅怀疗法也称为怀旧疗法、缅怀往事疗法或回忆疗法,是一种心理干预措施,一开始是由 Norris（1986）提出应用于护理老年痴呆,是让患者在提示的情况下,对以往发生过的事件和案例进行唤起。至于更深入的"人生回顾",指我们透过回忆,反省过去的人生困难或挫折时,可以做到接纳自己的过去及认同自己一生的价值。

2. 缅怀治疗活动的功能

1）情感释放与疗愈

缅怀治疗活动通过引导个体或团体回顾过去的生活经历,特别是那些具有情感色彩的事件,为参与者提供一个安全的空间来释放被压抑的情感,如悲伤、愤怒、遗憾等。这种情感的释放有助于减轻心理负担,促进情感的疗愈。

2）增强自我认知

通过回顾过去,人们可以更深入地了解自己的成长历程、价值观、信仰以及行为模式。这种自我认知的增强有助于个体更好地认识自己,理解自己在当前生活中的位置,以及如何在未来做出更明智的决策。

3）提升自尊与自我价值感

缅怀治疗活动鼓励参与者分享自己的成就、经验和故事,这有助于他们重新认识和肯定自己的价值。当个体意识到自己在过去所取得的成就和克服的困难时,他们的自尊和自我价值感会得到提升。

4）建立社会联系与支持网络

在团体缅怀治疗中,参与者通过分享和倾听他人的故事,建立起相互之间的理解和共鸣。这种互动有助于形成社会联系和支持网络,使个体感受到归属感和被支持的感觉。这对于缓解孤独感、增强社会适应能力具有重要意义。

5）促进心理健康与幸福感

缅怀治疗活动通过帮助个体从积极的角度重新评价过去,减少负面情绪的困扰,从而促进心理健康。同时,回顾和珍惜过去的美好时光也有助于提升个体的幸福感,使他们更加珍惜当下的生活。

6）应对生活变化与挑战

缅怀治疗活动还可以帮助个体更好地应对生活中的变化和挑战。通过回顾过去的经历,个体可以学习到如何应对困难、如何从失败中吸取教训,并将这些经验应用到当前的生活中。这有助于增强个体的韧性和适应能力。

3. 缅怀治疗活动的主要类型

缅怀治疗活动的主要类型丰富多样,这些类型根据回忆的内容和目的进行划分,旨在帮助个体或团体通过回顾过去来获得情感释放、自我认知、自尊提升等多方面的益处。

1）综合怀旧（整合与接纳）

（1）主要目的：帮助老人解决冲突，接纳过去与现在的不同，找到人生的意义，获得对过往人生的整合性看法。

（2）特点：通过全面回顾个人历史，整合正面和负面的经历，形成对人生整体的理解和接纳。

2）工具怀旧（解决问题）

（1）主要目的：通过回忆重拾过去成功解决问题的能力和方法。

（2）特点：聚焦于具体的解决策略和经验，帮助个体在面对当前问题时找到有效的应对方式。

3）传播怀旧（分享经验和智慧）

（1）主要目的：将个人不寻常的经历或文化遗产通过回忆传递给下一代。

（2）特点：强调文化传承和教育意义，通过分享个人故事和智慧来影响和教育他人。

4）叙事怀旧（非评价性的描述）

（1）主要目的：将过去的生平事迹和逸事进行描述性的回忆。

（2）特点：以非评价性的方式讲述个人故事，注重细节和情感的表达，帮助个体更好地理解自己的过去。

5）逃避现实型怀旧（寻求安慰）

（1）主要目的：通过缅怀将过去的自豪感带入当下，以便对抗当前面临的困境。

（2）特点：个体可能倾向于过分沉浸在过去的美好记忆中，以逃避现实中的挑战和困难。

6）强迫性怀旧（与痛苦和解）

（1）主要目的：通过缅怀过去，感受挖掘苦涩、内疚、令人绝望的负面性的回忆带来的体验，达到与痛苦和解的目的。

（2）特点：需要谨慎使用，因为过度聚焦于负面回忆可能加重个体的心理负担。

这些缅怀治疗活动的类型并不是孤立存在的，它们可以根据个体的具体需求和情境进行灵活组合和调整。在实际应用中，治疗师或活动组织者会根据参与者的特征和需求，选择适合的类型来开展缅怀治疗活动，以达到最佳的治疗效果。

需要注意的是，缅怀治疗活动虽然具有多种益处，但也需要谨慎进行。特别是对于那些可能过分沉浸在过去或面临严重心理问题的个体，需要在专业人员的指导下进行缅怀治疗活动，以避免潜在的风险和负面影响。

5.5.2 缅怀治疗活动策划的操作要领

缅怀治疗活动作为一种心理治疗手段，对于老年人的抑郁、自尊和社交有正面影响。其操作要领主要包括以下几个方面：

1. 前期准备阶段

1）评估与了解

（1）对参与活动的老年人进行前测评估，了解其心理情绪、社交和自我价值等情况。

（2）与老年人及其家属交谈，了解其人生经历、兴趣爱好、工作生活环境等，并收集过去的照片、物品等作为记忆的触发物。

2）环境布置

（1）确保活动场地的安全和舒适，提供必要的设施和服务。

（2）布置具有回忆元素的环境，如摆放老照片、播放老歌曲等，以营造怀旧氛围。

3）人员准备

（1）由专业的社会工作者或心理咨询师担任小组带领者，负责活动的组织和引导。

（2）招募志愿者协助活动的开展，确保活动的顺利进行。

2. 活动开展阶段

1）建立关系与认识

（1）在活动初期，通过小组开场、自我介绍等环节，让老年人相互认识，建立初步的信任关系。

（2）制定小组契约，共同商讨行为规范和约定，确保活动的顺利进行。

2）回忆与分享

（1）引导者制定每周的主题，与老年人围绕主题借助记忆触发物开展经历回顾。

（2）鼓励老年人分享自己的回忆和感受，运用积极倾听的方法，让老年人慢慢打开自己，诚恳分享自己的人生旅程。

（3）制作回忆相册或纪念册，将老年人的回忆记录下来。

3）解读与探索

（1）帮助老年人重新解读回忆中的特殊事件，尤其是那些印象深刻的正面事件和成功经历。

（2）引导老年人思考这些事件对自己人生的影响，肯定自己的价值和能力。

4）情感表达与支持

（1）提供一个安全的空间，让老年人能够自由地表达内心的情感，如悲伤、思念等。

（2）小组成员之间相互倾听和理解，给予彼此支持和鼓励，建立支持网络。

5）自我整合与未来展望

（1）引导老年人进行人生自我整合，全面积极地认识自己、接受自我、恢复自尊。

（2）通过互动体验方法，如"人生价值拍卖""临终体验"等，帮助老年人思考人生的意义和价值。

（3）鼓励老年人展望未来，保持积极的心态和生活方式。

3. 活动结束阶段

1）效果评估

（1）在活动结束后，通过量表等工具对老年人的治疗效果进行评估，了解其在心理情绪、人际社交、自我价值感和生活满意度等方面的变化情况。

（2）定期进行小组满意度调查，了解成员对小组活动的评价和建议。

2）反馈与改进

（1）收集老年人的反馈和案例，评估小组活动对老年人心理健康的影响。

（2）根据评估结果和反馈意见，及时调整活动内容和方式，提升活动效果。

4. 注意事项

（1）尊重老年人的隐私和个人意愿，不强迫其分享不愿意提及的内容。

（2）关注老年人的身体和情绪状况，及时调整活动内容和方式。

（3）根据老年人的需求和偏好进行个性化的关注和支持，灵活调整活动安排。

通过以上操作要领的实施，缅怀治疗活动可以有效地帮助老年人回忆过去、增强自尊、缓解孤独感、提升生活质量。

5.5.3 缅怀治疗活动小组的案例展示

温暖回忆，共赴时光之旅
——记忆缅怀小组活动

【步骤一：预估阶段】

根据前期的活动评估及策划，制定了如下的活动方案。

【步骤二：计划阶段】

温暖回忆，共赴时光之旅
——记忆缅怀小组活动策划案

一、活动目标

通过触发物和故事分享，帮助老人回忆过去的经历和情感。在活动中融入认知训练元素，如记忆、注意力、语言理解和表达等。提供情感交流的空间，增强老人的社会联系和情感支持。通过肯定老人的成就和经历，提升其自我价值感。

二、活动主题

"温暖回忆，共赴时光之旅"

三、活动时间、地点及人数

（1）时间：每周固定时间（如周二 14:30—16:00），持续数周或数月（如 1 周/次，共 8 周），根据老年人反馈和效果调整。

（2）地点：养老院内一楼多功能厅（暂定）。

（3）人数：建议每场活动 7~9 人参加。

四、活动内容及流程

表 5.6　活动阶段表

进行内容	预估时间	活动内容
活动开场	5 分钟	自我介绍与欢迎：简短介绍活动目的、流程和规则，鼓励老人自我介绍或分享当天的心情。
		建立小组契约：共同商讨并制定小组活动的基本规则，如尊重他人、积极参与等。
记忆触发器环节	15 分钟	准备材料：提前收集老人的老照片、家庭物品、音乐等作为记忆触发器。
		分组讨论：将老人分为小组，每组分配不同的触发器，鼓励他们围绕触发器分享相关记忆。
		轮流分享：每组推选代表或轮流分享自己的回忆，其他成员倾听并给予反馈。
认知游戏环节	20 分钟	记忆游戏：如"我是谁？"游戏，展示一系列老照片，让老人回忆并说出照片中人物的名字或关系。
		故事接龙：从某个主题开始，如"我小时候最喜欢的游戏"，让老人轮流接续故事，锻炼其语言组织和表达能力。
		注意力训练：通过简单的找不同或排序游戏，提升老人的注意力和手眼协调能力。
情感交流环节	15 分钟	情感分享：鼓励老人分享自己在回忆过程中的感受，如快乐、悲伤或怀念等。
		相互支持：引导老人相互倾听和理解，提供情感支持，增强彼此间的情感联系。
创作与回顾环节	20 分钟	手工制作：根据回忆内容，指导老人进行简单的手工制作，如制作记忆相册、手绘家庭地图等。
		成果展示：让老人展示自己的作品，并分享创作过程中的想法和感受。
活动总结与反馈	5 分钟	总结回顾：简要回顾活动内容和亮点，肯定老人的参与和贡献。
		收集反馈：邀请老人对活动提出意见和建议，以便后续改进。

五、注意事项

（1）适应性调整：根据老人的认知障碍程度和身体状况，灵活调整活动难度和时长。

（2）安全保障：确保活动场地安全无隐患，配备必要的急救设备和人员。

（3）个性化关怀：关注每位老人的情绪和需求，提供个性化的支持和帮助。

（4）持续跟进：活动后定期与老人保持联系，了解其认知和情绪变化，提供持续的支持和关怀。

通过这样的缅怀治疗小组活动，不仅可以帮助认知障碍老人回忆过去、增强情感联系，而且能在一定程度上促进其认知功能的恢复和提升。

特别说明：记忆触发器的使用

在记忆触发器环节，为了让老人更加容易参与，可以采取一些小策略，例如：

（1）提前与老人或其家属沟通，了解他们最感兴趣或印象最深刻的记忆点，然后准备与之相关的触发器。这样可以确保每个老人都能找到与自己紧密相关的内容，更容易触发他们的回忆。

（2）使用高清、色彩鲜明的照片、视频或实物作为触发器。视觉刺激对于唤醒记忆特别有效，尤其是对于视觉记忆较强的老人。确保图片或视频的质量足够好，以便老人能够清晰地辨认。

（3）在展示触发器之前，用温柔、亲切的语言为老人营造一个轻松、舒适的氛围。可以简短介绍触发器的背景或与之相关的情感故事，帮助老人建立情感连接，更容易进入回忆状态。

（4）不要一次性展示所有触发器，而是逐步展示，给老人足够的时间去回忆和分享。如果老人对某个触发器没有反应，可以稍微等待一会儿，或者尝试用其他方式引导，比如提出一个问题或分享一个相关的故事。

（5）在引导老人分享时，使用简单明了的问题，避免复杂的语句或术语。例如，可以直接问："这张照片让您想起了什么？"或者"您还记得这个物品是怎么来的吗？"

（6）鼓励与肯定：当老人开始分享时，无论他们的记忆是否准确，都要给予积极的反馈和鼓励，肯定他们乐于分享的态度，让他们感受到被重视和尊重。

（7）小组互动：鼓励小组内的其他成员参与互动，比如提问、补充或分享自己的类似经历。这样可以增加老人的参与感，并促进他们之间的情感交流。

（8）灵活调整：如果某个触发器没有引起老人的兴趣或回忆，不要勉强他们。可以灵活调整策略，尝试其他方式或选择其他触发器。重要的是让老人感到舒适和自在，而不是强迫他们回忆。

通过这些策略，我们可以为老人创造一个更加友好、和谐的环境，使他们更容易参与记忆触发器环节，并从中获得乐趣和满足感。

【步骤三：筹备阶段】

在针对认知障碍老人的缅怀治疗小组活动的筹备阶段，工作人员需要做的工作细致且全面，以确保活动的顺利进行和老人的安全参与。

一、活动规划

1. 确定活动目标

明确活动的核心目的，如激发老人回忆、促进认知锻炼、提供情感支持等。

2. 制订活动计划

设计详细的活动流程，包括开场、记忆触发器环节、认知游戏环节、情感交流环节、创作与回顾环节以及活动总结与反馈环节等。

3. 确定活动的具体时间、地点、参与人数和所需物资

二、物资准备

1. 记忆触发器材料

收集老人的老照片、家庭物品、音乐等作为记忆触发器，确保这些材料具有代表性，能够触发老人的回忆。

2. 认知游戏道具

准备认知游戏所需的道具,如图片、卡片、拼图等,确保道具的安全性,避免尖锐边角或易碎物品。

3. 手工制作材料

(1)准备手工制作所需的材料,如纸张、颜料、剪刀、胶水等。

(2)根据活动内容,提前准备好制作模板或示例。

4. 其他物资

(1)音响设备:用于播放音乐或视频。

(2)急救包:应对可能出现的突发情况。

(3)座椅、桌子等家具:确保活动场地的舒适度。

三、人员安排

1. 活动组织者

(1)负责活动的整体策划、协调和执行。

(2)确保活动按计划进行,并处理突发情况。

2. 专业社工或心理咨询师

(1)担任小组带领者,负责引导老人参与活动,提供情感支持和专业指导。

(2)评估老人的认知状况,并根据需要调整活动内容和难度。

3. 志愿者

(1)协助活动组织者进行物资准备、场地布置等工作。

(2)在活动中负责照顾老人,确保他们的安全和舒适。

四、场地布置

1. 选择场地

(1)选择一个安静、宽敞、光线充足且易于老人行动的场地。

(2)确保场地无安全隐患,如湿滑地面、尖锐边角等。

2. 布置场地

(1)根据活动需求布置场地,如设置座椅、桌子、展示区等。

(2)确保场地布置简洁明了,便于老人理解和参与。

五、宣传推广

1. 制定宣传方案

(1)确定宣传渠道和方式,如社区公告栏、微信群、口头通知等。

(2)制作宣传海报或传单,明确活动的时间、地点和内容。

2. 实施宣传

(1)在社区内广泛宣传活动,吸引老人及其家属的关注。

(2)解答老人和家属的疑问,确保他们了解活动的意义和价值。

3. 宣传推文

【温暖回忆,共赴时光之旅——记忆缅怀小组活动诚邀您的参与】

在这个快节奏的时代,我们是否偶尔也渴望停下脚步,回望那些温暖人心的旧日时光?

为了陪伴长辈们重温往昔，感受爱与被爱的力量，我们特别策划了一场"记忆缅怀小组活动"，诚邀您与家中的老人一同参与，共赴一场时光之旅。

- ◆ 活动时间：[具体日期]（例如：每周二 14:30—16:00）
- ◆ 活动地点：[养老院内一楼多功能厅（暂定）]，一个充满温馨与回忆的空间
- ◆ 活动亮点：

记忆触发器：我们精心准备了老照片、音乐、家庭物品等作为记忆触发器，帮助老人找回那些珍贵的记忆片段。

认知互动游戏：通过趣味横生的认知游戏，锻炼老人的思维能力和记忆力，同时享受游戏的乐趣。

情感交流环节：在温馨的氛围中，鼓励老人分享自己的故事，与同伴建立深厚的情感连接。

创意手工制作：引导老人动手制作纪念品，将美好回忆定格为永恒的艺术品。

- ◆ 我们承诺：

1. 为每位参与者提供安全、舒适的环境。
2. 配备专业社工和心理咨询师，提供情感支持和专业指导。
3. 精心策划活动内容，确保活动既有意义又充满乐趣。

- ◆ 参与收获：

1. 老人将有机会重温美好回忆，感受亲情的温暖。
2. 通过参与活动，能促进老人认知功能的锻炼和社交能力的提升。
3. 收获一件由自己亲手制作、充满意义的纪念品。

- ◆ 报名方式：
- ◆ 请于[报名截止日期]前，通过电话[联系电话]或扫描下方二维码（二维码省略）进行报名。名额有限，先到先得（每组仅限最多9人）!

让我们一起，用爱与陪伴，为长辈们编织一段难忘的时光记忆!期待您的参与，让我们共同见证这份珍贵的情感传递!

六、预期困难与应对措施

1. 参与人员不足

加大宣传力度，通过电访、社区公告等方式招募更多老人参与。与家属沟通，争取他们的支持和配合。

2. 语言沟通障碍

招募会讲方言的志愿者或社工，协助与老人沟通。使用简单的语言和肢体动作与老人交流。

3. 老人身体状况

提前了解老人的身体状况和特殊需求，制订相应的照顾计划。在活动中随时关注老人的身体状况，如有不适及时处理。

七、评估与反馈

1. 活动评估

观察老人在活动中的参与度、情绪变化和认知状况。收集老人和家属的反馈意见，了解他们对活动的满意度和建议。

2. 持续改进

根据评估结果和反馈意见，及时调整活动内容和方式。不断完善活动方案，提高活动效果和质量。

通过以上筹备工作，可以确保缅怀治疗小组活动的顺利进行和老人的安全参与。同时，也为后续的活动开展提供了有力的保障。

【步骤四：带领阶段】

一、活动开始前

老人及家属签到，志愿者发放活动手册或资料。志愿者或社工热情迎接，引导老人就座。

二、开场介绍

活动组织者简短介绍活动目的、流程、注意事项等，强调活动的意义和价值，激发老人的参与热情。

三、记忆触发器环节

1. 分组讨论

将老人分为若干小组，每组分配不同的记忆触发器材料。鼓励老人围绕触发器分享相关记忆，小组成员相互倾听。

2. 轮流分享

每组推选代表或轮流分享自己的回忆和感受。社工或心理咨询师引导老人深入挖掘记忆背后的情感和意义。

四、认知游戏环节

1. 游戏介绍

介绍认知游戏的规则和玩法，确保老人理解。根据老人的认知状况调整游戏难度和复杂度。

2. 游戏进行

老人参与认知游戏，如记忆卡片配对、图片分类、简单算术题等。社工或志愿者在旁协助和鼓励，确保游戏顺利进行。

五、情感交流环节

1. 情感分享

鼓励老人分享自己在活动中的感受和体验。社工或心理咨询师引导老人表达情感，提供情感支持。

2. 相互支持

强调小组内的相互支持和理解，鼓励老人建立深厚的情感联系。邀请老人分享自己的故事和经历，增进彼此的了解和信任。

六、创作与回顾环节

1. 手工制作

引导老人进行手工制作活动，如制作记忆相册、绘制生命线图等，提供必要的指导和帮助，确保老人能够顺利完成作品。

2. 成果展示

老人展示自己的手工作品,分享创作过程中的感受和体验。社工或志愿者对老人的作品给予肯定和赞赏,增强老人的自信心和成就感。

七、活动总结与反馈

1. 活动总结

活动组织者对活动进行总结回顾,肯定老人的参与和贡献,强调活动的重要性和意义,鼓励老人继续参与类似活动。

2. 收集反馈

向老人及家属收集活动反馈意见,了解他们对活动的满意度和建议,根据反馈意见进行总结分析,为今后的活动改进提供参考。

八、后续跟进

持续关注、定期关怀参与活动的老人,了解他们的身体状况和心理需求,提供必要的支持和帮助。根据老人和家属的需求反馈,策划和组织更多类似的缅怀治疗小组活动,不断创新和完善活动内容和形式,为老人提供更加丰富多彩的精神文化生活。

【步骤五:评估总结阶段】

本次记忆缅怀小组活动于[具体日期]顺利落下帷幕。活动旨在通过一系列精心设计的环节,帮助参与者回忆往昔美好时光,缅怀重要人物与事件,同时促进情感交流与心理支持。活动过程中,我们见证了参与者们深情的回忆、感人的分享以及彼此间温暖的陪伴。

此次活动让参与者们有机会聚在一起回忆过去、分享感受,增进了彼此之间的情感联系。这种情感连接不仅有助于缓解他们的孤独感和失落感,而且为他们提供了一个相互支持和依靠的港湾。通过缅怀过去和表达情感,参与者们得到了心理上的释放和安慰。这种积极的心理体验有助于缓解他们的焦虑、抑郁等负面情绪,促进心理健康。认知游戏环节的设置让参与者在游戏中锻炼了记忆力和注意力等认知能力,这种锻炼对于预防和延缓认知衰退具有重要意义。

除此之外,活动中尚有一些不足与需要改进之处:

部分参与者反映活动时间略显紧张,导致部分环节未能充分展开。未来活动中应更好地规划时间,确保每个环节都能得到充分的关注和体验。活动中应更加关注参与者的个性化需求,如提供多样化的记忆触发器、调整游戏难度等,以满足不同参与者的需求。

活动结束后,应继续关注参与者的情感变化和心理状态,提供必要的支持和帮助。可以建立定期回访机制或设立心理咨询热线等方式,确保他们能够得到持续的关怀和照顾。

最后,本次记忆缅怀小组活动在全体参与者和工作人员的共同努力下取得了圆满成功。活动不仅让参与者们重温了过去的美好时光,而且为他们提供了一个情感交流和心理支持的平台。未来,我们将继续探索更多创新的活动形式和内容,为更多需要关怀的人群带去温暖。

策划练习

1. 一位 83 岁的奶奶因丈夫去世要由自己理财管家而焦虑和恐惧,我们应该如何运用缅怀疗法帮助她来处理这件事?

2. 表 5.7 是一位奶奶的个案,根据表格指出这位奶奶有哪些问题需要解决?如果从个案服务的角度,我们可以从哪些方面入手改善?如果要运用缅怀疗法,怎么用?

表 5.7　个案预估与介入计划书

基本信息	服务对象		个案编号	
	性别	女	出生年月	1942-07-03
	住址/房号		联系方式	
个案类型	☐ A. 身体健康问题　　☐ B. 能力提升　　☐ C. 人际关系问题 ☐ D. 情绪问题　　　　☐ E. 经济问题　　☐ F. 家庭关系问题 ☐ G. 环境适应问题　　☐ H. 精神问题　　☐ I. 护理照顾问题 ☐ J. 行为偏差　　　　☐ K. 其他(注明)			
案主的问题或需求	案主的老伴于去年底检查出脑血管瘤后,病情发展很快,情绪极不稳定,对她的依赖感逐日递增,甚至将案主作为负面情绪的宣泄对象。 案主对于老伴年轻时对家庭的不闻不问积怨已久,但一直默默隐忍并悉心照料。如今,面对处于临终关怀阶段、情绪宣泄强烈的老伴,年事已高的案主身心俱疲,难以再事无巨细地照顾对方。然而,她又担心停止照料会降低外界对自己的评价,陷入了两难境地。这种矛盾促使她不断找人抱怨,试图获得认同,减轻自己的心理负担,由此引发了"超我"与"本我"之间的冲突,心理活动失衡。			

3. 挑选一个节日,以缅怀往事为内容,设计一次座谈会。

4. 请围绕某类老人群体,设计一个缅怀小组活动。

项目 6　适老活动的宣传与传播

任务 6.1　宣传与传播

6.1.1　宣传策略

1. 确定宣传目标

（1）提升养老服务品牌知名度，使更多老年人及家属了解适老化服务。
（2）增强适老化服务的认同感，让老年人认识到适老化服务的重要性。
（3）传播积极老龄化、健康养老的理念，提升社会对养老服务的关注。

2. 分析目标受众

（1）直接受众：需要适老化服务的老年人，特别是失能、半失能老年人。
（2）间接受众：老年人的子女和家属，他们可能是适老化服务的决策者和推荐者。
（3）社会公众：提高社会公众对养老服务适老化活动的认知，形成良好的社会氛围。

3. 制订宣传计划

（1）宣传主题：以"关爱老年人，助力适老化"为主题，突出养老服务的人文关怀。
（2）宣传内容：介绍适老化服务项目、成功案例、优惠政策等。
（3）宣传渠道：综合应用线上、线下宣传渠道。线上宣传渠道，包括官方网站、微博、微信公众号、短视频平台（抖音、视频号、快手）等；线下宣传渠道，包括社区活动、主题讲座、户外广告、宣传册、宣传单等。
（4）宣传时间：根据老年人的生活习惯和节假日合理安排宣传时间，如重阳节、中秋节、母亲节、父亲节等。

4. 落实宣传预算

（1）预算分配：根据宣传计划，合理分配线上线下宣传预算，确保重点宣传渠道的资金支持。
（2）成本控制：在保证宣传效果的前提下，尽量降低成本，提高宣传性价比。
（3）预算监控：对宣传预算进行实时监控，确保预算得到合理使用。

6.1.2 传播渠道

1. 传播与公益传播

传播是指社会信息的传递或社会信息系统的运行。信息是传播的内容。传播的根本目的是传递信息，是人与人之间、人与社会之间，通过有意义的符号进行信息传递、信息接收或信息反馈活动的总称。

公益传播是指具有公益成分、以谋求社会公众利益为出发点，关注、理解、支持、参与和推动公益行动、公益事业，推动文化事业发展和社会进步的非营利性传播活动，如公益广告、公益新闻、公益网站、公益活动、公益项目工程、公益捐赠等。公益传播强调公益性、参与性、非营利性。

2. 自媒体与新媒体

1）自媒体

（1）自媒体定义：以单个的个体作为新闻制造主体而进行内容创造的，而且拥有独立用户号的媒体。

（2）自媒体常见类型：机构自家公告栏、自家宣传物、自家电台、自家报纸、自家刊物、博客、门户网站、微博、微信、短视频/直播平台等。

2）新媒体

（1）新媒体定义：依托于互联网、移动通信、数字技术等电子信息技术而兴起的媒介形式，是区别于传统媒体（报刊、广播、电视）的新型媒体，包括"第四媒体"互联网和"第五媒体"移动网络。

（2）新媒体常见类型：门户网站、BBS、博客、微博、微信、视频、直播平台等。

> **拓展阅读**
>
> **媒体的历史沿革与区别**
>
> 1. 种类区别
> 新媒体：门户网站、BBS、博客、微博、微信、视频、直播平台等。
> 传统媒体：书籍、报刊、广播、电视。
> 2. 门槛区别
> 新媒体：低。
> 传统媒体：高。
> 3. 风格区别
> 新媒体：亲和、通俗、实用。
> 传统媒体：权威、严谨。
> 4. 目的区别
> 新媒体：自我发声、品牌塑造。
> 传统媒体：借力发声、树立公信。

5. 内容区别

新媒体：追求创意、自主灵活。

传统媒体：力求严谨，固定范式。

6. 可控性区别

新媒体：自我运营、可控性高。

传统媒体：他人运营、可控性低。

任务 6.2 如何拍摄场景照片

6.2.1 摄影类型

在日常的工作中，常见摄影种类有以下两种。

1. 新闻摄影

新闻摄影是以摄影图片的形式对正在发生的事件进行新闻报道的摄影方式。

2. 纪实摄影

纪实摄影是以记录生活现实为主要诉求的摄影方式，素材来源于真实生活，如实反映我们所看到的。

在养老服务适老化活动的宣传中，拍摄环节是至关重要的，因为它能够直观地展示服务的细节和效果，以下是需要掌握的拍摄学习内容，包括拍摄原则、拍摄技巧及注意事项。

6.2.2 拍摄原则

在拍摄过程中，宜遵循4F原则。

1. Facts 真实性

力求真实，尊重事实。确保拍摄内容真实反映养老服务的情况，不夸大或虚构，以赢得受众的信任。

2. Feelings 贴近性

感同身受，引起共鸣。拍摄内容要贴近老年人的实际生活，让观看者能够产生共鸣。

3. Findings 启发性

引起兴趣、启发思考。在保证真实性的基础上，通过构图、光线等手段提升画面的艺术感，使内容更具吸引力。

4. Future 构建性

创新视角，建构未来。运用创新的拍摄手法和视角，使宣传内容脱颖而出，增加记忆点，同时赋予希望与意义，构建美好的未来。

6.2.3 拍摄技巧

1. 明确摄影构图要素

1）摄影构图三要素

（1）背景：画面中位于主体后的环境景物。
（2）主体：摄影的主要表现对象。
（3）客体：有主体就会有客体，客体是与主体有情节联系的次要表现对象。

2）摄影构图四元素

（1）光线：摄影的生命，光线是摄影成像、造型、构图的重要手段。
（2）线条：画面组织的形式构成的重要元素，在画面中有很强的形式美感。
（3）影调：摄影画面中一系列不同等级的黑、白、灰的表现，分高调、低调、中间调。
（4）色调：画面中形成的色彩的整体基调，与人的情感有某种对应关系，有冷色调与暖色调。

2. 掌握拍摄技巧

1）光线运用

光线是摄影的生命，光线是摄影成像、造型、构图的重要手段。拍摄时应利用自然光，尽量在光线充足的环境下拍摄，以展现清晰的画面。适时使用辅助照明，如柔光箱、反光板等，以避免过强的阴影和光线不均。

从不同的角度可以对拍摄光的种类进行如下划分：

（1）按光的来源分类：

① 自然光：天然光源发出的光，其主要光源是太阳。
② 人工光：用人造光源发出的光作为摄影照明的光线。

（2）按光的方向分类：

① 水平方向可分：顺光、侧光、逆光。
② 垂直方向可分：顶光、平光、底光。

2）构图方法

构图是摄影的一个关键元素，它有助于引导观众的视线，增强画面的表现力。以下是一些常见的构图方法，以及它们如何应用于养老服务适老化活动的宣传情景。

（1）黄金分割构图：黄金分割构图是指将画面按照黄金比例分割，将主体放置在分割线上或交点上，以创造出和谐美观的画面。

例子：在拍摄养老院的公共活动区域时，可以将正在参与活动的老人放置在黄金分割点上，这样既突出了老人，又保持了环境的完整性。

（2）对称构图：对称构图是指画面中的元素以某条线为轴，左右或上下对称排列。

例子：拍摄养老院的庭院或走廊时，可以利用对称的布局，如对称的座椅、装饰品或植物，来表现养老院的秩序感和宁静氛围。

（3）引导线构图：引导线构图通过画面中的线条引导观众的视线，通常这些线条会指向画面中的主体。

例子：在拍摄养老院的走廊时，可以利用走廊的直线作为引导线，引导观众视线聚焦于正在交谈或活动的老人上。

（4）三分法构图：三分法构图是指将画面分为三等分，水平和垂直方向各两条线，将主体放在这些线的交点或线上。

例子：在拍摄老人进行户外活动时，可以将老人放置在画面的左下或右下三分交点处，背景为自然风光或设施，形成平衡的画面。

（5）框架构图：框架构图利用画面中的框架元素来框住主体，增加画面的深度和层次感。

例子：在拍摄老人在窗边阅读的场景时，可以利用窗框作为自然框架，将老人框在中间，营造温馨的氛围。

（6）对比构图：对比构图通过在画面中设置大小、颜色、形状等对比元素来增强视觉效果。

例子：在拍摄养老院的新老建筑对比时，可以将传统建筑与现代建筑并置，展现养老院的历史与现代的结合。

（7）留白构图：留白构图是指在画面中留出大量的空白区域，使主体更加突出。

例子：在拍摄老人在花园中散步的画面时，可以在老人前方留出较多的空间，表现出宁静和舒适的养老环境。

通过以上构图方法的应用，适老活动的宣传材料可以更加生动和引人入胜，同时也能够更好地传达出养老服务的理念和优势。

3）景别选择

在摄影中，不同的景别可以传达不同的信息和情感，根据内容需要可以选择远景、全景、中景、近景、特写等不同的景别，以讲述完整的故事。以下是针对养老服务适老化活动宣传情景的各个景别的拍摄要点及例子：

（1）远景拍摄要点：远景通常用来展示环境与人物的关系，强调环境的空间感。需要确保画面中有足够的环境元素，同时人物在画面中不过于渺小。

例子：拍摄养老院的全景，展示其宽敞的园区、绿化环境和完整的建筑群。可以包括老人在园区内散步的场景，但人物不需要太突出，重点是展现养老院的优美环境和宁静氛围。

（2）全景拍摄要点：全景通常用来展示人物及其周围环境，使观众对场景有一个全面的了解。需要确保画面中的人物和环境都清晰可见，人物的动作和表情也能被捕捉到。

例子：拍摄养老院举办的活动，如广场舞或运动会，全景可以展示参与活动的所有老人和活动场地，传达出活动的规模和热闹氛围。

（3）中景拍摄要点：中景适合展示人物的部分身体和动作，同时保留一定的环境信息。需要平衡人物与环境的关系，确保人物的表情和动作是画面焦点。

例子：拍摄老人在手工课上制作手工艺品的场景，中景可以展示老人的手部动作和脸部表情，同时让观众看到课室的环境布置。

（4）近景拍摄要点：近景用于展示人物的脸部表情或某个重要的细节，具有很强的情感表现力。确保焦点准确，对焦于人物的眼睛或重要细节上。

例子：拍摄老人在讲故事或回忆过去时的脸部特写，捕捉他们的情感变化，如微笑、沉思或感慨，让观众感受到老人内心的丰富情感。

（5）特写拍摄要点：特写用于展示物体的一个非常小的部分或人物的脸部某个部位，通常用来强调细节或情感。需要精确控制焦点和光线，避免失焦和过曝。

例子：拍摄老人手上的皱纹或手中的老照片，特写可以突出这些细节，传达出岁月的痕迹和人生的厚重。

在拍摄养老服务适老化活动时，应根据宣传的目的和内容选择合适的景别。每个景别都有其独特的表现力，合理运用可以有效地提升宣传材料的感染力和说服力。

4）拍摄角度

尝试不同的拍摄角度，如平视、俯视、仰视等，以提供多角度的视觉体验。对于老年人，平视角度更加尊重和贴近他们的视角。

拍摄角度的选择对于画面效果和故事传达有着重要的影响。以下是针对养老服务适老化活动宣传情景的平视、俯视、仰视等拍摄角度的要点和例子。

（1）平视角度拍摄要点：平视角度通常与被摄对象的视线平行，给人一种平等、亲切的感觉，适合表现日常生活和情感交流。在拍摄时，相机应与被摄对象保持同一水平线，以避免产生不必要的透视变形。

例子：拍摄老人在养老院的餐厅用餐的场景，使用平视角度可以让观众感受到老人的日常生活状态，体现出养老服务的温馨和人性化。确保餐桌、餐具和老人的表情都在同一水平线上，营造出一种和谐的氛围。

（2）俯视角度拍摄要点：俯视角度是从上往下拍摄，可以展现环境和活动全貌，以及被摄对象与环境的关系，同时赋予画面一种权威或审视的感觉，适合表现养老院的整体布局和活动场景。在使用俯视角度时，要注意避免过度透视致使人物变形。

例子：拍摄老人正在养老院的活动室进行棋牌游戏的场景。俯视角度可以展示整个活动室的布局和老人的活动情况，让观众感受到养老院丰富多彩的生活。在拍摄时，可以站在高处或使用梯子，确保画面中的人物不过于变形。

（3）仰视角度拍摄要点：仰视角度是从下往上拍摄，可以使被摄对象显得更加高大、威严或有力，适合表现老人的精神面貌和积极态度。在使用仰视角度时，要注意地平线的倾斜，以及避免过多天空或其他无关元素的进入。

例子：拍摄老人在养老院庭院中散步的画面，仰视角度可以突出老人的形象，传达出他们的活力和尊严。在拍摄时，将相机置于地面或低角度，对准老人的脸部或上半身，同时确保背景简洁，不分散观众注意力。

合理选择和运用拍摄角度，可以有效地提升宣传材料的视觉冲击力和情感表达，更好地吸引目标受众的关注，引起共鸣。

6.2.4 注意事项

（1）尊重老人隐私：在拍摄前征得老人及家属的同意。避免拍摄老人隐私部位或敏感信息。

（2）照片版权问题：确保拍摄内容不侵犯他人版权，如使用背景图片、插图等。对拍摄的照片进行版权声明，避免未经授权的滥用。

（3）照片后期处理：适度进行后期处理，以增强画面效果，但不可过度，以免失去真实性。保持照片的自然色调和质感。

（4）拍摄安全与规范：确保拍摄过程中老人和工作人员的安全。遵守相关法律法规和养老机构的拍摄规定。

通过掌握以上拍摄原则、技巧和注意事项，可以有效地提高养老服务适老化活动宣传的拍摄质量，更好地传达服务理念和优势，吸引目标受众的关注。

任务 6.3　如何撰写新闻稿

撰写新闻稿是养老服务活动宣传中的一项重要工作，它能够帮助机构有效地传播信息，提高公众的认知度。

1. 撰写原则

（1）准确性：确保新闻稿中的信息准确无误，包括数据、事实、引用等，避免误导公众。

（2）时效性：新闻稿应关注当前的热点话题或最新动态，确保信息的时效性。

（3）逻辑性：新闻稿的结构应清晰，内容逻辑性强，便于读者理解和接受。

（4）客观性：保持客观公正的立场，避免过分夸大或宣传色彩过浓。

2. 撰写技巧

1）标题撰写

标题应简洁明了，能够吸引注意力。使用有力的动词和具体的名词，避免模糊不清的表述。一般要求在 10～15 个字以内。

撰写新闻稿的标题是吸引读者注意力的关键步骤，不同的媒体平台对标题的要求也有所不同。以下从微信公众号等新媒体和报纸等传统媒体两方面，说明标题撰写技巧并结合例子进行说明。

（1）微信公众号等新媒体标题撰写技巧：

① 关键词优化：利用搜索引擎优化（SEO）技巧，确保标题包含相关关键词，便于用户搜索和推荐算法抓取。

② 引发好奇心：使用引人入胜的词汇或设置悬念，激发用户的好奇心，促使他们点击阅读。

③ 直接与读者相关：标题应直接指向读者的需求和兴趣点，让他们感觉这篇内容与自己息息相关。

④ 利用数字和数据：数字和数据往往能快速吸引注意力，突出新闻稿中的重要信息。

⑤ 增加互动性：标题可以采用提问或对话的形式，增强与读者的互动。

例子：

微信公众号推文标题：《养老新趋势：揭秘90%的老人都在用的适老化服务设备，你的父母知道吗？》

（2）报纸等传统媒体标题撰写技巧：

① 简洁明了：报纸标题应简洁有力，避免冗长和复杂的表述。

② 突出新闻价值：标题应突出新闻的重要性和独特性，让读者一眼就能抓住新闻的核心。

③ 遵循新闻格式：报纸标题往往有固定的格式，如事件+影响，需要遵循这些格式。

④ 适当使用修辞：适当使用修辞手法，如对仗、排比等，增强标题的表现力。

例子：

报纸等传统媒体标题：《创新适老化服务，提升养老生活质量》

综上所述，新媒体标题更注重吸引点击，因此往往采用更直接、更具吸引力的词汇和表达方式。它们可能更口语化、更具有互动性，并且可能会使用一些夸张或引人好奇的词汇。传统媒体标题则更注重新闻的客观性和专业性，标题往往更加正式和规范，强调新闻本身的价值和意义。

在新媒体上，标题可能会更注重吸引特定的受众群体，如《养老不是问题，这些适老化服务让你父母的生活更有品质！》，而在传统媒体上，标题可能会更注重传递新闻的普遍价值，如《本市推出多项适老化服务，助力老年人乐享晚年》。

掌握不同媒体平台的标题撰写技巧，能够帮助宣传者更有效地吸引目标受众，提高新闻稿的阅读率和传播效果。

2）导语撰写

新闻稿的导语是引导读者进入正文的关键部分，它需要简洁明了地概述新闻的核心内容。导语的撰写可以从"5W1H"写作结构（Who、What、When、Where、Why、How）入手。

（1）Who（谁）：明确指出新闻的主角或主体，通常是养老服务提供者或老年人。

（2）What（发生了什么）：简要描述新闻事件或活动的主要内容，强调其新颖性或重要性。

（3）When（何时）：提供事件发生的时间，如果是系列活动，可以提及开始和结束时间。

（3）Where（何地）：指出事件发生的地点，有助于读者对新闻的地理位置有清晰的了解。

（4）Why（为什么）：解释事件发生的原因或目的，以及它对养老服务或老年人的意义。

（5）How（如何）：描述事件是如何发生的，或者服务是如何提供的。

案例1：

导语：本市最大的养老服务机构"夕阳红"于本周末在中心公园举办了一场别开生面的适老化体验活动，旨在提升老年人对高品质养老服务的认知，吸引了近千名老人及其家属参与。

(1) Who:"夕阳红"养老服务机构和参与活动的老年人及其家属。

(2) What：举办了一场适老化体验活动。

(3) When：本周末。

(4) Where：中心公园。

(5) Why：提升老年人对高品质养老服务的认知。

(6) How：通过举办体验活动，让老人及其家属亲身参与和感受。

导语撰写要点：

(1) 紧凑性：导语应尽量紧凑，避免冗余的表述。

(2) 吸引力：使用引人注目的词汇或信息，增强导语的吸引力。

(3) 清晰性：确保"5W1H"要素清晰明了，便于读者快速抓住新闻要点。

(4) 情感连接：如果可能，加入情感元素，与读者建立情感联系。

通过掌握以上导语撰写技巧，可以有效地引导读者进入新闻内容，提高新闻稿的阅读率和传播效果。

案例2：

在老龄化社会背景下，为了让更多老年人享受舒适的晚年生活，国内知名养老服务品牌"颐养天年"昨日于市中心广场启动了"智慧养老，乐享生活"主题活动，通过一系列互动体验，展示了最新的适老化服务和技术，吸引了大量市民的关注。

3) 正文撰写

新闻稿的正文内容是传递信息、讲述新闻的核心部分。用概括型导语描述出核心事实后，新闻主体部分应按照"重要性递减"的原则，先重后轻地依次展示对导语进行具体说明的各种新闻要素。对于新手而言，难以把握重点内容，也可以按照新闻事件的时间顺序展开新闻报道。而面向新媒体与传统媒体，在撰写技巧上也应有所侧重：

(1) 微信公众号等新媒体正文内容撰写技巧：

① 互动性：使用第一人称或第二人称，与读者建立对话关系。鼓励读者留言、分享或参与讨论。

② 图文并茂：结合图片、视频等多媒体元素，丰富内容表现形式，图文结合，让信息传递更加直观。

③ 故事化叙述：通过讲述真实故事或案例，增加内容的情感投入和吸引力。在讲述故事时，应注意使用叙事技巧，如悬念、冲突、解决等，使内容更具吸引力。

④ 分块呈现：将内容分为多个小部分，每个部分聚焦一个主题或角度。使用小标题或列表，使内容结构清晰，便于阅读。

例子：

新媒体新闻稿《养老服务新体验》正文概要：93岁的李奶奶通过"夕阳红"的适老化服务，不仅生活质量得到了提升，而且学会了使用智能设备，她的故事告诉我们，晚年生活可以更加精彩。

(2) 报纸等传统媒体正文内容撰写技巧：

① 客观性：保持新闻的客观性，避免主观判断或过度宣传，使用事实和数据来支撑观点。

② 逻辑性：正文内容应逻辑清晰，信息呈现有序，可按照重要性和时间顺序排列信息。

③ 详尽性：提供详尽的信息，包括背景、过程、结果等，对重要事件或人物进行深入报道。

④ 规范性：遵循新闻写作的格式和规范，如使用标准化的语言和标点。

例子：

传统媒体新闻稿《本市适老化服务备受关注》正文概要：随着社会老龄化加剧，本市"夕阳红"养老服务机构推出了一系列适老化服务，包括健康监测、文娱活动等，旨在提高老年人的生活质量。该机构昨日举办了一场体验活动，吸引了众多老年人参与。

综上所述，新媒体新闻稿正文更注重吸引读者注意力，形式上更加灵活多样，语言风格更加亲切和口语化。它可能会包含更多的个人故事和互动元素，以及丰富的多媒体内容。

传统媒体新闻稿正文则更注重新闻的深度和广度，语言风格更加正式和规范，内容呈现更加注重事实和数据的支撑。

在新媒体上，新闻稿正文可能会这样写：你还在为父母的养老问题发愁吗？来看看"夕阳红"的适老化服务是如何帮助张大爷重拾生活的乐趣吧！

而在传统媒体上，新闻稿正文可能会这样写：本市"夕阳红"养老服务机构推出适老化服务，通过举办体验活动，让老年人亲身体验到现代养老服务的便利与舒适。

掌握不同媒体平台的正文内容撰写技巧，能够帮助宣传者更有效地传递信息，满足不同受众的需求，提高新闻稿的传播效果。

4）结尾撰写

结尾部分是给读者留下深刻印象的重要环节，可以是对新闻事件的总结，也可以是提出问题或展望未来。撰写结尾应注意避免使用过多的套话，保持文字的简洁有力。

（1）微信公众号等新媒体新闻稿结尾撰写技巧：

① 呼吁行动：鼓励读者采取行动，如关注、分享或参与活动。使用直接的语言，表达明确的意图。

② 留下悬念：如果新闻有后续发展，可以留下悬念，制造期待，吸引读者继续关注。

③ 情感共鸣：利用情感元素，与读者建立情感连接，引发共鸣，让读者感受到新闻的价值和意义。

例子：

新媒体新闻稿结尾：你还在犹豫吗？快来体验"夕阳红"的适老化服务，让父母的生活更加美好！点击下方链接，了解更多详情。

（2）报纸等传统媒体新闻稿结尾撰写技巧：

① 总结性：对新闻内容进行简要总结，强调新闻的核心观点，重申新闻的重要性和影响。

② 展望未来：对未来的发展进行展望，提出问题和解决方案，激发读者的思考和期待。

③ 严谨性：保持新闻的客观性和严谨性，避免使用过于主观的词汇，确保结尾部分与新闻的整体风格和内容相匹配。

例子：

传统媒体新闻稿结尾：随着老龄化社会的加剧，适老化服务的重要性日益凸显。本市"夕阳红"养老服务机构推出的服务，不仅提升了老年人的生活质量，而且为社会提供了有益的参考。未来，我们期待更多的养老服务机构和社区能够关注并参与到这一领域中来。

综上所述，新媒体新闻稿结尾更注重互动性和情感共鸣，使用直接的语言和情感元素，鼓励读者采取行动。

传统媒体新闻稿结尾则更注重总结性和展望未来，保持新闻的客观性和严谨性，强调新闻的价值和意义。

掌握不同媒体平台的结尾撰写技巧，能够帮助宣传者更好地总结全文，留下深刻印象，提高新闻稿的传播效果。

3. 注意事项

（1）语言规范：使用规范的语言，避免错别字、生僻字词等，注意语法和标点符号的正确使用。

（2）信息核实：对新闻稿中的所有信息进行核实，确保其真实性和准确性，重要的数据和事实应提供可靠的来源。

（3）避免广告嫌疑：新闻稿应以报道事实为主，避免过分宣传自己的服务和产品，尽量避免使用"最好""第一"等绝对化的词汇。

（4）与媒体沟通的技巧：了解媒体的需求和偏好，有针对性地撰写新闻稿；与媒体保持良好沟通，及时跟进新闻稿的发布情况。

通过掌握以上撰写原则、技巧和注意事项，可以有效地提高养老服务适老化活动新闻稿的质量，更好地服务于宣传目的，提升机构的公众形象。

任务 6.4 如何拍摄短视频

短视频的时长一般在 5 分钟以内，随着移动终端普及和网络的提速，逐渐获得各大平台、粉丝和资本的青睐。随着网红经济的出现，视频行业逐渐崛起一批内容制作者。在养老服务的宣传工作中，拍摄短视频是一种有效的传播手段。

1. 拍摄原则

（1）真实性：确保视频内容真实反映养老服务的情况，不夸大或虚构，以赢得受众的信任。

例如，拍摄养老院工作人员与老人互动的真实场景，展示他们的日常关怀和服务。

（2）贴近性：视频内容要贴近老年人的实际生活，让观看者能够产生共鸣。

例如，展示老人在养老院的日常生活，如一起做手工、参加户外活动等。

（3）艺术性：在保证真实性的基础上，通过构图、光线等手段提升画面的艺术感，使内容更具吸引力。

例如，使用柔和的色调和温暖的照明，营造温馨、舒适的氛围。

（4）创意性：运用创新的拍摄手法和视角，使宣传内容脱颖而出，增加记忆点。

例如，通过慢动作或延时摄影，展示养老院环境的美丽和宁静。

（5）传递正能量：视频要传递积极老龄化、健康养老的理念，提升社会对养老服务的关注。

例如，展示老人在养老院的快乐时光，强调积极向上的生活态度。

（6）适应新媒体传播：短视频要符合新媒体传播的特点，易于分享和传播。

例如，视频时长控制在15~60秒以内，方便用户在短时间内观看和分享。

通过遵循以上拍摄原则，可以有效地提高养老服务适老化活动短视频的制作质量，更好地传递养老服务的理念和优势，吸引目标受众的关注。

2. 脚本撰写

拍摄养老服务适老化活动短视频时，脚本撰写是一个关键环节，它能够确保视频内容有条不紊、富有吸引力。短视频的脚本，包括开头、中间和结尾，在拍摄过程中，要确保故事线清晰、内容紧凑、有吸引力。脚本的基本要素有故事梗要、角色、画面、台词、景别、镜头、道具等。

（1）确定主题、故事梗要：明确短视频的主题和宣传目的，如展示养老服务的特色、介绍养老院的设施等。

例如，主题为"夕阳红养老院的温馨生活"，宣传目的是展示养老院的舒适环境和养老生活。

（2）构思情节及确定人物角色：设计视频的故事情节，包括起承转合等元素，使内容紧凑有趣，人物角色一般以老人或相关人员为主。

例如，故事情节为"老人在养老院的日常生活，从早上的晨练到晚上的娱乐活动，展示养老院的温馨氛围"。

（3）安排画面：根据情节安排视频的画面，包括镜头切换、画面内容等。

例如，画面安排为"早晨的晨练场景，老人在打太极；中午的午餐时间，老人在餐厅用餐；下午的活动时间，老人参加棋牌或手工活动；傍晚的散步时间，老人在园区散步"。

（4）撰写台词：撰写视频中人物的台词，确保内容简洁明了，符合人物性格和情节发展。

例如，台词为"早晨的晨练场景，老人说：'每天早晨做太极，感觉身体越来越好。'中午的午餐时间，老人说：'这里的饭菜味道好，营养丰富。'"

（5）设定拍摄顺序：根据画面安排和情节发展，设定拍摄的顺序和时间点。

例如，拍摄顺序为"早晨的晨练场景（0~10秒），中午的午餐时间（10~20秒），下午的活动时间（20~30秒），傍晚的散步时间（30~40秒）"。

案例：《养老院的一天》短视频脚本

开场：早晨的晨练场景，老人在打太极，画面切换至养老院的标志。

过程：中午的午餐时间，老人在餐厅用餐，展示饭菜的丰富和美味。

高潮：下午的活动时间，老人参加棋牌或手工活动，展示养老院的娱乐设施和活动安排。

结尾：傍晚的散步时间，老人在园区散步，享受养老院的宁静和舒适。

通过以上脚本撰写步骤和例子说明，可以有效地指导拍摄养老服务适老化活动短视频，确保视频内容有吸引力、有故事性，更好地传递养老服务的理念和优势。

3. 拍摄技巧

为了让养老服务适老化活动短视频更具吸引力，可以采用以下拍摄技巧：

（1）故事化叙事：视频应该有一个清晰的故事线，通过讲述一个完整的故事来吸引观众。

例如，可以围绕一个老人在养老院的生活转变，展示他们如何适应新环境并享受生活。

（2）引起情感共鸣：利用情感元素，如音乐、对话、面部表情等，与观众建立情感联系。

例如，可以拍摄老人与家人通话的感人瞬间，或者工作人员为老人庆祝生日的温馨场景。

（3）使用适当的景别：根据内容需要选择远景、全景、中景、近景、特写等不同的景别，讲述完整的故事。

例如，拍摄养老院活动时，可以先用远景展示活动场景，再用中景和近景捕捉老人和工作人员的互动。

（4）运用拍摄角度：尝试不同的拍摄角度，如平视、俯视、仰视等，提供多角度的视觉体验。

例如，拍摄老人在室内活动时，可以使用俯视角度展示活动空间，使用仰视角度突出老人的活力。

（5）注意构图：采用黄金分割法、对称构图、引导线构图等技巧，使画面更加和谐。

例如，拍摄老人在养老院花园中散步时，可以采用对称构图，使画面平衡而美观。

（6）创意镜头运用：使用独特的拍摄角度和镜头效果，如慢动作、定格、旋转镜头等，增加视频的视觉冲击力。

例如，拍摄老人在户外活动中跳跃的慢动作镜头，展示他们的活力和快乐。

（7）利用自然光或人工光源。合理运用逆光、侧光、顺光等，展现画面的层次和细节。

例如，在拍摄老人户外活动时，利用逆光拍摄，使老人轮廓鲜明，突出活力。

通过掌握以上拍摄技巧，可以有效地提高养老服务适老化活动短视频的制作质量，更好地传递养老服务的理念和优势，吸引目标受众的关注。

4. 视频剪辑及后期制作

视频剪辑及后期制作是提升视频质量和吸引力的关键环节，一般包括采集素材、分析脚本、粗剪（剪成多余镜头）、精剪（节奏调整、滤镜、转场）、合成（加入音效、图案、字幕等）、导出等环节。特别需要注意以下要点：

（1）剪辑节奏：保持视频剪辑的节奏感，避免过长或过短的镜头，确保观众保持兴趣。

例如，在剪辑老人参与活动时，适当切换镜头，保持视频的节奏感。

（2）转场效果：运用平滑的转场效果，如淡入淡出、滑动、缩放等，使视频过渡自然。

例如，在展示老人一天的活动时，使用滑动转场，使视频更加流畅。

（3）剪辑逻辑：按照时间顺序和故事情节进行剪辑，确保视频内容逻辑清晰。

例如，从老人早晨起床开始，到参加各种活动，再到晚上休息，保持视频的连贯性。

（4）音频处理：调整音频的音量、平衡和清晰度，确保音频质量与视频内容相匹配。合理使用背景音乐和音效，增强视频的情感氛围和节奏感。

例如，在剪辑老人交谈时，降低背景音乐的音量，突出对话内容。

（5）色彩校正：调整视频的色彩饱和度、对比度和亮度，使画面更加生动。

例如，在剪辑养老院活动时，使用色彩校正使画面更加明亮和舒适。

（6）字幕添加：添加必要的字幕，如标题、标语、说明等，帮助观众更好地理解视频内容。

例如，在视频开头添加养老院的名称和宣传口号，在人物对白，或关键信息处添加提示性字幕。

（7）特效运用：适当添加特效，如滤镜、动态图形等，增加视频的艺术效果。

例如，在剪辑老人户外活动时，添加动态图形，突出活动的乐趣。

（8）输出设置：根据不同的发布平台设置视频的分辨率和格式，确保视频在不同设备上都能良好播放。

例如，在剪辑养老院宣传视频时，设置1080 p分辨率，以适应高清播放需求。

通过掌握以上视频剪辑及后期制作技能，可以有效地提高养老服务适老化活动短视频的制作质量，更好地传递养老服务的理念和优势，吸引目标受众的关注。

5. 注意事项

在拍摄养老服务适老化活动短视频时，需要注意以下事项，以确保视频质量和宣传效果。

（1）尊重老人隐私：在拍摄前征得老人及家属的同意，避免拍摄老人敏感或隐私的内容。在拍摄养老院活动时，提前告知老人及家属拍摄目的，并获取他们的同意。

（2）确保画面质量：注意拍摄时的光线、构图和焦距，避免模糊、抖动和曝光不足等问题。在户外拍摄时，选择光线充足的环境，使用稳定器保持画面稳定。

（3）内容真实可信：确保视频内容真实反映养老服务的情况，不夸大或虚构，以赢得受众的信任。在拍摄养老院设施时，展示养老院的实际环境和服务项目。

（4）注意版权问题：避免使用未经授权的音乐、图片等素材，以免侵犯他人版权。在剪辑视频时，使用原创或授权的音乐，避免使用侵权音乐。

（5）视频时长控制：短视频的时长控制在15～60秒以内，确保内容紧凑，避免拖沓，便于各大视频平台算法推荐。在剪辑养老院的宣传视频时，将视频时长控制在30秒左右，突出重点内容。

（6）发布平台选择：根据目标受众和传播需求，选择合适的视频发布平台。针对老年人用户群体，可选择抖音、视频号作为发布平台，提高视频的传播效果。

任务 6.5 如何开展网络直播

随着新媒体技术的发展，以及配套设施的完善，网络直播也可直接应用到养老服务的宣传工作中。

1. 直播原则

（1）真实性：确保直播内容真实反映养老服务的情况，不夸大或虚构，以赢得受众的信任。

例如，直播养老院的日常活动，如老人的生活起居、娱乐活动等。

（2）贴近性：直播内容要贴近老年人的实际生活，让观看者能够产生共鸣。

例如，直播养老院工作人员与老人的互动，展示他们的日常关怀和服务。

（3）互动性：鼓励观众参与直播互动，提高观众的参与度和满意度。

例如，在直播中设置问答环节，解答观众对养老服务的问题。

（4）时效性：直播内容要关注当前的热点话题或最新动态，确保信息的时效性。

例如，直播养老院举办的最新活动或服务项目。

2. 直播准备

（1）设备准备：选择合适的直播设备，如摄像头、手机、麦克风、稳定器、补光灯等其他设备等。开播前，可进行试播测试。

（2）现场布置及画面构图：注意现场布置，确保画面美观，突出重点内容。背景切忌繁杂，要突出主题。

① 注意场景、主播服饰、道具的整体搭配；
② 脚本、课件、海报、提示板的准备；
③ 注意打光，避免画面暗黑；
④ 注意音频输入与输出的效果；
⑤ 排除违规因素（二维码、敏感字眼画面等）。

3. 直播技巧

（1）开场介绍：直播开始时，主播要进行简短的介绍，包括直播主题、参与人员、活动流程等。比如，直播开场时，主播介绍今天的直播主题是"夕阳红养老院的温馨生活"，并邀请观众提问和互动。

（2）互动环节：在直播过程中，主播可设计互动环节，如问答、抽奖等，提高观众的参与度。

（3）展示细节：直播过程中，可展示养老服务的细节，如服务设施、活动安排等。比如，在直播中展示养老院的房间布局、设施设备，以及老人参加的各种活动。

（4）展示效果：通过镜头展示养老服务带来的实际效果，如老人的生活变化、满意度等。比如，在直播中采访老人，让他们分享自己对养老服务的看法和感受。

（5）结束总结：直播将要结束时，对本次直播内容进行总结，并引导观众关注账号。

4. 后期剪辑及推广

直播结束后，对视频进行剪辑，去除不必要的片段，保留精彩内容，将剪辑直播中的精彩片段制作成短视频分享到其他平台。

5. 注意事项

（1）注意版权问题：避免使用未经授权的音乐、图片等素材，以免侵犯他人版权。比如，在直播中使用原创或授权的音乐。

（2）保持网络稳定性：确保直播过程中网络稳定，避免直播中断或卡顿。选择信号良好的地点进行直播，提前测试网络连接。

（3）注意内容审核：对直播内容进行审核，确保内容健康、积极，符合社会主义核心价值观。做到合法合规，避免禁播。

（4）团队及技术支持：为确保直播顺利开展，人员分工、设备和技术支持要到位。直播团队的一般构成是，主播+副播+中控+助理+文案+客服+流量投手+运营，由直播团队共同进行以下工作：① 协助直播后台的操作；② 协助补充错漏信息；③ 协助传递、发放物资、道具。

当然，简单的直播活动，也可以一人包揽所有以上工作。

通过掌握以上直播原则、技巧和注意事项，可以有效地提高养老服务适老化活动宣传网络直播的效果，更好地传递养老服务的理念和优势，吸引目标受众的关注。

参考文献

[1] 梅陈玉婵，齐铱，徐玲. 老年学理论与实践[M]. 北京：社会科学文献出版社，2004.

[2] 李树华. 园艺疗法概论[M]. 北京：中国林业出版社，2011.

[3] 冯婉仪. 园艺治疗——种出身心好健康[M]. 香港：明窗出版社，2014.

[4] 刘刚、冯婉仪. 园艺康复治疗技术[M]. 广州：华南理工大学出版社，2019.

[5] 保罗·贝内特. 异常与临床心理学[M]. 北京：人民邮电出版社，2007.

[6] NORRIS A D. Reminiscence with elderly people[M]. London: Age Concern England, 1986.

[7] BECK A T, RUSH A J, SHAW B F, et al. Cognitive therapy of depression[M]. New York: Guilford Press, 1979.

[8] WOLPE J. Psychotherapy by reciprocal inhibition[M]. Stanford: Stanford University Press, 1958.

[9] ELLIS A. Reason and emotion in psychotherapy[M]. New York: Lyle Stuart, 1962.

[10] BANDURA A. Social learning theory[M]. Englewood Cliffs, NJ: Prentice Hall, 1977.

[11] FREUD S. The ego and the id[M]. London: Hogarth Press, 1923.

[12] ERIKSON E H. Childhood and society[M]. New York: W. W. Norton & Company, 1950.

[13] COBB S. Social support as a moderator of life stress[J]. Psychosomatic Medicine, 1976, 38(5): 300-314.

[14] CAPLAN G. Support systems and community mental health[M]. New York: Behavioral Publications, 1974.

[15] FREIRE P. Pedagogy of the oppressed[M]. New York: Continuum, 1970.

[16] LEE J A. The empowerment approach to social work practice[M]. New York: Columbia University Press, 1994.

[17] BANDURA A. Self-efficacy: The exercise of control[M]. New York: W.H. Freeman, 1997.

[18] KAPLAN H B, CASSEL J C, GORE S. Social support and health[J]. Medical Care, 1977, 15(5): 47-58.

[19] BECK A T. Depression: Clinical, experimental, and theoretical aspects[M]. New York: Harper & Row, 1967.

[20] ELLIS A, DRYDEN W. The practice of rational emotive behavior therapy[M]. New York: Springer Publishing, 1997.

[21] HOUSE J S. Work stress and social support[M]. Reading, MA: Addison-Wesley, 1981.

[22] ERIKSON E H. Identity and the life cycle[M]. New York: International Universities Press, 1959.

[23] BARRERA M. Distinctions between social support concepts, measures, and models[J]. American Journal of Community Psychology, 1986, 14(4): 413-445.

[24] RAPPAPORT J. Studies in empowerment: Introduction to the issue[J]. Prevention in Human Services, 1984, 3(2-3): 1-7.

[25] COHEN S, WILLS T A. Stress, social support, and the buffering hypothesis[J]. Psychological Bulletin, 1985, 98(2): 310-357.

[26] CATTANEO L B, CHAPMAN A R. The process of empowerment: A model for use in research and practice[J]. American Psychologist, 2010, 65(7): 646-659.

[27] MILLER N E, DOLLARD J. Social learning and imitation[M]. New Haven, CT: Yale University Press, 1941.

[28] SARASON I G, LEVINE H M, BASHAM R B, et al. Assessing social support: The social support questionnaire[J]. Journal of Personality and Social Psychology, 1983, 44(1): 127-139.

[29] PARSONS R J. Empowerment: Purpose and practice principle in social work[J]. Social Work with Groups, 1991, 14(2): 7-21.

[30] BECK J S. Cognitive therapy: Basics and beyond[M]. New York: Guilford Press, 1995.

[31] PERKINS D D, ZIMMERMAN M A. Empowerment theory, research, and application[J]. American Journal of Community Psychology, 1995, 23(5): 569-579.

[32] SCHULZ A J, ISRAEL B A, ZIMMERMAN M A, et al. Empowerment as a multi-level construct: Perceived control at the individual, organizational and community levels[J]. Health Education Research, 1995, 10(3): 309-327.

[33] GOTTLIEB B H. Social support strategies: Guidelines for mental health practice[M]. Beverly Hills, CA: Sage, 1983.

[34] KIEFFER C H. Citizen empowerment: A developmental perspective[J]. Prevention in Human Services, 1984, 3(2-3): 9-36.